U0921116

编委会

“百部好书”扶持项目
GUANGDONG PUBLISHING

“十三五”国家重点图书出版规划项目

丛书总主编
王兆胜
陈剑晖

文体与跨文体研究丛书

现代散文文体观念与文体演变

陈剑晖 著

广东高等教育出版社
Guangdong Higher Education Press
·广州·

图书在版编目（CIP）数据

现代散文文体观念与文体演变/陈剑晖著．—广州：广东高等教育出版社，2019.3

（文体与跨文体研究丛书/王兆胜，陈剑晖主编）

ISBN 978－7－5361－6385－0

Ⅰ．①现… Ⅱ．①陈… Ⅲ．①散文－文体论－研究－中国－现代 Ⅳ．①I207.65

中国版本图书馆 CIP 数据核字（2018）第 301407 号

书　　名 现代散文文体观念与文体演变
XIANDAI SANWEN WENTI GUANNIAN YU WENTI YANBIAN

出版发行 广东高等教育出版社
地址：广州市天河区林和西横路　电话：（020）87554153
http://www.gdgjs.com.cn

印　　刷 佛山市浩文彩色印刷有限公司

开　　本 787 毫米×1 092 毫米　16 开

印　　张 20.75

字　　数 287 千

版　　次 2019 年 3 月第 1 版　2019 年 3 月第 1 次印刷

定　　价 52.00 元

总　　序

中国是一个“文体论大国”。在古代，文体和文体论蔚为大观。但自“五四”新文学以降，在西方文艺理论的强势冲击下，现当代文学研究者和作家的文体意识越来越淡薄，而关于文体研究方面的丛书更为少见。20 世纪 90 年代中期，童庆炳先生曾主编一套“文体学丛书”，在云南人民出版社出版，受到季羡林、王蒙等著名学者和作家的高度评价，在学界产生了良好影响。但不知什么原因，这套丛书只出版了 5 本就终止了，之后国内一直未见到相关丛书出版。直到 2011 年，北京大学出版社又重新关注文体问题，并推出“中国古代文体学研究丛书”，这是文体研究成果作为丛书形式的又一次集中展示，也是文体研究的深化。但这套丛书只限于中国古代文体研究，没有涉及现当代文体和跨文体写作。因此，我们认为出版一套贯通我国古代、现代、当代文体和跨文体写作，既具开放意识与现代视野，又有时代感与当代性的文体研究丛书，有助于促进我国的文体研究和增强当代作家的文体意识，提升中国当代作家和文学研究者的文化自信。

本丛书纵论古今文体传统，钩沉千年文脉，撷取前贤英华，哺养现代精神。本丛书不仅有新的创意和设计，有较大的学术价值，而且还呼应了“弘扬传统文化，恢复文化自信”这一主题。具体来说，本丛书有以下几方面的价值。

1. 立足于传统与现代、历史与现实、东方与西方，通过对中国传统文体资源的挖掘，将其同当代文化建设，同民族的复兴、文化的自信，以及整个中华民族国民素质、精神文明的提高联系起来。比如，《中国现代小说文体的发生》一书认为，中国小说文体有着本土化的天然特点，但这个特点过去我们重视不够，研究也不系统、不深入。因此，该书以回归还原中国小说文体和文体观念的本体论为出发点，对中国古代小说如志怪三体、《世说新语》与“世说”体、唐人传奇之“奇”体、宋元话本到《聊斋志异》的“讲唱”体、明清章回小说的“文白”叙事体，进行了“谱系学”的爬梳考释。在文体类型研究的基础上，再对中国现代小说文体整体形态，文体类型的起源、发展演变进行全面、系统的探讨。该书虽以考释中国小说文体的本土化语境为旨归，尽可能还原中国小说的独特谱系，但又注重与西方文体谱系进行比较，力图使中国小说的文体既拥有自主性和独立性，又具系统化和学理化。此外，把小说文体研究作为本土文体学研究的重要内容，还肩负着传统文化回归、恢复文化自信的使命。

2. 文体是文学最为直观的表现，也是作家心智的外化形式。因此，文学观念的变迁往往表现为文体的变迁，文学革命离不开文体的变革。但在过去，我们过于强调文学作品的“工具性”，过于注重作品的内容和社会功能，忽视了文体和文体探索的重要性，对我国古代丰富的文体资源也挖掘总结得很不够，这在很大程度上阻碍了中国当代文学的发展。本丛书将起到某种纠偏的作用，弥补以往在文体问题上认识和研究的不足。

3. 跨文体或多文体写作，是当前文学创作的一个趋势，但过去的文体研究在这一点上认识不足。以往的文体研究要么止步于古代，要么仅仅局限于某一类文体。本丛书中的《新媒体时代的文体美学》《本真与转换：当代影视文体论》《跨文体：从虚构到非虚构》《中国语境中的科幻文学类型演变》等分册，既贯通了我国古代、现代、当代的文体，又关注到跨文体问题，这就拓展了文体研究的空间。

一套有学术价值和现实意义的丛书，应有自己的特色。本丛书的特色主要体现在以下几个方面。

1. 开拓性与前沿性。文体学研究不是新问题，本丛书也不是对以往研究的重复，而是以新的视角构建了新框架，注入了新的理念和创见。这样，本丛书便不仅立足于传统文化，而且有着鲜明的开拓性与前沿性。

2. 强调中国传统文体的现代转换。研究文体和挖掘我国传统文体资源，应有现代性的视野，体现出时代性并服务于当前。如《中国文体传统的现代转换》一书，一方面主动向西方文学借鉴有效的异域文体经验，另一方面又或显或隐地传承中国古代文学的本土文体资源，在古今中西立体维度中进行传统文体的现代转换。这个专题正是在对中国传统文体的现代转换进行宏观思考的基础上，以中国现当代小说和现当代旧体诗词对传统文体进行现代转换为观察点，由此展开对中国现当代的新文学和旧体文学创作的整体考察。丛书中的其他专题，对现当代各种文体观念和文体形式发展演变的考察爬梳，以及对跨文体文学现象的研究，都体现了这一学术理念。

3. 宏观梳理与文本细读并重。丛书中的各册既注重对各种文体发展演变的宏观考察，更强调对文本的细致解读，并在个案解读中发现文体的新价值。如《现代散文文体观念与文体演变》这一本，既有对古代文体的演变与特征的考察，以及对文体研究的观念与方法问题、文体研究的现代转型等问题的思考，又有对叙述学与散文叙述、散文意象、语言等的具体细致的分析；同时还兼顾到创新性、学理性和可读性的统一，尽量做到雅俗共赏。《中国现当代作家的跨文体写作》也是如此，著者既有宏观论述也有个案剖析，个案剖析力求破解名家名作的文体转换肌理，宏观论述力求落实到文体转换的历史经验和内部机制。

没有传统的文化必然失根；而没有文化自信的民族必然陷入茫然，不能正确找到自己前行的方向。本丛书试图寻求文化自信的传统依据，通过对最具中华民族特色的“文体”的梳理阐释，夯实当代思想文化建设的地基，推动中国当代文学的发展。感谢评审专家和有关部门的充分肯定，将这套丛书列为“‘十三五’国家重点图书出版规划项目”和“‘百部好书’扶持项目”。希望本丛书的出版，对于深化现当代文学研究、提升文化自信有积极意义。

王兆胜　陈剑晖

2018 年 9 月 5 日

目　　录

CONTENTS

第三编　现代散文的几种文体范式

导 言

文体研究作为文学批评的一个分支，在我国可谓源远流长，传统深厚，成就辉煌。但自“五四”以降，作为“文体论大国”的文体研究却没有得到应有的重视，文体研究退化萎缩为仅仅面向“文学体裁”（如“三分法”与“四分法”）的研究，而散文文体方面的研究更是日渐式微。直到20世纪90年代，在童庆炳、吴承学等先生的努力下，文体研究才恢复了生机，并日渐热闹起来。这期间，出版过褚斌杰的《中国古代文体概论》、吴承学的《中国古代文体形态研究》、陈必祥的《古代散文文体概论》、郭英德的《中国古代文体学论稿》以及童庆炳的《文体与文体的创造》等专著，这些专著对中国古代文体的源流、特征及流变都做了较为全面深入的梳理与总结，推动了我国文体研究的发展。不过对于专门从事现代散文研究的笔者来说，面对这些文体论方面的专著却不免有某种不满足感——它们研究的对象一般是古代的各种文体或现代的小说和诗歌，基本没有涉及现代的散文文体。这促使笔者调整研究方向，在建构“诗性散文”理论的同时，将现代的散文文体纳入研究视域。

当笔者将目光转向现代的散文文体时，欣喜地发现进入 21 世纪以来，散文界的一些同行也开始注意到了文体的问题。比如周海波发表了《近 20 年散文发展的文体特征及其文化精神》，从晚报文体、学术性小品、文化大散文等方面，探讨当代散文文体的发展变化。丁晓原的《〈语丝〉：现代散文文体自觉的代码》、王嘉良的《论语丝派散文》，以“语丝派”为对象来探讨现代散文文体，分析相当细致且到位；陈公水的《现代小品散文的文体自觉》，从个人笔调与文体建构入手探讨现代小品散文的内涵和特征；黄开发的《知堂小品散文的文体研究》，以文献考据为基础，细致地爬梳了周作人的“情志体”“书信体”“抄书体”的文体特征和美学价值。上述的现代散文文体研究，可以说代表了目前国内散文文体研究的水平。不过上述研究也存在着某些不足：一是不够全面系统。目前见到的文体研究文章不仅数量少，且都是零星的单篇文章，迄今尚没有一部较深入系统地研究现代散文文体的专著。二是未能从“史”的高度对现代散文的文体观念和文体演变进行动态的和整体的把握。三是对文体的认识还较为单一狭窄，未能从文体的多层次内涵来考察现代散文文体的发展和功能的变化。

尽管如此，以上研究成果对笔者的现代散文文体研究都具有一定的启发性和参考价值。本书正是在以上研究成果的基础上，以中国传统文论和古代散文文体作为理论资源和文化背景，同时以现代的批评视野，对中国现代散文的文体观念、文体形态和文体演变进行新的挖掘、梳理和整合。笔者认为，现代散文文体研究的理论价值有如下几方面。

其一，通过对现代散文文体的挖掘、梳理和整合，并进行现代的理论诠释，可以使文体这一富于中国特色的优良文论传统的文化价值和思想价值得到光大发扬，进而促进我国文论特别是现代散文理论的建设。

其二，散文文体的研究，有利于散文研究的深化和现代散文史的建设。因现有的散文研究大多是印象式、感受性批评，而一些现代散文史著在描述现代散文的进程时，基本上都采用了社会学和政治学的宏观视角，极少从文体的视角进行精细的审美分析。因此，倘能以文体观念和形态的演变为中心来考察散文发展史，无疑更能贴近散文的本体，揭示出现代散文发展的规律，使散文研究更客观科学，更具学理性，从而从整体上提高当代散文研究的学术质量。

其三，通过对现代散文文体的研究，使散文重返审美的本体，并使散文作家和散文研究者获得自信，认识到散文在20世纪的中国自有其优良辉煌的传统，其所取得的成就并不亚于小说和诗歌。因此，散文没有理由永远处于边缘地带，散文研究者也没有必要自卑或自我矮化。

正是鉴于从“五四”新文学确立至今，尚没有一部较深入系统地研究现代散文文体的专著，笔者愿意在这方面做一尝试，或者说愿意在文体路上做一次冒险。不敢说这个探究成果能填补中国现代散文文体研究的空白，但笔者自认为这是一次在理论上有所开拓创新，在文本上有深入精细解读的散文理论建构，这样的理论冒险也许能拓展和深化当代散文理论的研究空间。

确立了研究的对象和重点之后，接下来便是寻找方法和搭建框架。笔者所采用的主要方法是“文化文体学”与“功能文体学”相结合的研究方法，力求在现代散文文体研究这个特定领域对前人的研究有所突破。即是说，笔者首先十分尊重中国的散文美学和它的阐释理路，在此前提下，借鉴了西方现代语言学的某些理论和方法来探讨中国散文文体问题，这样便形成了“东方”与“西方”并举、“理论”与“实证”结合、“现代”与“古典”互证的研究方法。而在思路和框架上，根据文体的内涵、形态、特征及历史演变，将内容分为三编，即文体的演变与现代建构、现代散文文体的功能与构成要素和现代散文的几种文体范式。

第一编，文体的演变与现代建构。本编考察梳理了我国古代文体论和散文文体研究，挖掘其民族化的内蕴，探讨中国文体研究兴旺发达的原因，以及传统文体观向现代文体观的转型。在此基础上，再从作为系统的整体着眼，对文体的内涵、外延与层次进行新的界说，即认为文体作为一个系统，应有五个层次的内涵：第一层次是文类文体，指作品的外在形态，即通常所说的文学体裁；第二层次是体式文体，指文本特有的表现方式、形态和修辞手法，也是文本依据不同的题材内容、结构形态组合而成的不同范式；第三层次是语体文体，指的是作家对语言符号的选择和特定的编码方式；第四层次是主体文体，研究创作主体的个性、修养、气质、审美倾向如何作用于文体；第五层次是时代文体或民族文体，这是文体的延伸与扩展，指文体与时代、文化的融合倾向与特点。

在梳理了我国古代文体论的特征和散文文体的历史演变，以及对文体的内涵进行新的界说后，又具体细致地考察了中国散文文体观念及文体演变：（1）文体裂变的先兆——晚清域外游记；梁启超“新文体”散文的特征及转型的意义；现代“美文”的确立。（2）“五四”时期散文文体的选择与创造。“五四”时期，中国散文便体现出了文体的自觉，并建构起了20世纪现代散文文体的基本构架：一是文类文体的建设，即将散文从“杂文学”中剥离出来，确立了“文学散文”的审美范畴；二是语体文体的选择与创造，即在“新而不乱，奇而不渎”，在“文言合一”中建构语体文体发展的可能性；三是确立了叙述型、抒情型、闲聊型三种散文体式。（3）20世纪二三十年代至80年代散文文体的演变。二三十年代文体观念呈现出开放与多元化的发展，因而出现了种种散文流派与品种，迎来了散文的黄金时期。30年代后期至50年代末，文体观念出现偏差，弃抒情品格而一味追求叙事，散文文体单调划一，散文创作进入低谷。60年代前后至80年代，文体意识有所复苏，恢复了散文的抒情功能，散文逐渐走上正轨。（4）20世纪90年代的散文文体革命。中国现代散文文体在二三十年代确立了基本架构后，一直呈稳定的结构形态。但到了90年代，这种平静的局面被打破了，散文文体产生了极大变革。从“时代文体”看，这种变革主要是文学生态环境的相对宽松引起的；从“主体文体”和“语体文体”方面来考察，文体的变革主要体现在艺术思维的多元化带来了叙述方式的变化，以及建立在艺术感觉之上的意识流动。总之，90 年代的散文文体革命，使散文迎来了一个黄金时期。

第二编，现代散文文体的功能与构成要素。本编首先立足于文体的本体、内部和细部，即考察了中国现代散文的文体观念和文体演变后，又从相对微观的内部视角，侧重从形式，即从叙述模式、意象、结构形态、比喻、隐喻、象征、意境创设、文体的偏离等方面进一步研究文体，目的是使文体研究更细化和深化。具体内容为：（1）现代散文的叙述模式。现代散文在叙述方面的文体流变主要体现在三个方面：其一，叙述视角由单一的“我”到“我”“你”“他”的多元叙述；其二，叙述功能的变化——由追忆型叙述到呈现型叙述；其三，叙述语调与节奏的变化——由高昂、激烈、紧张到散淡、自由、放松。（2）意象的变异。个人性的意象取代了公共性的意象；叠合式的意象增多；潜沉或扩展式意象成为趋势。（3）散文的结构形态。现代散文从过去侧重于外在层面的“线性结构”或“常规结构”，发展到侧重于情绪结构、心理结构、意象结构和寓言群落结构，还从文体层面研究了散文的显在结构与潜在结构的关系。（4）意境的创设。从造境与写境、凝练集中与松散随意、单维视角与多维视角等方面，对意境这一古老文论范畴做出新的阐释。（5）比喻、隐喻与象征。在传统文学理念中，修辞往往被视为语言的润饰，人们只注意到了修辞的技术倾向，而忽视了它是话语方式的重要组成部分。而笔者认为，任何文本都是特定时代特定个人的文本，不同时代的读者会以不同的期待视野、不同的审美感知读出潜藏于其间的不同意义。基于此，这部分细致分析了“五四”时期、20 世纪五六十年代和 90 年代散文中的比喻、隐喻与象征的不同，由此透视出包含于其中的文体韵味。（6）常规与偏离：现代散文语言的转向。文体是对常规的偏离，这一点在现代散文的语言演变中表现得特别突出。传统的散文语言崇尚的是朴素之美、形象之美、简洁之美和优雅之美，它追求的是表层的、公共性的文学语感。而90年代以后的散文语言，在总体上呈现出了追求深层文学语感的倾向，即作家更多的是从个体生命出发，通过语言的隐喻性、象征性、反讽性和陌生化符号来言说自我和社会人生。

内部研究固然是文体研究的基础和重心之所在，但由于“一时代有一时代之文学”，文体离不开特定的历史语境和文化氛围。因此，有必要从外部来考察文体。外部研究可以使文体研究的空间更广阔、更丰富，也更能体现出当代文体论的发展态势。这部分的考察较为宏观简略，内容包括两方面：（1）探讨作为文体第四个层次的主体文体。本书认为，主体文体既是文体系统中一种“深层结构”的文体形式，也是文体的外化。主体文体作为作家的人生经历、文化修养、审美趣味、个性气质、人格结构、心理及情感形式的整体性显现，它集中地体现了人的主体意识的觉醒以及文体对于个体生命的体验，特别是对精神性的追求和对人格的丰富与提升。（2）研究文体与文化的关系。按笔者的理解，文体不仅包含着时代精神，是一个民族的性格、情绪和心理在特定时期的集中反映，还受到文化的制约，又反过来体现出特定民族的文化特征。因为，文体的创造并不是孤立封闭，也不是凭空产生的，它隶属于自己的民族，服从于特定的文化传统，这样它或多或少地总会带上文化的意味。因此，研究文体，不能忽略文化对文体的影响。

第三编，现代散文的几种文体范式。为了让读者更具体地触摸到文体的体温和脉搏，更具体、更深入地了解“语体文体”与“主体文体”的融会贯通，本编对现代散文的几种文体范式进行抽样分析：（1）学者散文的文体特征与文体价值。首先探讨了学者散文群体的主体人格结构、独特的内敛性思维方式和自由自适的心灵向度，以及生命的本真和因心灵的自由而带来的智慧写作。其次分析学者散文的文体特征：一是平实亲切，自由随意；二是寄繁于简，寄浓于淡；三是文言合一铸古韵。（2）女性散文的文体姿态。考察了女性散文群体自“五四”以来的文体姿态：一是女性散文的生命体验；二是女性散文的言说姿态；三是女性思维与文体创新意识。（3）“新散文”的文体狂欢。从比较的视角，分析了出现于20世纪90年代末期的“新散文”与传统散文文体的差异：一是文体观念由粗鄙野性取代尚洁优美化；二是轻“真实”而重虚构想象；三是注重“在场”与细节；四是迷恋于隐喻、陌生化以及戏谑反讽等反常规的语体文体。不过，“新散文”在文体“破体”的同时，也面临着失范的危险。

笔者在《中国现当代散文的诗学建构》一书中引用了苏珊·朗格的一句话：“一本书，如同一个人，不可能样样精通，不可能在几百页之内回答一个好奇的孩子从他满脑子的怪想中随意提出的所有问题。”① 笔者想说的是，由于自己资质平平、才能有限，这样尽管雄心勃勃，尽管希冀在中国现代散文文体研究上有所作为，并以此提升中国当代散文研究的学术水准，但现在看来，这本书同样仅仅是一种探索，一种求诸自我的努力，它既不全面，也存在着不少理论阐释上的缺陷（如“文体研究”做得较好，而“文体学”的转化与建构则力有不逮）。好在对笔者来说这并不是结束，而是一个新的起点。希望凭着自己对散文的热爱与执着，凭着一点不合时流的学术理想主义，今后能建构起一套虽谈不上深刻完备，却能使散文研究获得尊严的散文理论话语。这是笔者对自己的承诺，当然也是笔者努力的方向。

---

① 朗格．情感与形式［M］．刘大基，傅志强，周发祥，译．北京：中国社会科学出版社，1986：1.

第一编

文体的演变与现代建构

第一章

古代文体研究的演变、特征及方法问题

文学研究发展到今天，大概谁都不会否认文体研究对于文学史建构的意义。的确，如果从文学的本体意义来考察，我们可以看到，一部文学史本质上乃是文学语言的不断建构史，或者说主要表现为以文体为中心的演变史。一个时期的文学风貌和基本形态与特征，也主要反映在文体上。因此，我们的文学史描述和阐释若想有所突破，若想摆脱长期以来的社会学、政治学或道德评判的羁绊，使文学史不再成为社会史、政治史的附庸，就必须重视和加强对文体的研究。因为文体作为文学不可或缺的元素，是实现文学价值的基本前提和依据。任何文学的研究，不管是体制风格、题材主题，还是语言修辞，都离不开这一前提，都应以对文学的特殊性和内在发展规律的准确把握为旨归。也许正是意识到这一点，20 世纪 90 年代以来，文体问题开始吸引了一些学者的目光，并出现了一批文体研究成果。我们相信，随着文体研究的不断深化和成熟，我们的文学史研究将会出现新的格局。

一、古代文体研究的演变与特征

文体论作为文学批评的一个分支，在中国可谓源远流长，内涵十分丰富。关于我国古代的文体，童庆炳先生在其专著《文体与文体的创造》中曾做过准确的判断：“从文学传统上看，中国是一个十分讲究文体的国度。我们的祖先在长期的文学活动中，以惊人的创造力，创造了数以百计的文学文体。”① 而文体的完善和多姿多彩，必然促进文体研究的发达。明白了这一点，便不难理解：为什么中国会是一个“文体论的大国”，为什么中国古代的学者对文体研究会有如此的热情和执着。

那么，中国的文体研究发端于何时呢？据史料记载，我国文体论的起源可追溯到《尚书》和《诗经》。比如《尚书》将散文分为典、谟、训、诰、誓、命等，便反映出当时已开始根据文章的用途和体制的不同而进行分类命名了。而《诗经》则有风、雅、颂的划分，也体现了人们对于文体类别的认识。当然，先秦时期对于文体类别的认识，还停留于感性的阶段，总的来说还较为笼统模糊。直到魏晋时期，我国文体论才开始进入“自觉的时代”。这时期出现的曹丕的《典论·论文》，在论述文学作品的构思立意和遣词造句、文学的价值问题、文学的继承和创新的关系时，也都涉及文体论的问题，并对文体进行了划分，对各种文体的特点以及作家的个性风格做了探讨。西晋时，挚虞撰有《文章流别集》41 卷和《文章流别志论》2 卷。前者是一部文章总集，按文体编排，借此见出各类文体的派流和区别；后者是一部研究文体问题的专著，集中论述了各类文体的性质和特点、起源、历史演变和发展趋势，可以说是我国古代第一部文体论方面的专书。除了上述各著，还有李充的《翰林论》、萧统的《昭明文选》等。特别值得一提的是《昭明文选》，它是我国第一部按文体分类的文学总集，全

① 童庆炳．文体与文体的创造［M］．昆明：云南人民出版社，1994：8.

书按文体将周代至六朝及梁以前七八百年间130位知名作家诗人的700多篇诗文，分为骚、诏、令、策等39类文体，且每类文体之下又分出子目。不仅如此，《昭明文选》还试图通过选文区分文学与非文学的界限，同时对文体的特征、源流和发展也做出了辨析，这样不但对后世的文体分类学，而且对于后世文体学的独立发展，都产生了积极的作用。由此可见，随着各种文体创作经验的不断丰富和积累，特别是随着一个文学自觉时代的到来，文论家们对文体的研究也开始从感性上升到了理性，从不自觉发展到了自觉的阶段。

与《昭明文选》差不多同时出现，在文体方面影响最大的当推刘勰的《文心雕龙》。《文心雕龙》是我国古代文论中“体大而思精”（章学诚语）的文学理论专著。它对于文学原理、创作论、作家作品论、鉴赏论以及文体论各个方面，都做了精到深入的探讨。而就文体论方面而言，从卷二的“明诗”至卷五的“书记”，计20篇，均属于文体论的范畴。在这20篇中，从篇名中标示出文体的就有33类，即诗、乐府、赋、颂、赞、祝、盟、铭、箴、诔、碑、哀、吊、杂文、谐、隐、史传、诸子、论、说、诏、策、檄、移、封禅、章、表、奏、启、议、对、书、记。此外，作为总论部分的《辨骚》篇，也可当作文体论来看。值得注意的是，除了上面列举的33类大的文体分类，在每大类下面又细分出若干小类。如“论说”篇中又分出传、注、评、序、引等。仅此而论，《文心雕龙》所涉及的各类文体已超过《昭明文选》，而它所遵循的“原始以表末，释名以章义，选文以定篇，敷理以举统”（《文心雕龙·序志》）的原则和步骤，更是为后世开辟了一个体例周详、博大精深的研究文体特征的方法。至于《文心雕龙》中关于文体风格的论述，对后世也产生了深远的影响，这个问题我们在后面再展开分析。

唐宋以后，历代编选的文章总集举不胜举。其中较有影响的有宋代姚铉的《唐文粹》、真德秀的《文章正宗》、吕祖谦的《宋文鉴》，以及明代吴讷的《文章辨体》、徐师曾的《文体明辨》、清代姚鼐的《古文辞类纂》等。这些文章总集基本上都是效法《昭明文选》或《文章流别志论》的体例，按文体的分类进行编排，或在此基础上对各类文体的名称、性质、源流进行考辨，总体来看创新的意识不足。而且这些论述文体的著作虽资料丰富，罗列的文体越来越多，但自《昭明文选》就已暴露出来的“分类碎杂”的弊病，却一直未得到有效的消除，甚至越来越严重。

通过上面关于中国古代文体论发展轨迹的考察，可以看到古代的文体论首先是对各类作品的体例（体裁）的研究，这可说是中国文体论的第一个突出特点。这方面涉及文体体裁的划分，文学体裁的发生、发展及特点，以及辨体和破体，等等。比如，刘勰就十分看重作品的体例。在《文心雕龙·附会》篇中，他这样论述体例：

> 夫才童学文，宜正体制，必以情志为神明，事义为骨髓，辞采为肌肤，宫商为声气。

而明人徐师曾在《文体明辨序说》中也说：

> 夫文章之有体裁，犹宫室之有制度，器皿之有法式也。

为什么古人如此重视文章的体制（体裁）？因为在他们看来，“文章以体制为先”（宋倪思语），即是说，每种文体都有自己的特点和规定性，文学创作应遵循这些特点和规定性，诗要像诗，文要像文，不可随便越界，否则就是体制不纯，不伦不类。至于文体的体制，一般由以下几个方面构成：一是字数和篇幅的长短；二是音韵、声调的高低和快慢的要求；三是句子和篇章结构的规定。当然，在文章的体制方面，古代也有辨体和破体之争，它在一定程度上说明体制的规范并不是铁板一块、一成不变的。事实上，“定体则无，大体则有”更符合文学创作的规律。

中国古代文体论的第二个特点，是十分强调作家的个性、气质、才情与作品的关系，这就涉及文学作品的风格问题。较早在文体论中涉及风格的是曹丕的《典论·论文》，他在论述建安七子的文学创作时，指出他们的作品之所以各有优劣长短，是由他们的气质、个性和才情所决定的。他指出：

> 夫文本同而末异，盖奏议宜雅，书论宜理，铭诔尚实，诗赋欲丽。此四科不同，故能之者偏也；唯通才能备其体。

曹丕在这里首先探讨了文学的共性和不同体裁的文学作品有不同的写作要求和评价标准的问题。此处的“本同”，是谓所有的文学都有一些共同的要求和特征，比如作家的气质、才情等等。但文学创作除了“本同”之外，还应有“末异”。“末异”就是文本的差别，而这差别是由作家不同的气质、个性造成的。比如，“孔融体气高妙”“徐干时有齐气”“公干有逸气”。这种以“气”来界定作家风格的做法，其实正是曹丕“文以气为主”的艺术主张的体现。在这里，曹丕不但将当时较流行的文体分为八类，归纳为“雅”“理”“实”“丽”四科，而且开了“以体论文”的先河。而陆机的《文赋》，一方面论述了“体有万殊，物无一量”，即文学的体裁是多种多样的；另一方面，他又将“诗缘情而绮靡，赋体物而浏亮”的不同文体的风格与作家的个性、气质对应起来。从文体的美学特征与文学风格的关系来看，陆机的文体观显然受到了曹丕的影响且有所发展。

当然，更全面、深入地探讨文体与风格的关系的，当推《文心雕龙》。《文心雕龙·体性》篇几乎都是从“风格”层面上来论述文体：

> 夫情动而言形，理发而文见，盖沿隐以至显，因内而符外者也。然才有庸俊，气有刚柔，学有浅深，习有雅郑，并情性所铄，陶染所凝。是以笔区云谲，文苑波诡者矣。故辞理庸俊，莫能翻其才；风趣刚柔，宁或改其气；事义浅深，未闻乖其学；体式雅郑，鲜有反其习。各师成心，其异如面。

刘勰首先指出因有感情的活动，有道理要发表，于是就有了文章，而情理是由隐到显、由内到外渐次发展的。其次，由于人的才能、气质、学识、性情有别，这样作品就像云气那样变幻莫测、形态各异。由是观之，每个人都是凭自己的本性、认识去从事写作，而作品也像他们的面貌那样各不相同，正所谓“各师成心，其异如面”。接下来，刘勰还列举了12位作家及其作品的风格为例，印证他的创作个性是“内”，文学风格是“外”，文学创作必须服从“表里必符”的原则。最后，他还得出结论“辞为肌肤，志实骨髓”。也就是说，文辞好比肌肤枝叶，情志才是骨干根本。自此以后，“文如其人”“文品即人品”便在古代文论中扎下了根，也与文体结下了缘。

古代的文体还涉及语体的问题，只不过古人所理解的语体更多地属于风格层面上的，与现代语言学所强调的作为语言的修辞手段，特别是与作为适应不同交际功能的语体有很大的不同，这点我们将在下面论及。此外，有的文体学家还从表现方式来分析文体，如真德秀在《文章正宗》中，便将文体分为辞命、议论、叙事、诗赋四类。徐师曾在《文体明辨序说》中认为：“主于叙事者曰正体，主于议论者曰变体，叙事而参之以议论者曰变而不失其正。至于托物寓意之文，则又以别体列焉。”徐师曾在这里也是从表现方式，即叙事、托物寓意、议论体式的角度来谈论文体。可以看出，现代文体学中的叙事体、抒情体、议论体、说明体等分类，很大程度上是受到了刘勰、徐师曾等古代文体家的影响。

总体来说，我国古代的文体论，有属于自己的深厚传统，有着丰富的资源可供现代人借鉴。而从其发展看，它又经历了一个由粗到细、由简到繁、由约到博、由不自觉到自觉的过程。但我国古代文体论也存在着一些局限和不足：其一是在分类时，只重诗、文，而把戏曲、小说以及一切俗文学排斥在文体研究之外，这就造成了分类上的不完整。其二是应用文、学术文与文学散文不分，由此导致了分类上的混乱矛盾。其三是分类过于纷繁琐碎，多有重复之处，这些都说明古代的文体研究者还没有掌握科学的归类方法。因此，我们今天研究文体，一方面要从我国古代文体论中挖掘有用的资源；另一方面又要对文体进行现代透视，特别是在方法论方面，对文体进行新的归纳、综合和阐释。这样不仅可以使这一最具中国特色的文学传统得以延续，而且可以更好地为当代的文学创作服务。

二、中国文体研究兴旺发达的原因

为什么中国的文体和文体研究如此发达？关于这个问题，过去的文体研究者似乎关注得不多。因此，作为文体研究的起点，有必要就此展开追问。

倘若我们留心中西文学史，不难发现，西方文学尤其是欧洲文学的发展史，主要是文学思潮的演变更替史：从神话到古希腊悲剧，再到带有浓厚宗教色彩的中世纪文学，从文艺复兴、启蒙主义、浪漫主义到批判现实主义，从现代主义到后现代主义，文学思潮的演进十分清晰有序，诗歌、小说、戏剧这几种主要文体不仅早就齐备，且十分稳定地深入人心。反观中国的文学史，基本上就是一部文体的演变更替史。这正如王国维在《〈宋元戏曲考〉序》中所说的："凡一代有一代之文学：楚之骚，汉之赋，六代之骈语，唐之诗，宋之词，元之曲，皆所谓一代之文学。"而持文体更替说法的，在王国维之前还有王世贞、胡应麟、茅一相、张琦等等。可见中国的文学史就是文体的演变史这一史实，基本上已得到了人们的认同。

那么，是什么因素导致中西文学的发展存在着巨大的反差呢？

我们知道，文体虽然是对文学作品的分类，以及由一定的语言秩序组成的文体形式，但文体在折射出作家的个性、气质和才情的同时，还体现出一个国家、一个民族的性格和文化精神。由于作家生活在特定的时代，同时也生活于一个特定的民族中，而每个民族都有其只属于本民族，区别于别的民族的性格和精神文化，这就决定了作家的创作或批评总会在一定程度上体现出其所处民族的民族性格、文化精神和特定的思维方式，并由此构成文学创作和文学研究的特殊性。就中华民族来说，由于它是一个以农耕为主、扎根土地并强烈认同质朴而美好的生活方式的民族，因此中华民族有一套完全不同于西方的精神文化结构。比如，中华民族十分注重修身为本的自我内在超越精神。在人与人的关系方面，强调和睦相处，处事合情合理，遵循“和而不同”的人际交往原则。在人与自然的关系上，则信奉“天人合一”的宇宙和谐观，力求将个体的生命与自然宇宙大化生命悠然契合。以上几方面，是我国的文体和文体研究较之西方更为兴盛发达的心理、思想和美学基础。关于中华民族的精神文化结构及其对文学的影响，刘士林在《中国诗学精神》一书中曾做过精彩的论述：“中国传统文化是以‘中国诗词’为文本形式、以‘中国诗学’为理论系统，以及以‘诗性智慧’为哲学基础的一种诗性文化形态。诗性智慧的集体无意识或文化原型，诗话词话的古代文论或中国审美思维，以唐诗宋词为审美中心的感性载体或文学生产方式，三位一体，构成了中国文化独特的深层结构与外观形态。”① 笔者认为，中国的这种诗性文化，正是中国的文体和文体论特别发达的内源。由于中国文化精神在本质上是诗性的，所以中国文学的源头是《诗经》，中国文学的顶峰是唐诗。而就文本来说，中国的作家普遍追求一种“温柔敦厚”的中和之美，一种“思与境谐”、情景交融、物我合一的文体格调。即便是文体论的语言，也几乎是诗的。举例来说，在刘勰《文心雕龙·体性》篇中，他这样评价不同的作家：“是以贾生俊发，故文洁而体清；长卿傲诞，故理侈而辞溢；子云沉寂，故志隐而味深……”这样比喻精当、蕴含丰富的语言，的确是文体风格论，同时也是诗性的。再如陆机《文赋》中的“诗缘情而绮靡。赋体物而浏亮。碑披文以相质。诔缠绵而凄怆。……”以今天的眼光看来，无论排比、对仗、音韵，都是合律的好诗。质言之，如果从诗的本体论的角度来考察，我们不但可以更清楚地看到中国传统文化的兴盛和衰落，感受到中华民族性格的喜怒哀乐，而且可以由此解释我国的作家、诗人为什么对文体如此敏感，以及我国的

① 刘士林. 中国诗学精神［M］. 海口：海南出版社，2006：3.

文论家为什么对文体的研究会如此地执着并保持着持久的热情。

与中华民族主要是以诗的方式来建构文学史不同，从大的方面看，由于西方民族重商轻农，没有对土地的强烈依赖情结，加之四面临海、交通发达，这就培养了西方人征服自然的欲望。而随着资本主义的兴起和科技文明的进步，西方人与自然的对抗越来越激烈和尖锐，这就决定了西方的文学不可能像中国文学那样讲究“思与境谐”的温柔敦厚之美，而更倾向于表达大悲大喜、激昂壮烈的情绪，以及讲述惊心动魄、曲折紧张的故事情节。明乎此，我们就能理解西方文学的最高成就为什么不是诗词，而是小说，特别是悲剧。而中国的文学史正好相反，它以诗歌与散文（文学和非文学散体文学）为正宗，并依此构筑了一个颇具中国特色的杂文学文体系统。这是问题的一方面。问题的另一方面是：除了上述的原因，西方从很早就诞生和广泛应用了形式逻辑，加上西方的语言文字本身就有着严密的文法，因此，西方的文论家一般以定义概念和概念分析为出发点。当然，中国文论家（如姚鼐）也讲究文理，也有概念分析和逻辑演绎，但他们的“理”是在取“象”的基础上得出的理，其逻辑思维也不似西方文论家那般严密。正因中国文论家主要以诗性思维对文学的发展进行感悟和描述，这样他们对以文学语言现象为主要表征的文体也就情有独钟，且代代相传。而西方对文学史的归纳是建立在理性思维之上的，加上西方文论家较倾向于对事物做宏观的整体性把握，这样，中国的文学史便被许多人视为文体的演变更替史，而西方的文学史则被描述为文学思潮的发展演变史。当然，这样的文学史描述主要还是由各民族的文学实际情况所决定的，同时也是从宏观、从总体倾向而言。

以上就民族的性格、文化精神和思维方式诸方面，对我国文体和文体论兴盛发达的原因做了一个粗浅的分析。而就文体的发展流变来看，源于创作主体的普遍、强烈且自觉的文体意识，无疑是我国古代的文体和文体研究得以长盛不衰的根本保证。在这里，我们仅以散文为例，回顾中国古代散文文体演变的历程。我们可以看到这样一个值得注意的文学现象：中国古代散文从发端于纪言纪事，从实用文到美文，从“周诰殷盘，佶屈聱牙”到后来的“情动而言形，理发而文见”，中国散文从一开始便有着比较自觉的文体意识。及至魏晋南北朝时期，我国的散文更是进入到文体的“自觉时代”。关于这一点，我们还可拿西方的文学做比较。西方的文学以戏剧、小说和诗为主，散文从古代到现代都没有独立成体，所以不论是长篇论著或是短篇小品，其文体基础都十分薄弱。即便“五四”时期热闹一时的英美“絮语散文”，其实真正属于上佳的作家和作品并不是很多。而能够像中国散文那样融记叙、抒情、议论于一体的优秀之作则更少。简言之，与中国散文相比，西方的散文随笔重“笔路”，重纪事、说理、个人性和科学精神，但在“文章”，即抒情性、音乐性、语言韵味，乃至“文气”等更能体现文体意识的各个方面，则远远逊色于中国古代散文。从上述比较，也可看出中国散文家“文体观念淡薄散漫”的结论，并不符合中国散文文体发展的实际情况。

中国不但是一个诗的大国，同时也是一个散文大国。而散文之所以能在古代取得如此辉煌的成就，正是散文文体意识不断增强推进的结果。如果看不到这一点，甚至否认这一点，从轻说是对中国散文传统的不尊重，从重说是对散文传统的无知与背叛。

通过上述分析可以看到，中国文体研究的发展，其实也是“六经皆史”“诗经亦史，史亦诗经”作用于文体研究的结果。它完全摆脱了西方的诗学观念的影响，是真正属于本土的、具有鲜明民族特色的“文化特产”。因此，在强调建构有中国特色的文化诗学的今天，从民族文化精神、思维方式和文体意识的自觉三方面来研究中国的文体和文体论，无疑能拓展当代文学研究的空间。

三、文体研究的观念与方法问题

文体研究还有一个重要的问题，即研究的对象与方法问题。这个问题，在过去的文体研究中往往被忽视。有的文体研究者较喜欢静止地研究文学的体裁，如体裁的分类、源流、形式要素和特征等等。有的则倾向于研究文学的风格，如追溯作家诗人的资禀、气质、修养、人格以及审美情趣与文体的关系等等。还有的从分类史角度来撰写文学史，不过这些分体文学史除了较注重文学体裁，将各种文学体裁分开进行论述外，似乎看不出对文体的语体演变，尤其对文学的本体有什么深入的或新鲜的发掘。因此，在笔者看来，文体研究的观念和方法必须改变。而要改变当前这种静止的、文献式的研究文体的倾向，关键在于：一方面要立足传统，尽力挖掘出我国古代文体学的精华；另一方面又要敢于引进西方文体学的观念及其研究方法，特别要吸收西方现代语言学的成果为我所用。笔者认为，这是发展和深化我国文体研究的重要途径。

那么，文体研究的对象究竟是什么？这是首先必须搞明白的问题。在笔者看来，文体研究不应只是文学体裁或体制的研究。尽管古代有“文辞以体制为先”之说，但古人研究文章的体制，主要是在文章学的层面上教人如何写作。如果今天我们研究文体仅仅停留于体裁或体制范围内，那么无疑是将文体研究的内涵简单化和狭隘化了，也降低了文体研究的学术意义，剩下的只有应用层面上的价值了。而与沉迷于体裁研究相反的是，有的文体研究者认为文体研究说到底是语言研究，因此语言之外的任何研究不具意义。不错，笔者承认语言研究比体裁或体制研究更接近文体的核心。举例来说，韦勒克与沃伦在《文学理论》一书中就认为：“如果没有一般语言学的全面的基础训练，文体学的探讨就不可能取得成功，因为文体学的核心内容之一正是将文学作品的语言与当时语言的一般用法相对照。”① 显然，韦勒克和沃伦充分注意到了语言分析在文体研究中的重要性，但我们并不能因此就断定语言分析便是文体研究的全部。因为文体研究除了语体研究外，还涉及体裁、风格、时代、民族和文化等等。何况，西方学者眼

① 韦勒克，沃伦. 文学理论［M］. 刘象愚，刑培明，陈圣生，等译. 北京：生活·读书·新知三联书店，1984：189.

中的文体学仅仅是作为现代语言的一个分支，与我们所理解的文体有着极大的差别。因此，将文体研究等同于仅仅研究文学的语言同样是片面的。

既然文体研究不仅仅是体裁研究，也不仅仅是文学语言或文学风格的研究，那么文体研究究竟属于什么研究呢？笔者以为，文体研究应有自己明确的目标，这个目标就是在文体研究的基础上，将其上升到“文学文体学”的高度，即将“文学文体学”作为一门独立的学科来研究。从这一目标出发，文体学不仅要研究各种文学体裁的成因、特征和流变，研究一切能够使作品获得特别表现力和感染力的修辞手段与语言系统，研究不同的文艺作品与不同作家风格的区别，研究一个时代的精神、文化及心理如何作用于文学创作。总之，正如韦勒克和沃伦所说，文体学“将成为文学研究的一个主要部分，因为只有文体学的方法才能界定一件文学作品的特质”，同时，“当文体分析能够建立整个文学作品中普遍存在的统一原则和某种一般的审美目的时，它就似乎对文学研究最有助益”。[①] 这是一方面。另一方面，既然将文体学设定为一门独立的学科，就应当从学科的高度来探讨文体学成立的依据，它的内涵、特征，以及与其他相关学科的联系等等。关于后一问题，对古代文体论素有研究的吴承学和沙红兵已在《中国古代文学文体学学科论纲》等一些文章中做过开拓性的探讨。这体现出了新一代的文体研究者不满足于现状，力求在学科的平台上建构文体学理论体系的学术野心。

假如我们将文体研究作为独立学科的“文体学”来对待，则有几个问题必须引起我们的关注。

第一，“内”与“外”。我国古代的文体论，从一开始就十分注重内外结合。如北朝颜之推在《颜氏家训·文章》中就指出：“文章当以理致为心肾，气调为筋骨，事义为皮肤，华丽为冠冕。”在这里，颜之推用人体来比喻文体，将内在的结构“理致”“气调”比喻为“心肾”“筋骨”，再将外在的结构“事义”“华丽”比喻为“皮肤”“冠冕”。这可谓典型的内外结

① 韦勒克，沃伦．文学理论［M］．刘象愚，刑培明，陈圣生，等译．北京：生活·读书·新知三联书店，1984：193－194．

合的两分法。不独颜之推如此，在刘勰的《文心雕龙》、沈君烈的《文体》等著作中，他们也都是从内外两个层次来辨析文体的特征，而且同样用人体结构比喻文体的结构。这种文体结构的内外两分法，与西方文论家对于文体的认识颇为接近。比如，韦勒克和沃伦就设想过考察文体可以有两种方法："第一个方法就是对作品的语言做系统的分析，从一件作品的审美角度出发，把它的特征解释为'全部的意义'，这样文体就好象是一件或一组作品的具有个性的语言系统。第二个方法与此并不矛盾，它研究这一系统区别于另一个系统的个性特征的总和。"① 作为对"内部批评"情有独钟的文论家，韦勒克和沃伦除了特别看重文体的内在形式语言系统外，他们对文体"这一系统区别于另一个系统"的外在形式，也给予了适当的关注。这就启示我们：文体作为一个系统，它是由表层结构与深层结构两方面构成的。因此，唯有从内和外两方面入手，才有可能接近文体本体，从而更全面和科学地理解和把握文体。

第二，"常"与"变"。文体研究最具魅力和最具价值之处，不是对历史上已有的文体做简单的分类、定名，更不是在文献学、考古学意义上对其进行静止的、凝固化的考察，而在于以历史发展的眼光去研究文体演变过程中常与变的辩证关系。关于这个问题，古人早就注意到并且十分重视。如魏晋南北朝时期的文论家张融就提出"文岂有常体"之说。他在《门律自序》中说："吾文章之体，多为世人所惊。""夫文岂有常体，但以有体为常。"这种敢于突破文体限制的自觉文体意识，在当时是极其可贵的。而后，谢廷授在《续文章缘起序》中也说："文有万变，有万体，变为常极，体为变极。变不极则体亦不工。工者，起之归而绝之会也。"这段话道出了文体发展变化的一般规律，即常是基础，是相对稳定的，是一种逐渐积累的带有共性的审美倾向；而变则是丰富多样的客观事物和现实审美的丰富性对于文学的要求。从历史上看，一种体裁从其萌芽到发展，到最后定型，

① 韦勒克，沃伦．文学理论［M］．刘象愚，刑培明，陈圣生，等译．北京：生活·读书·新知三联书店，1984：193.

正是变的结果。比如，在诗歌体裁方面，由古体诗到五言律诗、七言律诗，再到长律绝句。在散文方面，从先秦的哲学散文、历史散文，到唐宋熔哲学、历史、文学于一炉的“古典散文”，再到独抒性灵、不拘格套的明清小品，都是在常与变的相互影响、相互渗透中走向成熟，走向它们各自的辉煌。因此，做文体研究时很重要的一点就是要研究在特定的时代，常的文体特征及审美基础是什么，而变又是什么原因造成的？它对特定时代的文体体制、文体风格、文体修辞又施加了什么样的影响？

同时，还要研究“破体”与“辨体”的关系。因“破体”与“辨体”往往是和“常”与“变”纠结在一起的。当然，“常”与“变”一般是指在一种文学体裁内部发生的常态与变化的矛盾；而“破体”与“辨体”则是跨越文体与坚守文体的抗衡。辨体的维护者站在坚守文体的纯正性的立场，主张文各有体，应恪守文体的体制，不能越雷池半步，因此任何诗文杂混的尝试，在他们看来都是大逆不道的，应坚决抵制。而破体的尝试者认为应大胆打破各种文体的界限，让各种文体互相渗透融合，这样才能促进文学的发展。可见，“破体”就是破坏旧有的、保守的，甚至是僵化的文体，它的特点就是变，是一种创造性的文学革命。因此，它不仅应受到肯定鼓励，而且也符合文学的发展规律。就拿 20 世纪 90 年代的“文化大散文”来说，它就是对五六十年代的托物言志、借景抒情散文的一种破体。正是这种破体，提升了当代散文的品格，使当代散文变得恢宏阔大。不过，在强调“破体”，追求“变”的时候，也不能完全漠视“正体”的文体特征，如果把诗歌当成散文，把散文写成小说或戏剧，那么对这样“破体”的动机和价值是大可怀疑的。所以笔者认为，“变”固然能给文体带来新的生命力，而“常”则是基础，是根本，我们不能因为追求“变”而丢弃了文学的根本。这是研究文体必须注意的另一个问题。

第三，“体”与“用”。体用思想在我国古代哲学中一直有着十分突出的体现。在近代，体用曾一度被视为富国强兵之道。而对于文体研究来说，体用同样有着不容忽视的价值。体，既是体裁、体制，也是实体、本性，它是根本性的存在；而用，则是对“体”的具体化和运用之法。关于“体用”的关系，熊十力在《体用论》一书中认为：“体用之义，创发于《变经》（即《易经》）。”① 明代顾尔行在《刻文体明辨序》中说得更明确：“文有体，亦有用。体欲其辨，师心而匠意，则逸辔之御也；用欲其神，拘挛而执泥，则胶柱之瑟也。《易》曰：‘拟议以成其变化。’得其变化，将神而明之，会而通之，体不诡用，用不离体。”顾尔行引用中国哲学中的体用思想来谈文体的运用原则，即首先要立足于体，要仔细辨明体制，否则就是脱离文之大体，就如快马离开了大道，失去了控制。其次，对文体的具体运用大可以灵活变通，不应过于拘泥于成规。总之，“体”与“用”是辩证统一的。“体”是根本与规范，“用”是文体的创造性活动。除此之外，还应看到，古人在研究文体时，总是将体制与具体的创作实际，与文体的功能紧密地结合在一起，而不是空洞抽象地谈体的问题。这对于我们研究中国现代散文的文体，同样具有思想与方法上的指导意义。

文体研究是一个既古老又崭新的学术课题。正因其古老又崭新，所以我们一方面要吸纳古代文体论丰富的思想内涵；另一方面又要更新观念，引进西方现代文体学的研究成果和方法，以此来建构中国现代文体学的体系。当然，任何借鉴或引进，都不是简单机械的生搬硬套，而应在“外”与“内”、“常”与“变”、“体”与“用”的多重关系中把握文体的特征与演变线索，以及新的读者对于文体的期待。这是我们今天研究文体应有的态度和视野，也是研究文体的新起点。

---

① 熊十力．体用论［M］．上海：上海书店出版社，2009：5．

第二章

文体的定义、层次与现代转型

一、文体的定义

关于文体的内涵，我们在上一章多少已有所涉及。由于“文体”一词义有多端，在我国古代或指称体制、体式、样式，乃至文笔、风格等等；在西方，文体则是体裁、流派、风格、类型、类别，甚至是方式、样式、样本等的指称，可谓众说纷纭，因此有必要对其进行厘清界说。

什么是文体？按《辞海》（第6版）的解释，“文体”的释义有四：

> 文章的风格。钟嵘《诗品》卷中：“（陶潜诗）文体省静，殆无长语。”
>
> 文章的体裁。如记叙文、说明文、议论文等。也有用以指语体的。
>
> 文雅有节的仪态。贾谊《新书·道术》：“动有文体谓之礼。”
>
> “文娱体育”的简称。如：开展文体活动。

《古代散文百科大辞典》对文体的释义也有两项：

> 指文章的风格体制。它决定于文学所反映的内容，由语言、结构、表现手法、文学技巧等形式因素构成，具有时代的、社会的、个人的特色。如文学史上的建安体、齐梁体、吴均体、元白体等。
>
> 指文章的表达方式及规格与程式，即文学体裁。就散文说，从表达方式分，有叙事体、说明体、议论体、抒情体等；就应用场合、书写程式分，有公文、社会交际应用文等。文体一旦形成，有相对的稳定性、独立性。各种文体，都有自己的构成要素，是约定俗成的，必须遵守的。

西方的文体学理论，虽不及中国那样丰富多彩，但对文体问题的研究同样从很早就开始。不过在古希腊时期，文体最初是一个修辞学的概念，那时的文体只是被视为演说中的一种语言说服技巧。此后，文体又有“思想外衣”之说，即认为“文体是思想的外衣”（切斯特菲尔德）；有文体是“人本身”说，即认为文体与作家的思想感情、审美修养、个性气质密切相关（布封）；还有“选择说”和“情景制约说”，即文体作为一种语言的表现，总是正确选择的结果。同时，文体的选择并不是完全自由的，它不可避免地要受到交际情景即语境的限制（特纳）。当然，最能代表西方文体研究成就的，应是语体方面的研究。也就是说，伴随着现代语言学在文学理论界地位的提升与巩固，文体研究与语言符号研究的结合已成为潮流，并极大地推动了文学文体研究的发展。因此，随之而来的便有如下关于文体的界说。比如，艾布拉姆斯在《文学批评术语辞典》中就认为：“风格是散文或诗歌的语言表达方式，即一个说话者或作家如何表达他要说的话。”而另一位文体学家卡顿也持相近的看法。在《文学术语辞典》中，卡顿指出：“文体是散文或诗歌中特殊的表达方式；一个特殊的作家谈论事物的方式。文体分析包括考察作家的词语选择，他的话语形式，他的手法（修辞和其他方面的），以及他的段落的形式——实际上即他的语言和使用语言方式的所有可以觉察的方面。”在这两本权威的文学辞典中，两位文体学家都是将风格、思想和主题纳入到语言表达方式中，并以此为基点来界定文体。至于韦勒克则说得更直接：“如果没有一般语言学的全面的基础训练，文体学的探讨就不可能取得成功。”由此可见语言学对于文体研究的重要性。

根据上面几本辞典对于文体的界定，以及我国古代文体论和西方文体研究的发展演变，我们大致可以这样来定义“文体”：

> 文体是文学作品的体制、体式、语体和风格的总和。它以特殊的词语选择、话语形式、修辞手法和文本结构方式，多维地表达了创作主体的感情结构和心理结构。它是一个时代的社会历史和文化精神的凝聚。

这个文体的定义，首先强调了文体的四个要素——体制（体裁）、体式、语体和风格，同时突出语言修辞的选择与表达的核心作用。此外，还涵括了创作主体的个性特征、时代内容和文化精神。这个定义比之长期以来仅仅将文体等同于文学体裁或语言研究的文体观，无疑要丰富得多，也更贴近文体的本体。当然，在界定了文体的内涵之后，还必须注意与文体内涵相关的几个问题。

第一，文体研究与文体学。文体研究，主要是就创作方面而言，它是对文学作品的体制、语言、形式、风格等方面的研究；而文体学则是对文体研究的概括和总结，有时也称之为文体论。如果说，文体研究是我国古已有之的传统研究方法，则文体学作为一门独立的学科，它是在20世纪西方现代语言学风起云涌的大背景下产生的。它的确立标志着西方一些文论家的研究兴趣已由原先相对狭小逼仄的体制（体裁）与文学风格研究转向文化哲学、心理学、艺术社会学，特别是向现代语言学迁移。有鉴于此，本书既承续了传统文体研究的优长，又接纳了西方文体学的一些观念和方法。

第二，广义文体与狭义文体。广义的文体，既包括群体的创作风格，如中国文学史上的初唐体、晚唐体、西昆体、台阁体、元白体等，还指应用语言中的各种语体，如因不同的职业、场合、语境而形成的广告语体、新闻语体、法律语体、科技语体等等。中国古代的文体论，基本上是把最广义的文体都纳入研究的视野之中，即把应用性的文本都包括在内。现代的文体研究，则既有广义研究，也有狭义研究。狭义文体研究指的是文学文体研究。它的任务是研究不同作家独特的语言体式，描述各种文体的艺术特征，并对文本进行结构分析。但必须明确：狭义文体研究并不等同于文学体裁研究，也不仅仅是语言学的分析。

第三，文体的“内”与“外”。韦勒克和沃伦在《文学理论》中，将文学研究分为“内部研究”和“外部研究”，文体研究同样也存在着“内”与“外”的文体。不过，他们推崇“内”而排斥“外”，而文体研究则应“内”“外”兼顾。因文体是由“内”与“外”诸种要素所构成的，它既有主观性，又有客观性。所以，我们一方面要分析一部作品或一个作家的文体特征；另一方面，我们又要描述一个文学运动，甚至一个时代的文学风格。因为，民族文化和时代精神最能反映某一特定时期总体的文体特征，它是宏观文体研究的重要理论视角。当然，任何时候文体研究的核心都应是以语言分析为标志的“内”视角研究，离开了语言分析和艺术形式的分析，一切关于心理学的、文化学的、人类学的文化研究都无从谈起。

需要指出的是，随着时代的发展、社会文化的进步，文体一般来说会愈来愈丰富多彩，也相应地会愈来愈复杂多变。文体一旦被创造出来，就会约定俗成地成为一种相对稳定的标准和惯例，也会在一个较长的时期内规范着作家的体裁选择、语言表达、修辞手法和文学作品的形式结构等。但文体又是流变的，某些文体在某个时代是文学的，但在另一个时代则可能沦落为非文学；而今天被视为非文学的文体，明天可能就变成正宗的文学，如小说、杂文就是如此。所以，我们要将文体演变看成一个动态而开放的过程。我们的文体观念也要随着文学文体的变化而变化。比如，关于文体的划分，古代是在文章学的基础上，将应用性文体与文学性文体混为一谈；现代则是在欧洲文学类型的影响下，将古代的文学“三分法”发展为“四分法”，即把文学分为小说、诗歌、戏剧、散文。“四分法”相对于古代诗歌、戏剧、杂文学的“三分法”，无疑是一种进步。仅此一点即可说明：文体研究观念应随着时代的发展而不断更新，那种万无一失、一劳永逸的研究从来就不存在，而固守条条框框、抱残守缺更注定了没有出路。

二、文体的层次

当我们立足于文体学的制高点，从共时和历时两个视角对过往的文体研究进行审视时，可以看到，中国古代的文体论不仅内容十分繁富，而且有着属于自己的研究体系。然而进入 20 世纪之后，我国的文学研究者便很少对文体进行全面系统的研究，而从文体学的角度来研究散文的起源、发展、演变和文类风格的论著则更少，以至于长期以来人们总是从外在的表层结构来理解文体。这一点，在散文研究中表现得尤为突出。比如，仅仅从作为工具的语言形式和技巧的范畴来使用文体，还有更多的散文研究者将文学体裁等同于文体。举例来说，新中国成立以来十分流行的“四分法”，便是在文学体裁的意义上将散文看成与小说、诗歌、戏剧并列的文体。至于“广义散文”与“狭义散文”的区分，也主要是从文学体裁上着眼。总而言之，以往现当代散文中的文体研究，其着眼点基本上都是将文体当成文学体裁或文类，而没有从共时和历时的深层结构来认识文体，没有意识到文体不只是体裁文类，更是语言的现代编码形式，是一种文体风格、体裁内容、表现手法、作家的心理结构和主体精神，乃至时代风貌和民族的感情性格的凝聚。由于将文体的概念理解得过于狭隘，过于机械刻板，因此，不论是“三分法”“四分法”“广义散文”，还是“狭义散文”，在笔者看来都未能进入散文文体的本体，也未能对散文的创作起到真正有力的推动作用。相反，过于僵硬、过于简单化和绝对化的理论，有时反而成为散文创作的障碍。

因此，在对文体的内涵进行界说的基础上，我们有必要将文体看作一个系统，从不同的层面追问其理论的纵深依据。笔者在《论20世纪90年代中国散文的文体变革》① 一文中曾初步涉及这个问题，此处拟就文体的层次问题做更为深入的探讨。

关于文体的内涵和层次问题，其实早在20世纪90年代初，童庆炳先生就注意到并做了卓有成效的阐释。在《文体与文体的创造》一书中，他认为："文体是一定的话语秩序所形成的文本体式，它折射出作家独特的个性特征、感觉方式、体验方式、思想方式、精神结构，和其它社会历史、文化精神。文体是一个系统。从呈现层面看，文体是指文体独特的话语秩序、话语规范、话语特征等，从形成文体深隐原因看，文体的背后存在着创作主体的一切条件和特点，同时也包括与本文相关丰富的社会和人文内容。"②在探讨了文体的内涵后，童庆炳先生进而指出，文体有三个相互联系又相互区别的范畴："这就是（一）体裁，（二）语体，（三）风格。"③

童庆炳先生关于文体的见解，不仅准确深刻，甚至可以这样认为，自"五四"以后，还没有人这样从理论上全面而系统地研究文体问题。因此，该书对于笔者中国现代散文文体研究的启迪自然是不言而喻的。当然，童庆炳先生的著作也并非无懈可击。该著作前半部分关于"文体"的探讨既具创新意识又富于学理性；而后半部分关于"文体的创作"则有照搬套用以往的"文学理论教程"的嫌疑。比如"美在于内容""美在于形式""美在于内容和形式的统一"，再如"题材吁求形式""形式征服题材"等等，这些不都是我们极为熟悉的"文学理论教程"中的内容，同时与文体研究又貌合神离吗？此外，这里需要进一步说明的是，童庆炳先生主要是通过

① 陈剑晖．论20世纪90年代中国散文的文体变革［J］．中国社会科学，2001（5）：153－162.

② 童庆炳．文体与文体的创造［M］．昆明：云南人民出版社，1994：102.

③ 童庆炳．文体与文体的创造［M］．昆明：云南人民出版社，1994：103.

小说和诗歌来印证他的文体理论，而笔者则企图借助现代散文这一文体来建构心目中的文体学。这是我们在研究对象和研究基点上的不同。至于说到文体的层次，笔者在赞同体裁、语体、风格“三层次说”的同时，又认为文体可以在这个基础上扩展到五个层次。

第一层次：文类文体，即文学作品的体裁、体制。这是我国古代文体论研究得最为充分的方面。比如，刘勰在《文心雕龙·附会》中指出：“夫才童学文，宜正体制，必以神志为神明，事义为骨髓，辞采为肌肤，宫商为声气。”宋倪思提出：“文章以体制为先。”可见体制对于创作的重要性。一般来说，体制理论包括文学体制的辨析、体制的分类等。如诗有诗的体制，文有文的体制，不能随意越界。再从分类的角度来看，《诗经》分为风、雅、颂三大类，《尚书》又分为典、谟、训、诰、誓、命六类，而曹丕的《典论·论文》，则正式提出了文体分类的问题，并将当时的文体分为“奏议”“书论”“铭诔”“诗赋”四科。正因古人对文体分类十分重视，且古代文体的分类相当发达，而到了现代，小说、诗歌、戏剧、散文的体裁分类亦深入人心，所以笔者认为，将体裁、体制层面的文体称为文类文体更为恰当。文类文体，一般指文学作品的外在形态，它犹如人的外形、相貌和衣着，往往给人以表层的、直观的印象。比如，小说一般来说篇幅较长，构架较大，情节复杂，语言较松散和生活化；诗歌高度集中凝练，偏重意象组合和意境的营造，此外语言富于韵律感；散文则篇幅较短小，表达自由灵活，语言优雅精致，等等。由此可见，文类文体虽属于外在的、浅层的文体，但它是一种文体之所以能够确立的基本规范和组合文体的方式，也是这一文体与别的文体区别开来的依据和标志。通常来说，一种较成熟的文类都有较为稳定的文体形态，都有自己独有的特征、表现手法和结构形态。反之便是体例不纯，特征模糊，功用混乱，是文体不成熟的表现。所以，从文体的结构层次看，文类文体一方面是文体的外在形态；另一方面又是文体最具客观性的存在，它是文体研究的出发点和立足点。正因如此，巴赫金认为，每一种体裁都具有一定的观察和理解现实的方法和手段。而法国学者托多罗夫说得更明确：“体裁是一种提供模拟世界的模型化体系。”①

第二层次：体式文体。就文体的表现方式、修辞手段、结构形态而言，这一层面的文体表现与文类文体较接近，但如果细加比较就可看出两者的区别：文类文体是文体的外在形貌，它从大的方面显示出各种文类的不同特征和属性；体式文体的概念相对要小一些。它既是文本特有的表现方式、形态和修辞手法，也是文本依据不同的题材内容、结构形态组合而成的不同范式。比如我国古代，就有直抒其事的“赋”、托物言志的“比”、触物起情的“兴”三种不同的表现方式，构成了风、雅、颂三类不同的抒情诗体式。

在现当代散文中，则主要有“抒情独语体式”“闲话聊天体式”“幽默谐趣体式”三种散文文体体式。它们都有各自的表现手法，亦有各不相同的内在结构形态。因此，研究现代散文文体，除了要研究文类文体和语体文体，还要研究体式文体。换言之，既要研究散文作家的文类选择与创造，研究作家说话的方式，还要研究作家是怎样根据特定的文类，选择最为合适的表现方式与修辞手法，以及由此形成的结构形态。总之，从文体的层次来看，文类文体、体式文体、语体文体都属于文体的外部结构形态，它们有着十分密切的联系，往往是我中有你，你中有我，很难截然分开。因此在进行文体研究时须细加辨析。

第三层次：语体文体。文体作为文学的形式，最突出的是语言层面所体现出来的具有相对稳定的共同特征，即是说，不同的文类应有不同的语式、语势、语法、语调和语感。如果说，文类是文体的体貌、构架的外在显现，那么语体便是对文类的默认与确证，它是文体规范下一整套与该文

① 托多罗夫．巴赫金、对话理论及其他［M］．蒋子华，张萍，译．天津：百花文艺出版社，2001：289.

类相匹配的语言成规。一般来说，语体是一个作家特有的对语符的选择和编码方式，它既是指作家的用字、遣词、造句，也包括文本语言在形、音、义等方面的构造原则和特点，此外还涉及作品的语调、语感、语境以及标点符号的使用等等。可以说，语体文体是文体最为重要和最基本的要素，它真正属于个体的文体，具有浮雕性、可感性和不可重复性。因此，语体文体是识别一个作家风格的最为可靠的标志。然而长期以来，一方面我们的文体研究尤其是古代的文体论，较多涉及的是体制、题材或风格层面的文体问题，而对于语体层面的文体研究则重视不够。另一方面，我们又要尽量避免使文体研究变为语言学研究。比如有人认为，文本不过是一种语言存在的显现方式，它由字、词、句的组合而构成。因此，文体研究其实就是语体研究，它主要从作家的遣词造句入手，探讨文本在形、音、义等方面的编码方式和文体特点。这样的看法的确抓住了文体研究的根本，不仅贴近文体的本性且有较强的可操作性，不过将文体研究简单地视为关于语言组合方式的语体研究，其片面性也是显而易见的。总之，在文体研究中，我们既要充分认识到语体文体的重要性，又不能唯语体文体马首是瞻。

第四层次：主体文体。文体虽然是一种由语言构成的话语方式与文本结构方式，但这一切都离不开作家的创造，离不开作家作为创作主体的个性气质、心理感情结构和艺术审美情趣，这样便有了侧重于研究创作主体的主体文体。也正是看到这一点，法国的文学理论家布封说：风格即人。而俄罗斯的大批评家别林斯基说得更具体："文体，——这是才能本身，思想本身。文体是思想的浮雕性、可感触性；在文体里表现着整个的人。"①这里，不论是布封还是别林斯基，都是从创作主体的个性气质、心理特征、人格色彩和精神结构，即从"整个的人"来探究文体的。由于主体文体联结着作家的感情、心灵与精神，它往往是潜藏于文字底下，不是一下子就

① 别林斯基．别林斯基论文学［M］．梁真，译．上海：新文艺出版社，1958：234.

能把握得到的，所以，我们可以将主体文体视为“深层”或“内在”的文体结构。

第五层次：时代文体或民族文体。这是在体式文体、语体文体和主体文体的基础上扩展开来的文体结构。即是说，不管是作为语言方式的文体，还是流露出强烈的作家个性风格的文体，都必然地会折射出某种时代的精神，都会烙上产生该文体的民族性格和本民族的文化特征，于是就出现了时代文体或民族文体。还应看到这样一个有趣的现象：当历史的某一时期，作家们受到了某一时代风潮的影响，不但主体文体意识得以觉醒转变，而且不约而同地采用了相近的语体文体进行写作，这时，所谓“一时代有一时代之文学”（文体）也就自然而然地产生了。如近代以梁启超为代表的“新文体”的出现，“五四”时期“白话文体”的崛起，都是典型的“时代文体”的具体表现。文体研究若能立足于语言分析，同时兼及时代、民族和文化，无疑可以拓宽文体研究的视野。

由于文体的源远流长和构成的复杂性，上面对文体层次的划分只能是相对的；而且，笔者不敢肯定这五个层次就穷尽了文体的内涵和外延。不过，有了以上的分层，我们就可做出这样的判断：任何一种文体都不是随意胡乱拼凑的，而是一种由外到内、由内及外的递进层深的关系，是文学作品中的基本要素在相互作用中所形成的和谐的、相对稳定的一套独特的审美规范。文体结构层次的划分仅仅是为了描述和分析文体的需要。因为有了文体结构层次的划分，了解了文体的外部体貌、内部结构和总体功能，我们就能根据研究的重点，从不同的层次和不同的角度来考察文体的源流、文体的演进、文体的风格特征以及文体的时代精神和文化意味。而就本章而言，笔者的着眼点在于通过文体的分层把握，进而探讨中国现代散文在体式文体、语体文体、主体文体、时代文体四个层次上有哪些变革。由于“文类文体”在过去已多有研究，故此处从略。

三、文体研究的现代转型

尽管我国是“文体论研究的大国”（童庆炳语），文体的研究源远流长且内涵十分丰富，但我国传统文体研究的弊端也是显而易见的。这就是较注重对体制、题材和文学风格方面的研究，相对来说，对语体文体却不够重视。当然，不是说我国传统文体论中没有语体方面的研究，只是说我国传统文体论对语体的研究更多地侧重于语言的形式方面，比如研究诗歌的押韵平仄所形成的语言的韵律感，研究诗人是如何炼字、炼词和炼句，等等；而在散文研究中，则主要从表达的准确、明晰、生动、形象等方面来分析语言，而且描述与分析基本上停留于直观性、经验性的表面层次。因此，总体来看，传统文体论中的语言研究往往是辅助性的，处于次要的地位，有的时候甚至是可有可无的。这就要求我们在进行文体研究时，要换另一个视角来分析、描述文学作品的语言；或者说，要给“语体文体”研究注进新的“活质”。因为“每一件文学作品都只是一种特定语言中文字词汇的选择。……一首诗中的时代特征不应去诗人那儿寻找，而应去诗的语言中寻找”①。

在笔者看来，语体文体研究中的“活质”，就是西方现代语言学的理论思路和研究方法。

我们知道，20 世纪初由索绪尔所开创的现代语言学对西方的文体研究产生了重大的影响，甚至于有不少人认为现代文体学已经成为语言学的一个分支。当然，现代文体学到底是一门独立的学科还是现代语言学的一个分支，在笔者看来并不重要，重要的是引进西方现代语言学的“活质”，能够开阔我国文体研究的视野，促进文体研究的深入，从而使文体研究更加科学化和系统化。比如，索绪尔的“语言”与“言语”、“共时”与“历

① 韦勒克，沃伦．文学理论［M］．刘象愚，刑培明，陈圣生，等译．北京：生活·读书·新知三联书店，1984：186.

时”、“组合”与“聚合”、“能指”与“所指”的整体和自足性的语言学理论，俄国形式主义关于语言运用中的“陌生化”和“前景化”、“常规”与“偏离”的观点，布拉格学派的代表人物雅各布森的“生成语法学”以及“隐喻”和“转喻”的分类，乔姆斯基的表层和深层的结构分析法，韩礼德的功能主义语言学等，都有助于加深我们对文体的理解，推动文体研究迈进一个新的境界。进一步说，现代语言学对于笔者正在进行的散文文体研究究竟有哪些帮助呢？笔者认为现代语言学的理论、思路和方法，对我们的文体研究最具启迪性、最有效和最有用的，莫过于常规与偏离、情景语境和语言分析与文本意义阐释的融合三方面。下面拟就这三个问题略做阐释。

第一，常规与偏离。要把握和认识这个问题，首先必须了解“陌生化”和“前景化”这两个概念。“陌生化”这一理论为俄国形式主义理论家什克洛夫斯基所提出，它主要从读者的接受角度来说，指文学语言运用中的反常性、新奇性特征。什克洛夫斯基提出“陌生化”理论主要基于两点：一是传统的文学研究只重视形象思维和艺术形象的研究，而什氏认为在文学艺术中形象只是各种手法中的一种，它并不比语言更为重要。二是什氏进而认为，在日常生活中，许多事情一旦成为人们的习惯就不免带有机械性，就会变成自动的动作，久而久之就失去了原创性和新奇感。什氏将这种现象称为“目的性”。而“陌生化”的提出，就是为了破坏人们习以为常的习惯，重新唤起人们的新奇感、追求欲和创造的热情。在《作为手法的艺术》一文中，他这样论述：

> 被称之为艺术的东西之所以存在，就是为了使人恢复对生活的感觉，使人感受到事物的存在，使石头显出石头的质感。艺术的目的是要使人感觉到事物，而不是仅仅知道事物。艺术的手法就是使事物变得陌生，使形式变得困难，以增加感觉的难度和时间长度，因为在艺

术中感受过程本身就是目的，理应设法延长。①

这段话曾被不少形式主义的冒险者反复引用，并津津乐道。的确，这是一种相当吸引人的艺术手法：它通过对素材的选择、加工和对语言的重新组接，使艺术形式变得困难，增加读者感觉的难度和时间长度，让作品显得既陌生新奇又出人意料，从而凸显出作品的“文学性”。而与此互为呼应、异曲同工的是布拉格学派另一杰出人物穆卡洛夫斯基的“前景化”理论。“前景化”这个概念来源于视觉、听觉艺术的基本原理，即具有独特性的艺术作品总是偏离人们的一般期望。而在文学分析中，“前景化”主要指在文学语言的运用上偏离标准和常规，使某些词语变得十分“突出”，以此引起读者的关注。从这里不难看出，穆氏的“前景化”概念与什氏的“陌生化”理论是一脉相承的。

那么，如何才能最大限度地“陌生化”和“前景化”呢？这里的关键在于对传统的标准和常规的偏离。而偏离主要表现在两方面：其一是对话语的偏离；其二是对体裁和结构以及叙述视角等方面的偏离。就语言来说，偏离的现象可以说是随处可见。比如，“一个悲伤以前”，是对于常规短语“一个星期以前”的偏离，但它的表达更新奇因而更能引起读者的关注。特别在诗歌中，这种语法结构上的偏离更为普遍，如人们熟悉的杜甫的诗句“香稻啄余鹦鹉粒，碧梧栖老凤凰枝”，在句法上采用的是倒装，这样的语言结构显然偏离了常规，但谁也不会否认它比常规的表达更富艺术的意味。在现代散文中，这样的偏离常规的语言也有很多。如“只看见风的线条，它是飘扬的旗帜是纷飞的树叶是荡漾的黑发是我手中燃着的香烟”②；“他穿着一件绿色的运动衣，正如一棵年轻的树……年轻的树向我跑来”。不一定有倒装，有出人意表的炼字炼句，但有感觉，有灵性，有变形，有隐喻，

---

① 什克洛夫斯基．作为手法的艺术［M］//许力生．文体风格的现代透视．杭州：浙江大学出版社，2006：36.

② 胡晓梦．你也是不纯洁的［M］//唐达君，刘屏．亚当夏娃．北京：中共中央党校出版社，1997：77.

这样的语言组合和表达，显然偏离了传统散文语言的要求，值得我们细细研究。至于体裁和结构上的偏离，在现代散文创作中同样屡见不鲜。举例来说，传统的观点认为散文更适宜于描写风花雪月、小桥流水，或借景抒情、托物言志，在结构上则以苏州园林式为佳。然而20世纪90年代以后出现的文化大散文，却偏离了传统的题材观和结构观。文化大散文不但大多采用了重大的题材，而且篇幅长，结构宏大，这样的散文与传统的散文是完全不同的，但它并没有降低散文的思想艺术价值；相反，文化大散文的出现大大扩大了当代散文的影响，提升了散文的文化和审美品位，甚至一度成为散文写作的风尚。由此可见，偏离并不是离经叛道，更不是作家或诗人故意为难读者。从交流的过程看，偏离乃是引导读者更好地去寻找和领悟文学作品深层意义的一种策略。当然，偏离也是实现“陌生化”和“前景化”的有效手段。因此，真正的文体研究，无论如何不应拒绝偏离，而应将偏离纳进文体的研究视域之内。

第二，情景语境。这一概念来自于“功能文体学”。功能文体是以系统功能语言学为基础的文体派别。它指的是以语言的“经验功能”和“逻辑功能”为主导来探索各种文体特别是文体风格等问题。这一文体派别的开创者为语言学家韩礼德。在《文学研究的描写语言学》《语言功能与文学文体》等论文中，他打破了传统的文体与内容的界限，认为任何结构都有其特定的语言功能，即“文体存在于语言的任何领域之中”。因此，在对文学文本的考察中，可以通过对语言各个层次之间的关系的分析来识别文本的文体特征。如语言的排列或组合、节奏结构的平衡、叙述的视点、隐喻、反讽等等。更为主要的是，不同于形式主义语言学只注重文本的形式主义分析，韩礼德认为功能文体学不应仅仅分析文本的层次结构，它还应关注产生文本的时代和社会语境。此外，语言是人类用来进行交际的，而交际一般在特定的语境中才能进行并获得好的效果。为此，韩礼德提出了“情景语境”这一概念。而构成情景语境的三要素是话语的范围、话语的基调和话语的方式，简称为语场、基调与方式。语场指交际者处于其中的社会活动；基调指语言交际过程中各种参与者所扮演的角色，以及他们的语言风格的不同；方式指交际时所采用的渠道或媒介。以上三种要素，分别制约着作家或讲话者对概念意义的选择。而作品的意义和价值正是在这种“情景语境”的制约下生成的。很显然，情景语境将语言分析文本的“内部”引向了文本的“外部”，即引向文本所处的时代、社会、文化历史的大环境之中。笔者认为，功能文体学的“情景语境”分析对于我们正在进行的现代散文文体研究是大有助益的。举例来说，当我们分析“五四”时期的“闲话风”和“独语体”时，如果将这两种说话方式放到特定的“情景语境”中进行考察，相信更能凸显出这两种语式的文体意义和美学功能。正因如此，我们说功能文体学的“情景语境”不仅充分展示了自己的优势，而且在一定程度上预示了未来文体研究的发展方向。

第三，语言分析与文本意义阐释的融合。就文体研究的实际意义而言，笔者认为西方现代语言学在这方面的研究对我们最具参考价值。我们过去的文体研究存在着两个方面的问题：一是只凭主观印象、经验直觉来阐释文本的意义，带有较大的随意性；二是一些文体分析只注重语言的形式，而很少能够深入准确地阐释语言描述与文体的意义之间存在着什么样的关系。这其实也是俄国形式主义和布拉格学派的致命伤。相较来说，韩礼德的功能文体学就较好地避免了这种重语言分析而轻文本意义阐释的弊端。他认为，文本的意义实际上主要体现在词语和文本结构中的意义，以及文体的研究者所能想到的任何东西。因此，文体研究的意义就是要将这两个层面的意义挖掘出来。他还认为，判断什么是“真正的前景化”时，研究者依据的不是语言的基本功能，而是文本的主题意义。这样的研究在笔者看来比雅各布森的纯粹语言学描述更为生动具体，也更贴近文学作品的本性。当然，就语言分析和文本意义阐释相结合这方面来说，更值得注意的是斯皮泽的“语文圈”文学作品分析法。所谓“语文圈”，指的是从表层的语言描写分析进入到内在的“作品生命核心”的整个分析过程，这个过程包含三个相互关联的层次：第一层次，对作品中频繁出现的偏离常规的语言特征或语言细节进行分析；第二层次，找出支持这些语言特征的心理因素，或分析语言特征所产生的心理效果；第三层次，通过考察相关的因素把握文学作品的主题意义或美学效果。斯皮泽的这一套“语文圈”作品分析法的可贵之处在于它是从语言形式入手，进而探究作家的心理成因，阐释作家的语言选择所承载的主题意义。与传统的印象直觉批评相比，这样的文体研究更为精细，也更具科学性和客观性。

西方现代语言学可供我们借鉴的东西还有很多。比如，在语言学理论指导下发展起来的叙述学，其中的叙述视点、叙述语调，以及叙述者、作者与隐含作者的关系等，对于我们研究现代散文叙述模式的变化便有很大的参考价值。再如，隐喻、意象与象征也可以细化、深化和丰富我们的文体研究，开阔我们的研究视野。总而言之，为了推动文体学研究的深入发展，我们有必要重新审视、认识西方的现代语言学，挖掘其精华，将其有用的养料注入到我们的文体研究之中。事实证明，如果文体研究不画地为牢、故步自封，能够不断地吸取语言学及其他领域的理论和方法来充实自己，那么，中国的文体这一有着悠久历史的古老研究领域就一定能够焕发青春、生机蓬勃地向前发展。

第三章 | ◆

中国散文文体的近现代嬗变

中国的散文同诗歌一样，产生最早、源远流长，且一直居于文学的正宗地位。散文这一深植于传统文化的文体，有其鲜明的特征，即文学与非文学混为一谈，并在质与文、散与骈、文与白的纠结中不断完善和发展。直到近现代，我国的散文文体才发生了现代意义上的嬗变。这种嬗变虽未能从整体上推翻古典文学的文体系统，却在文体的体裁与体式、文本的语言与文体意识等方面，为现代散文文体的确立奠定了坚实的基础。本章拟从“嬗变”这一视角，对中国散文由古转今的文体演变轨迹做一宏观的鸟瞰。

一、古代散文的文体形态与文体意识

在中国文学史上，散文是一种早熟的文体。据史料记载，中国古代最早的散文，大约可追溯到甲骨卜辞、《周易》卦爻辞、钟鼎铭文等，而真正具备了较完备的散文形态的，应是从产生于殷周时代的《尚书》开始。《尚书》之后，就是中国散文的第一个黄金时期——先秦的诸子散文和历史散文。

先秦散文的基本文体形态，一是以论说为主，如《春秋》《老子》《庄子》《孟子》等含哲学、政论文在内的文章；二是以记叙历史事件和历史人物为主，如《左传》《国语》等记叙和议论相结合的文章。这两种文体形态交相辉映，不仅成就了一个大时代里散文的辉煌，而且，先秦散文还开创了中国的“杂文学”传统，其文体特征具有广泛的包容性。即是说，先秦时期的散文文史哲没有分家，实用文章和非实用文章混杂，文学与非文学交织，其时也没有专门从事散文创作的散文家。可见，先秦时代的散文概念和内涵是模糊的，文体是自然朴素的，同时也是极其包容的。正是这种模糊、自然朴素和包容性奠定了中国古代散文宽阔、宏大坚实的基础。近来，有人打着重建现代散文观念的旗号，认为先秦散文是一个蒙骗了中国人千百年的“子虚乌有”的伪概念，应予以推翻打倒。这样不顾历史真实，“以今律古”的大胆虚构和想象，不是无知，就是为了“语不惊人死不休”，是不足取的。

先秦之后的两汉，以“历史散文”为主要文体形态，而“无韵之离骚”的《史记》是这一文体的代表作，它将散文推到了一个顶峰。唐代的“古文运动”，一方面瓦解了魏晋南北朝的时文——骈文；另一方面又熔叙事的历史、说理议论的哲学、抒情的文学于一炉，从而形成了叙事、议论与抒情三位一体的“古典散文”格局。当然，“古典散文”只是唐宋的一种主流散文文体形态。在唐代古文运动的推动下，散文的品类多样，写法也多姿多彩，既有大量的山水游记、寓言、传记等有很强文学性的散文，也有车载斗量的诸如书信、奏议、诏令、论辩、传状、碑记、箴铭、颂赞、哀祭、序跋、书说、赠序等偏于应用和议论的文章。明代以后，先是“以拟古为主”的“七子”的散文创作成为时流，继而是独抒性灵，不拘格套，主张一切作品“皆从胸中流出”的小品笔记成为主要散文文体形态。而清代以桐城派为代表的散文，既强调“义理”“考据”，又注重“辞章”，即将应用性与文学性融合在一起。从以上对古代散文的粗略历史回顾中，可以得出如下结论：中国古代散文，从文体的角度讲，是一个相当庞杂的概念，或者说是一个“杂文学”的系统。中国古代散文的文体形态呈现出两个特征：其一，它一方面具有极强的包容性，另一方面每个时代都有一种主流文体。其二，中国古代散文，先秦时期是应用性与文学性并重。魏晋之后，总体来看文学性文体占据主导地位，但应用性文体也有其独立的地位。因此，界定何为古代散文，在笔者看来不能持论过严，而应根据现代散文的文体规范和文体特征，同时顾及产生古代散文的特定历史语境，只要有一定的“文学性”，即“事出于沉思，义归于翰藻”（萧统《文选序》），或“吟咏风谣，流连哀思”（萧绎《金楼子·立言》），就可以视其为散文。否则，我们就不能正确认识中国古代散文的文体特征。

总结、回顾中国古代散文文体演变的历程，我们还可以看到这样一个值得注意的文学现象——中国古代散文家从魏晋南北朝起便有着比较自觉的文体意识，而并不是一些论者所认为的那样：“古代‘汉语散文’之所以未能较好地解决‘范畴论’问题，主要有三点原因：第一，‘文学’意识淡薄。第二，‘文体’观念散漫。第三，‘载道’主潮的制约。”① 说“载道”的主流意识形态在某个时代压制了散文文体的发展也许有一定的道理，但若说中国古代散文家的文体观念淡薄散漫，则无论如何是说不过去，是不能令人信服的。因为中国古代散文从发端于纪言纪事，从实用文到美文，从“周诰殷盘，佶屈聱牙”到后来的“情动而言形，理发而文见”，如果没有“美因”即自觉的文体意识做支撑是很难想象的。虽然，章学诚所言“至战国而后世之文体备”的说法可能有夸大其词的成分，但鲁迅认为至魏晋南北朝时期，我国的文学主要是诗文已进入文体的“自觉时代”应属不虚。关于这一点，我们还可拿西方的文学做比较。西方的文学以戏剧、小说和诗为主，散文从古代到现代都没有独立成体，所以不论是长篇论著或是短篇小品，其文体基础都十分脆弱。即便“五四”时期热闹一时的英美“絮语散文”，其实真正上佳的作家和作品并不是很多。而能够像中国散文

---

① 刘锡庆. 世纪之交：对“散文”发展的回顾与思考［J］. 文学评论，1997（2）：23－39.

那样融记叙、抒情、议论于一体的优秀之作更少。质言之，与中国散文相比，西方的散文随笔重“笔路”，重纪事、说理、个人性和科学精神，但在“文章”，即抒情性、音乐性、语言韵味，乃至“文气”等更能体现文体意识的各个方面，则远远逊色于中国古代散文。从上述比较，也可看出中国散文家“文体观念淡薄散漫”的结论，并不符合中国散文文体发展的实际情况。

中国散文文体意识的自觉，主要体现在两个方面：首先，是散骈并用。唐代的古文运动以反对骈文俪体为主旨，但其时的散文家并非一味排斥骈文的辞章和修辞策略。他们在崇“道”、尚“简”、求“雅洁”的前提下，也追求辞采声律，讲究排比、对偶和用典，有时则是散体中夹用骈句。如欧阳修的《醉翁亭记》、范仲淹的《岳阳楼记》、苏轼的《前赤壁赋》等等。若从文体意识的角度看，可以说它一方面瓦解了“骈四俪六”的形式主义樊篱，体现出了古代散文家的文体自觉；而另一方面，它又服从于骈文的巨大吸引力，这同样体现了这种文体自觉。正是在这种散骈互用的过程中，散体的自由无拘，记事简洁，便于抒情议论，以及骈体的“焰焰烺烺，务彩色，夸声音”的特长获得了最大限度的发挥，从而拓展了散文艺术的表现手段。这是古代散文家拥有自觉文体意识的必然结果。

其次，是诗文互渗。诗和文各有自身的文体特征和规范，这是魏晋以后的事情。先秦之际，散文与诗统称为文。曹丕的《典论·论文》，将文分成四科八体，又将诗归为两类，这是中国文体意识的第一次自觉。但诗文毕竟“本同而末异”，故而曹丕之后，关于诗文的论争一直绵延至清代。以“盛唐气象”为例，主要是“以诗为文”，将诗情诗法融于散文体内，使散文不但叙事富于情趣，说理饱含韵味，而且表现手段像诗一样丰富多彩。及至宋代的散文革新运动，又反过来“以文为诗”。虽然这种诗文互渗现象遭到严羽等诗论家的严厉责难，但“以文为诗”拓展了宋诗的题材领域，使宋诗如“风行水上”“自然成文”，这也是不争的事实。质言之，各种文学体裁的互相渗透，使散文的文体意识进入一个新的层次和境界。至于散文与绘画的互相渗透与影响，在古代同样随处可见，它从另一个侧面印证了我国古代散文家文体上的自觉。

中国不但是一个诗的大国，同时也是一个散文大国。而散文之所以能在古代取得如此辉煌的成就，正是散文文体意识不断增强推进的结果。如果看不到这一点，甚至否认这一点，从轻说是对中国散文传统的不尊重，从重说是对散文传统的无知与背叛。

二、散文文体裂变的先兆

在中国文学的近现代转型中，散文的文体变革在内容与方式上都是很特别的，甚至在很多方面比小说和诗歌更能体现出近现代文学转型的价值和意义。不过，目前关于这种“嬗变”的探究还不够深入细致，认识上也有待深化。比如，关于现代散文兴起的时间问题，学界的主流意见主要有两种：一种认为从梁启超的“新文体”开始，中国的古典文才向现代白话文过渡，这几乎已经成为共识。另一种认为五四新文化运动所倡扬的白话文，才是现代散文的真正开端：“散文自此成为一种独立的艺术形式，实现了从古代形态向现代形态的转变”。① 这些关于散文转变的指认自然是有道理的。问题是他们在关注重大的事件、外在的口号之于散文文体的变革时，却忽视了可能引起文体裂变的那些处于萌芽状态的、混沌一片的、复杂暧昧的，因而也是更曲折潜在的隐性因素。当然，也有一些学者注意到了这些新因素对于文体转型的影响。如郭延礼在论述王韬的域外游记时就指出：“由于多是写国外题材的，因此在形式上较之传统的中国游记也有所变化。一般说，篇幅较长，内容充实，和古典散文中空灵飘逸的山水游记小品有明显不同；另方面，作品描写成分显著增多，语言趋向通俗化与自由化，并杂有许

---

① 钱理群，温儒敏，吴福辉．中国现代文学三十年［M］．修订本．北京：北京大学出版社，1998：146.

多新名词，都表现了散文新变的迹象。”① 郭预衡也意识到了晚清的经世思潮导致了文风异于鸦片战争之前：“学风既变，文风亦变，龚（自珍）、魏（源）二人的文章也大异于前。”② 又论：“福成之文，尤其是出使四国以后诸作，其内容与风格，都有异于桐城诸家者。”③ 这显然都是有识之见。惜乎两郭的论述只是点到即止，未及深入下去，其观点也未引起学界的注意。

晚清域外游记，指的是从 1840 年到 1911 年这一时间段内发表的域外游记。作为散文的一种文体体式，晚清域外游记数量巨大，内容可谓斑驳庞杂。20 世纪 80 年代，湖南人民出版社出版了由钟叔河主编的“走向世界丛书”，挖掘出晚清域外游记近百部，包括林鍼的《西海纪游草》，斌椿的《乘槎笔记》，志刚的《初使泰西记》，张德彝的《航海述奇》《欧美环游记》《随使法国记》《随使英俄记》，罗森的《日本日记》，王韬的《漫游随录》，郭嵩焘的《伦敦与巴黎日记》，以及梁启超的《新大陆游记及其他》，康有为的《欧洲十一国游记二种》，等等。此外，上海古籍出版社出版了陈左高编选的《古代日记选注》，选录了近代李吉、刘锡鸿、张荫桓、薛福成等人的不少域外游记片段。由全国图书馆文献中心编印的《历代日记丛钞》共 200 册，收录日记 500 多种，其中晚清域外游记有 50 余种。可见，始于 19 世纪 40 年代，由林鍼的《西海纪游草》开其先河的晚清域外游记，是一座有待发掘的散文富矿。从内容上看，这类游记与产生于本土环境中的传统游记不同，它具有特定的指涉性与相对的自足性。它是在中西比较这一跨文化语境中进行写作，旨在记录作者在域外游历时的所见、所闻及所感。因此，如何想象西方，如何在西方的镜像下认识自我，如何在时空交错中感受中西文化的碰撞，以及由此产生的现代性体味，便是这些域外游记书写者共同的人生境遇和个人经验。与这种书写情境相一致，蜂拥进作品的

① 郭延礼．中国近代文学发展史：第二卷［M］．济南：山东教育出版社，1991：1109.
② 郭预衡．中国散文史：下［M］．上海：上海古籍出版社，2011：539.
③ 郭预衡．中国散文史：下［M］．上海：上海古籍出版社，2011：564.

是关于诸如西方的世界观、文化制度、政治体制、现代技术、兴办实学等的讨论，以及诸如博物馆、神镜（照相机）、木马（自行车）、军火、关税、议院、物理、油画、电报、化学、斗牛、宴会、饭店、银行、铁路等新的事物、新的名词术语和新的意象。而内容与精神的变化反映到艺术形式上，必然导致文体的内在裂变。这种文体的裂变主要表现在以下几个方面。

第一，中西混用，文白交糅。中国古代散文对语体有极高的要求，特别到了桐城派，对文章语言的要求几近苛刻。为了合乎“义理”，桐城派要求“辞章”不仅要雅正醇厚，合乎古文遣词造句的规范，而且要求叙事要清晰干净，行文要简洁，即“与其伤洁，毋宁失真”。然而，当我们阅读晚清域外游记时，我们明显感到这些游记的语体文体完全背离、超越了桐城派清真、雅正、简洁的语言审美范畴。以下是桐城派传人之一的黎庶昌描述其在巴黎乘热气球的经历：

> 球皮用布缝成，……其大径三十五买特尔，围圆一百零五买特尔，容轻气二万六千建方买特尔，空中压力每建方买特尔重一百吉罗。①

而刘锡鸿在《英轺私记》中，更是引进了大量外来词：

> 西历十二月二十四日，为克来斯麦司衣符（即耶稣降生之前一日），西洋各国以此为令节。先期十余日，饴糖果饵、玩物器具，……如中国之贺新年。至期，官学给假，佣雇停工，商贾百艺，咸各休息。或游猎，或宴会，或结队诵经礼拜堂，熙熙如也。②

在上述两段引文中，黎庶昌文中的“买特尔”“轻气”“吉罗”，刘锡鸿文中的“克来斯麦司衣符”“礼拜堂”等，在当时都是新鲜的西方名词。这一类音译或半音译的外来词大多为复音词，必须经过字与字的整体勾连才能表达一个完整独立的意思。如果将“买特尔”“克来斯麦司衣符”分成三个字或七个字，则完全不知所云，尽失语境中的意义。这一点的确与汉

---

① 黎庶昌. 西洋杂志［M］. 喻岳衡，朱心远，校点. 长沙：湖南人民出版社，1981：119.
② 刘锡鸿. 英轺私记［M］. 朱纯，杨坚，校点. 长沙：岳麓书社，1986：224.

语很不同。汉语尤其是文言文多为单音词，几乎每个字都有自己独立的意义。它们构成一个个独立的自足体，并由此衍生出古代文章精练简洁、优雅醇厚的意蕴。而在晚清域外游记中，由于大量引入这类复音词，并将其作为散文语言的主要构成部分，这就在很大程度上冲击了传统散文的语言，改变了文言文古雅简约的整体面貌，同时也改变了读者的阅读习惯。

第二，章法散漫，体式杂陈。晚清域外游记不仅在语言上中西混用，文白交糅，同时极少用典和对仗；而且在文章章法结构、体式上与传统散文也大相径庭。因为面对的是一个广大而陌生的西方世界，同时着眼于传播新知，传递信息，而不是着力于造境——营造一个情景交融、储满诗意的域外意境，给读者带来审美的愉悦。这样，晚清域外游记的叙述者便俨然将游记变成了社会考察的报告书，在内容上偏重于考察记录与资料采集。如黎庶昌的《巴黎油画院》《斗牛之戏》《英国钱币》《法国钱币》等游记，既有历史的考据、地理的记载、风景民俗的描写，又有各种器物的说明、详尽的条款式罗列，还有大量书信的摘录、大段大段的议论性文字。薛福成的《出使英法义比四国日记》，则引用了大量的外交资料，详细记录了外交照会格式、外交典礼程序，甚至还有总理衙门的书牍摘录。其间还夹杂着薛福成个人的经历、见解及议论。至于章法结构，基本是依日而记，布局随意，篇幅长短不一，有的一两句话，有的数千字，结构上更是自由散漫，没有定式。可见，晚清域外游记在取材、立意、结构和布局上都大异于古代散文。可谓内容包罗万象，体式斑驳杂交，章法上完全不依桐城古文谨严尚理的法度。

第三，聚焦式的叙述与议论。中国传统游记，一般是根据时间的顺序和游历者的行踪进行叙述，而表现手法大多是托物言志、借景抒情。但在晚清域外游记中，我们发现情况并不是这样。固然，域外游记中也有一些借西域景物风情抒发感慨之作，也有大量记叙游历者行程和罗列西方风物的流水账式记述。此外，还有带着自我表演性的“呈贡式”叙述，更有以启蒙者身份自居的“宣教式”叙述，但最有文体价值的还是聚焦式的叙述。

在这类游记中，叙述者一反流水式的叙述方式，将自己的行踪活动置于幕后，将叙述的笔墨聚焦于某个问题或某个事物，而后有选择、有重点地进行介绍、记叙与思考。如薛福成的《出使日记》《观巴黎油画记》，黎庶昌的《西洋杂志》《巴黎赛会纪略》，黎左的《马德利油画院》等就是如此。作者以某物、某个生活场景或风景习俗为焦点，一方面对其进行详尽的介绍、记叙和描写，表现出很强的记叙性特征；另一方面又就某个问题表达叙述者的感受、意见和建议，有时甚至在文中展开讨论，展现出议论性、理性化与科学化的风采。这样的散文，在文体规范上已冲破了桐城文法的束缚，为"五四"现代记叙文和议论文的兴起提供了有益的文体尝试。

晚清域外游记，还隐含着现代报告文学的胚胎。不同于诗文的传播方式和受众对象，在现代的传播语境中，文学的重心逐渐下移，传播对象由过去的贵族士大夫转向以市民为主体的普罗大众，呈现出现代平民的精神特征。晚清的不少域外游记，较之传统诗文，在传达域外信息时力求真实客观；在情感、思想的表达上更为直接，更为通俗易懂；同时又不乏具体可感的形象和煽动性的语言，加之借助现代传媒进行广泛传播，如此一来，现代报告文学就在新型文体与现代传媒的结合中孕育萌生了。

需要指出的是，在晚清时期，梁启超也写了《新大陆游记》等域外游记，还参加了"文体裂变"的合唱。但梁启超对于中国现代散文文体的贡献，主要在1896年至1907年间的"新文体"的创建。晚清传统散文的文体裂变，应该说早在梁启超之前，就已经在黎庶昌、薛福成等出使大臣笔下开始酝酿。正是这些占据了晚清文坛主流地位的桐城派文人的文章裂变，复杂而隐曲地预示了传统散文必将变革和现代散文必将兴起的趋势。

三、梁启超"新文体"散文的文体特征及其转型意义

诚如前述，梁启超于1899年前后就写过《夏威夷游记》《新大陆游记》等域外游记，但他对后代影响最大的还是他创立的"新文体"散文。戊戌政变后，作为资产阶级新思维的杰出宣传家，梁启超不仅创办了《新民晚

报》，还在《时务报》《清议报》等报刊上发表了大量文章。他用浅显平易、煽动性极强的新体散文取代僵化刻板的桐城古文和骈文等传统，并逐渐形成了独具一格、文体特征鲜明的新的散文体——新文体，也称为“报章体”“新民体”“时务体”。

梁启超的“新文体”，既继承了我国的“杂文学”传统又有所创新，既承续了晚清域外游记的裂变之风又大异其趣。概括来看，“新文体”有以下三方面的文体特征。

其一，以欧西文思入文。梁启超在《夏威夷游记》中曾说：“德富氏为日本三大新闻主笔之一，其文雄放隽快，善以欧西文思入日本文，实为文界别开一生面者，余甚爱之。中国若有文界革命，当亦不可不起点于是也。”

为适应启蒙宣传的时代需要，梁启超的“新文体”一方面引入大量西方的词语、语法和表达方式，以废除文言的语体系统；另一方面又取法日本德富氏等人善于表现欧西文思的日本报章文体。他的“新文体”散文有一种习惯表达方式，即“自然界如何……世界如何……国人如何……”。他往往在文章的开篇便广泛引用各种自然科学、社会历史、人文地理的新鲜知识，排比堆砌，旁征博引，多方类比，以开阔的视野、广博的知识、雄健的文笔和磅礴的气势震慑读者，而后再推出结论。“新文体”的这种结构模式随处可见。显然，这样的结构模式和行文方式与“以欧西文思入文”有很大关系。尽管从论证的角度看未免失之粗疏浮浅，欠缺严谨的科学性，但从文体的历史贡献看，这种紧密联系时代和社会现实需要，追求散文语体的“言文合一”的尝试，不失为一条可行的路径。

其二，平易畅达的文风。梁启超创立的报章文体之所以能风行一时，这与他推崇平易畅达的文风有很大关系。在《清代学术概论》中，他这样谈到自己的文体追求：“启超夙不喜桐城派古文，幼年为文，学晚汉魏晋，颇尚矜炼，至是自解放，务为平易畅达，时杂以俚语韵语及外国语法，纵笔所至不检束，学者竞效之，号新文体。”①

我们知道，宋代以欧阳修为代表的散文家倾向于平易畅达的文风。他们反对王安石及唐宋以来的艰涩怪诞文风，并通过自己的创作实践将散文引向平易畅达，对后来散文的发展产生了积极的影响。梁启超认为自己所写的是“觉世之文”而非“传世之文”，他的散文创作的目的是为了传播新知，启蒙民众，所以自然“务为平易畅达”，追求言文一致，让民众最大限度地接受。虽然梁氏的“平易畅达”与欧阳修的“平易畅达”在提出的语境和内涵上不尽相同，但在冲破传统束缚，在文学应贴近社会现实这一点上是一致的。

其三，条理明晰，笔锋常带情感。梁启超的“新文体”散文继承了古代诸子散文的论辩传统，他的散文创作很注重议论说理，对一个问题往往从不同的层次、不同角度加以阐发，即做到“大纲小目、条分缕析”。当然，更能体现出梁启超“新文体”散文文体特点的，是他的文章“笔锋常带情感，对于读者，别有一种魔力焉”②。梁启超对中国古代以情为根的散文传统情有独钟。为了使“新文体”散文能具备强烈的情感煽动力，他大量运用种种修辞手法，如设问、反问、借代、比喻、排比、对偶等。此外，他不仅喜用“欲……则必……”“有……即为……”的排比句式，营造出一种颇具煽动性的文势，而且在句式和字数上讲究骈散相间，在音节语调上则注重抑扬顿挫。正是这一切，造就了他“别有一种魔力”的语体文体。这种以极度夸张、偏激为能事的语言在当时的确具有“摄魂忘疲”的力量，使读者读之“如受电燃”。然而，其语言的浮夸累赘，虽能鼓噪一时，却缺乏耐人寻味、隽永醇厚的散文美，这也是不争的事实。

那么，梁启超的“新文体”散文，对于中国现代散文的转型有什么意义呢？应该说，此前学界对梁启超“新文体”的特点谈得较多，而对于转型的现代意义则研究得不够。有鉴于此，笔者拟就此谈点看法。

---

①② 梁启超. 清代学术概论［M］. 朱维铮，导读. 上海：上海古籍出版社，1998：86.

梁启超的“新文体”对于现代散文的意义，首先是设定了与古代散文截然不同的读者群体。如众所知，古代散文从一开始就与士大夫、贵族阶层密切相关，在其漫长的发展、变革过程中，也一直将这一特定读者群视为写作对象。因此，古代的散文强调“崇经”“尚事”“载道”，讲究“义理”“考证”“辞章”三者不可偏废，许多人毕其一生呕心沥血写“传世之文”。到了晚清的域外游记，散文的中心开始下移，传播对象逐渐由士大夫、贵族阶层转向大众，但那时的“转向”还是不明确和不自觉的。而到了梁启超创立“新文体”时，他首先考虑的是文学的社会功能即功利性。他不但十分清楚自己写的是“觉世之文”而非“传世之文”，而且明确地指出广大民众是其散文的真正读者：

> 《传》曰“言之无文，行而不远”。学者以觉天下为己任，则文未能舍弃也。传世之文，或务渊懿古茂，或务沉博绝丽，或务瑰奇奥诡，无之不可；觉世之文，则辞达而已矣，当以条理细备，词笔锐达为上，不必求工也。①

追求“觉世之文”的教化旨归，尽管强调的是“以天下为己任”的社会功利性，但梁启超的“觉世”与古代忠君颂主的政治教化有着本质上的区别。他“觉世”的核心是“新民”，其目的是以资产阶级的启蒙来塑造一代新国民。这样，他的读者对象自然也就是普通的民众。可见，梁启超包括谭嗣同等人的新文体创作，在观念上赋予散文以国民文学的性质，在文体上提倡“辞达而已”，“以条理细备，词笔锐达为上”。正由于“新文体”在阅读层面上设定了新的读者群，从而改变了散文的话语方式和读者的“期待视野”，为以后的“平民的文学”“人的文学”打下了基础。

梁启超的“新文体”的更大功绩，在于启迪了“五四”议论性散文的兴起。在我国古代的各类散文中，很早就有所谓的“说”体散文，如《师说》《捕蛇者说》等，这类散文在性质上属理论性文章，偏重于说明性和解

① 梁启超《湖南时务学堂学约》第六条。

说性。梁启超的“新文体”散文中也有大量的议论体散文，如《新民说》系列、《少年中国说》等等。这些文章继承了“说”辞纵横捭阖、语言“炜晔”的特点，同时杂糅各体的写作技巧，既形象生动，有强烈的艺术感染力，又能自由地表达思想。梁启超的“新文体”尽管还属于旧文学的范畴，而且实际上它也没有彻底实现论说性散文的口语化，但却为实现这一目标起到了清障开路的作用。“五四”时期的胡适、陈独秀、李大钊、钱玄同、刘半农等的议论性散文，无不受到梁启超的“论说体”散文的影响。由是观之，梁启超议论体散文在文体功能、文体体式及语体表达方式等方面，已经走到了现代的大门前。因此，现代散文首先从议论散文起步，也就顺理成章了。

如果我们着眼于转型的意义，将梁启超的“新文体”散文放在中国散文发展的长河中，尤其是放在中国散文新与旧的交叉点上来考察，那么我们就可以看到，梁启超的“新文体”散文仍属于旧文学的范畴。一方面，他将我国“杂文学”传统的优势和缺点发挥到极致；另一方面，他启迪了中国散文的新变，促成了现代散文格局的重构。而这，正是梁启超“新文体”散文的巨大历史贡献。

梁启超的“新文体”散文尽管风靡一时，但它毕竟属于“杂文学”传统的范围，带有明显的过渡性质。因此，当历史发展到“五四”时期，散文文体又发生了深刻的变化，这就是现代意义上的散文文体正式宣告确立。关于这方面，笔者在《论现代散文的文体选择与创造》① 一文中已有详细论述，此处从略。

中国的古代散文从《尚书》开端，历经两千多年的文体演变，到了“五四”时期，终于被现代散文文体所取代。这不仅仅是文体的问题，也不仅仅是文化的问题，而是时代的变革，历史发展的必然。正是在“五四”自由之风的吹拂下，现代散文抖落了降之于身上的过多灰尘，现代散文的文体也从杂文学转变为文学的散文或艺术散文。至此，现代散文终于成为一种独立的文学门类，在现代性的天空中自由翱翔了。

---

① 陈剑晖. 论现代散文的文体选择与创造［J］. 文学评论，2007（5）：82－88.

第四章

“五四”时期散文文体的选择与创造

曹聚仁先生在复旦大学的一次讲演中，曾提出这样的观点：“由五四运动带来文学革命的大潮流，……弥天满地，都是新的旗帜，白话文代替古文站在散文的壁垒中了。就当时的情形来看，与其说是文学革命，还不如说散文运动较为妥切。代表文学的，只有幼稚的新诗，幼稚的翻译。说不上什么创作；其他盈篇累牍的都是议论文字。”① 曹先生出于对散文的偏爱，认为“五四”文学革命简直就是一场“散文运动”，甚至判定新诗、翻译以及其他文学品类都“说不上什么创作”，这样的观点固然有其主观武断、贬低其他文类的偏颇，不过从另一方面也昭示了“五四”时期散文创作的辉煌成就。的确，在“五四”时期及20世纪30年代中期，散文无论从创作队伍，从作品的数量、题材的广阔、表现手法的丰富多样和文体的成熟程度上看，都远远超过了其他文学品类。否则，鲁迅、周作人、朱自清等大

① 曹聚仁．现代中国散文：在复旦大学讲演［M］//曹聚仁．笔端．上海：上海天马书店，1935：45－46.

家也不会给予“五四”散文如此高的评价。

但对“五四”时期及30年代中期散文的研究，就目前来看还不够细致和深入。举例来说，过去的散文研究者，一般较喜欢从科学民主，或从人的解放和反封建专制等方面来肯定“五四”以来的现代散文；还有的研究者热衷于探究这一时期散文兴旺发达的源流，当然更多的是单个散文家的作家作品论。近几年来，有研究者尝试从社团、文体的自觉方面来探讨现代散文的变革。① 这是一个值得期待的进步。不过从整体来看，这方面令人满意的研究成果还不是太多。所以，本章拟从文体的选择与创造的角度，对现代散文做一综合和多层面的阐释。在笔者看来，文体研究更贴近文学本体，因而是考察一个时期的文学流变和探讨某一种文学体裁的独特性的绝佳视角与切入点，尤其对于散文这种文体倾向特别明显的文类更是如此。当然，笔者这里所指的文体，不是以往仅仅将文体等同于“文学体裁”的那种文体（如我国“三分法”“四分法”之类的文体研究）；也不是只将文体归属于语言学的势力范围，即将文体研究视为对文本语言的形、音、义等方面的语言组合方式的研究。尽管将文体研究等同于“文学体裁”或“语言学”研究（事实上西方的文体研究主要便是语言学研究）有其合理之处，但其片面性也显而易见。针对文体研究的这种偏颇，笔者曾写过一篇题为《论20世纪90年代中国散文的文体变革》② 的长文，该文在考察、梳理了我国古代文体概念的内涵及其流变的基础上，提出了“文类文体”“语体文体”“主体文体”“时代文体”的“文体四层次”说。而本章，可以视为前文的姊妹篇。即是说，本章将依据上述的文体思路，沿着现代散文发

---

① 在为数不多的现代散文社团和文体方面的研究中，笔者较认同的有丁晓原的《〈语丝〉：现代散文文体自觉的代码》（《江汉论坛》2003年第1期）、周海波的《现代传媒与散文的文体功能辨析》（《山东社会科学》2004年第6期）、王兆胜的《关于散文文体的辩证理解》（《文艺争鸣》2005年第1期）等文，以及范培松在《中国散文批评史》一书中关于“语丝派”散文“体”的研究。

② 陈剑晖. 论20世纪90年代中国散文的文体变革［J］. 中国社会科学，2001（5）：153－162.

展的历史轨迹，探寻散文在时代风潮中的文体变异和内在精神的脉动。也许，从文体角度切入现代散文，我们更能体味到当初曹聚仁先生将“五四”文学革命说成是“散文运动”的那番苦心。

一、现代散文的文类文体建设

中国现代散文与小说、诗歌和戏剧相比，一开始就表现出了文体上的自觉与成熟。当时的新文学建设者一方面为现代散文进行文体上的溯源；另一方面又认为应“彻底打破那‘美文不能用白话’的迷信”①。于是，在这种双向的选择和创造中，建构起了现代散文的基本框架。

这种文体上的选择，首先体现在“文类文体”的建设方面。我们知道，我国古代散文从文类角度讲是一个十分广泛的概念。它包括了韵文之外的一切散体文章，正所谓“非韵非骈即散文”是也。由于包罗的门类太多太杂，这样文学性散文和非文学性散文的界限便十分模糊，这不但在很大程度上限制了人们对散文的认识，也影响了散文创作的发展。而“五四”之后出现的现代散文则不同于古代散文，它一开始就意识到散文不但应属于文学的范围，而且应作为文学的一个独立部门而存在。在这方面，首先要提到的是刘半农和傅斯年两人。1917 年，刘半农在《我之文学改良观》中，率先提出文学散文的概念：“所谓散文，亦文学的散文，而非文字的散文。”1918 年，傅斯年在《怎样做白话文》中开始将散文与小说、诗歌和戏剧并列，特别是将散文作为一个独立的文学部门来看待。尽管刘半农和傅斯年两人的文体意识还是体验性和零碎的，他们对于“文学性散文”的内涵和特征并没有清晰的认识，但他们对于“文学散文”的钟爱，促使他们尝试着从传统文章即“杂文学”中将散文剥离出来，这可视为现代散文文体觉醒的先声。

---

① 胡适．五十年来中国之文学［M］//姜义华．胡适学术文集：新文学运动．北京：中华书局，1993：160.

标志着现代散文的文体自觉，准确来说应该是从周作人开始的。1921年，周作人提出了著名的“美文”概念。他一方面从明代小品那里寻找到现代散文的源头；另一方面又以开阔的视野，从外国散文那里发现了可资现代散文借镜的创作资源。他说：“外国文学里有一种所谓论文，其中大约可以分作两类：一批评的，是学术性的。二记述的，是艺术性的，又称作美文，这里边又可以引出叙事与抒情，但也很多两者夹杂的。这种美文似乎在英语国民里最为发达。”① 周作人的“美文”说不但使散文从“杂文学”的混沌状态中解放了出来，而且确定了现代散文的多种体式与基本特征，同时还为现代散文的文体发展提供了民族性的依据和世界性的参照。后来，在《〈自己的园地〉自序》中，他又提出了“抒情的论文”概念，将议论性的杂感也视为“美文”创作之一种。从上述的文章可以看出周作人建构现代散文文体的思路，即将叙事、抒情和议论视为现代散文的三大要素，这与后来写作课程中通用的叙述散文、抒情散文和议论散文的三分法大体上是一致的。

在现代散文的“文类文体”建设方面，值得一提的还有朱自清。尽管朱自清不把散文当“纯艺术品”看待，认为散文在艺术性方面比小说和诗歌要低。不过他将现代散文分为广义和狭义两种，还是体现了他作为一个文体家的远见卓识。在《什么是散文?》和《关于散文写作——答〈文艺知识连丛〉编者问八题》中，他指出：“散文的意思不止一个”，“广义的散文，对韵文而言。狭义的散文似乎指带有文艺性的散文而言，那么，小说、小品、杂文都是的。最狭义的散文是文艺的一部门，跟诗歌、小说、戏剧、文学批评并立着。小品文和杂文似乎都该包括在这一意义的散文里”。在朱自清看来，文艺性的散文“或称白话散文，或称抒情散文，或称小品文”。朱自清把文学散文与非文学散文分开，再把非文学散文剥离出散文家族，

---

① 周作人．美文［M］//俞元桂，等．中国现代散文理论．南宁：广西人民出版社，1984：3.

这是颇有见地的，但他把小说也包含在散文里边，则显然失之于粗疏。因为既然已将小说、诗歌、散文和戏剧并列为现代文学的四大体裁，就没有理由再将小说归进散文的范畴。由此可见，朱自清的文体概念也不是十分清晰。他对散文概念的界说还不算完备，但他关于“广义散文”和“狭义散文”的划分，其文体意义却不容忽视。至于同时期或稍后的胡梦华关于“絮语散文”的提倡，王统照对“纯散文”的文体界定，还有徐志摩对“纯粹散文”的执着，都可以看作是对现代散文“文类文体”的有意义的探索。

那么，什么是“文类文体”呢？文类文体一般指作品的外在形状，它犹如人的外表体形和容貌，是作家根据不同文学品类的特征、功能和表达方法，按特定的原则、规范组合文本的方式。文类文体虽以显在形态给读者以直观印象，但它却是这一文体与别的文体区别开来的依据和标志，并以其独立的存在性而体现出自身的价值。通常来说，一种较成熟的文类都有较为稳定的文体形态，都有自己独特的组合原则和外在特征。反之便是范畴模糊、体例不纯，是文体不成熟的表现。应当说，从文类的角度来看，新文学草创期的散文作家和理论家们显然意识到了散文这一文体类型独立存在的重要性和必要性，这样他们对于散文文类的有意识选择与自觉创造，便成为现代散文文体自觉的显著标志。遗憾的是，后来的散文研究者并没有在上述的基础上对现代散文的“文类文体”做进一步的细化与拓展，使其更科学和更具文类的竞争性，反而疏于规范与建构，文体意识越来越退化，最终导致了在很长的一段时间里，现代散文出现概念混乱、文类不清、体式模糊的局面，并由此影响到现代散文在20世纪中国文学史上的地位，使其在很长的一段时间里处于边缘的尴尬境地，这样的教训必须吸取。

现代散文对于文体的选择与创造，既体现在“文类文体”的建构方面，而在寻找与现代散文的内容和主题相适应的话语方式方面，现代散文的建构者也表现出了不凡的眼光。在这方面，胡梦华的“絮语散文”之说功不可没。他认为英国的小品文、随笔一类的东西，虽然“不是长篇阔论的逻辑的或理解的文章，乃如家常絮语，用清逸冷隽的笔法所写出来的零碎感想文章。……至于它的内容虽不限于个人经历、情感、家常掌故、社会琐事，然而这种经历、情感、掌故、琐事确是它最得意的题材”①。在这里，胡梦华一方面看到小品文、随笔题材的广泛性、包容性和琐碎性；另一方面又意识到用“家常絮语”“清逸冷隽”的笔法是表现这种题材的最佳话语方式，这的确体现出了他敏锐的文体意识和独特的文体眼光。而与胡梦华的“絮语散文”异曲同工的，是鲁迅于1924年译介的厨川白村的《出了象牙之塔》一书，其中的一段话为历来的散文爱好者所津津乐道：“如果是冬天，便坐在暖炉旁边的安乐椅子上，倘在夏天，则披浴衣，啜苦茗，随随便便，和好友任心闲话，将这些话照样地移在纸上的东西，就是essay。”②这便是对中国的现代散文文体的发展产生了巨大影响的“潇洒写意的谈话体”。自然，更有系统、更有自觉的文体理论意识是产生于1924年的“语丝社”的创办者和同人。诚如范培松先生所言：“语丝社同人对‘语丝体’展开了讨论，这是在20世纪里散文批评家第一次自觉地、有意识有目的地围绕现代散文的‘体’所进行的批评活动。”③“语丝”开宗明义地宣称办这个刊物是“发表自己所要说的话”④，“说自己”的话，其实就是要寻找一种适合“语丝”题材和功能的“语丝体”。而这种“语丝体”又是什么呢？1925年孙伏园在写给周作人的题为《〈语丝〉的文体》的信中谈道：“我们最尊重的是文体的自由，并没有如何规定的”，还说它“只是一种自然的趋势”。即是说，自然随意便是“语丝”体的特征，而且不是人为的硬性规定，而是自然而然形成的。

的确，自由自在，任心闲话，随意挥洒，正是散文特有的话语方式。

---

① 胡梦华．絮语散文［M］//俞元桂，等．中国现代散文理论．南宁：广西人民出版社，1984：15.

② 厨川白村．出了象牙之塔［M］．鲁迅，译．北京：中央编译出版社，2014：7.

③ 范培松．中国散文批评史［M］．南京：江苏教育出版社，2000：19－20.

④ 周作人．《语丝》发刊词［J］．语丝，1924（1）：15.

因为散文没有小说那样有情节和人物形象可依，没有诗歌那样的高度集中和韵律上的严格要求，又没有戏剧那样的谨严结构和大量的对话。文类的兼容，规则的灵活，表现手法的丰富多样，使散文成为一种可以自由发挥、率性而为的文类。所以鲁迅先生在《怎样写》中说："散文的体裁，其实是大可以随便的。"不仅可以"随便"，而且"大概很杂乱"。周作人则将自己的散文写作比喻为"跑野马"。正因为在体裁上"大可以随便"，在写法上可以"跑野马"，在话语方式上采用"家常絮语""任心闲话"的语调，这样，20 世纪二三十年代的随笔小品自然就蓬勃发展起来，不但成了那一时期散文的主流，而且其成就"几乎在小说戏曲和诗歌之上"①。由此可见，文体的选择和创造对于文学创作至关重要。可以设想：倘若没有从一开始就确立散文作为一个独立部门，同时将文学性散文和非文学性散文区别开来，而后寻找一种自由随意、任心闲话的话语方式，那么中国的现代散文有可能像西方散文那样，直到今天还没有获得独立的地位，甚至还处于混沌的"杂文学"的状态之中。仅此一点，我们就有理由向 20 世纪二三十年代致力于散文"文体革命"的先行者脱帽致敬。

二、语体文体的选择

文体作为作家说话和写作的主要方式，最突出的是语言层面所体现出来的不同于别的文类的特征。如果说，文学体裁是文本的体例特征和结构形式等方面的成规，是文体的显在层面，那么，语体则是对体裁的默认与确证，是散文文体规范下的一种话语系统，是与文学体裁相匹配和对应的一套语言成规，并且连接着作家的艺术思维方式和风格特征。一般来说，语体既是一个作家特有的对词语的选择、修辞技巧的运用，以及语气、调子和标点符号的使用，它还包括某一时期作家对于某一种语言形式的共同

① 鲁迅．小品文的危机［M］//鲁迅．鲁迅选集：第 3 卷．北京：人民文学出版社，1995：20.

选择与创造。正是由于这种共同的选择与创造，于是在历史的某个时期，形成了一种不可替代的“时代的文体”，如“五四”时期的“白话文体”就是如此。因此，从文体学的意义上来说，语体文体是文体的核心，也是它的基础。它既是识别一种文类的审美属性的关键，又是衡量一个作家的艺术风格是否成熟的最为可靠的标记。

中国现代散文的开拓者，从一开始就注意到了语体文体对于现代散文发展的重要性，并为建构一种既符合“五四”自由精神，又贴近散文本体的散文话语而不懈努力。具体而言，“五四”时期至30年代中期的散文家和理论家对语体文体的选择与创造，主要表现在如下几个方面。

其一，是“新而不乱，奇而不渎”，在“文言合一”、中西结合中探索现代散文语体文体发展的可能性。“五四”的“文学革命”，以“断裂性”语体变革为核心，创作了大量的新诗、小说、戏剧和散文，而在这其中，尤以白话散文的成就最为突出。为什么“五四”时期白话散文的成就在诗歌、小说和戏曲之上？盖因散文是最具文体意味的文类。小说虽然最早采用白话文（如宋元的话本、明清的章回小说），但“五四”之后便受制于西方的小说观念和表现手法，在语体方面更是存在着严重的欧化现象。诗歌方面尽管很早就有胡适的《尝试集》和刘半农、康白情等的白话诗，后来又有李金发、闻一多、徐志摩等的探索，但总体看来，“五四”时期的新诗语言还处于“夹生饭”的不成熟的阶段，这种状况直到今天也没有很大的改观，加之过于排斥我国古典诗歌的审美传统，倾向西方又难以西化，这就注定了现代诗歌不古不洋的尴尬命运。至于戏曲，不仅产生较晚，其观念、规则和结构形式更是西方戏剧的翻版。因此鲁迅说“散文小品的成功，几乎在小说戏曲和诗歌之上”，是有着足够的根据的。而在笔者看来，“五四”时期现代散文的成就之所以超过其他文学门类，很重要的一个原因是当时的散文作家有十分清醒自觉的语体创造能力。“五四”初期，散文的语体不可避免地存在着历史过渡时期纷然杂陈的现象。如文白杂糅，土洋并用，很是古怪拗口。但很快，这种现象便得到了纠正。先是鲁迅、周作人在传统与现代的结合上探讨了现代散文语体文体发展的可能性，使其“新而不乱，奇而不渎”。比如鲁迅，他在散文语体上严于选词，苛于造句，他的散文和杂文里“没有相宜的白话，宁可引古语，希望总有人会懂”①。他还认为“旧语的复活，方言的普遍化，那自然也是必要的”②。周作人对语体文体更是给予了充分的关注。他在研究了文体的特点、功能与语言的形式变化的关系后，提出了建立“理想的国语”的设想：“以现代语为主，采纳古代以及外国的分子，使他丰富、柔软。”这种“现代国语”不仅能“适切地表现现代人的情思”，而且“具有论理之精密与艺术之美”。③ 此外，他还注意到了散文语体文体的“本色、简单、涩”等特点。在《〈燕知草〉跋》中，他针对俞平伯的散文，指出：“他的文词还得变化一点。以口语为基本，再加上欧化语，古文，方言等分子，杂糅调和，适宜地或吝啬地安排起来，有知识与趣味的两重的统制，才可以造出有雅致的俗语文来。”④由此可见，“五四”散文运动的倡导者对语体文体是格外重视的。正是在鲁迅、周作人、胡适、傅斯年、叶圣陶等的倡导下，朱自清、俞平伯、梁遇春、梁实秋、林语堂、冰心、徐志摩、沈从文、缪崇群、陆蠡、丰子恺、废名、何其芳、李广田、冯至、柯灵等散文家创作出了一批情思优美，在语体文体上堪称现代散文典范的佳构。这些作品有的平白如话，自然亲切，流利畅达，朗朗上口，体现出“看得又读得”的口语语体的纯粹与规范，如周作人、叶圣陶、老舍、丰子恺、夏丏尊的散文便是这方面的代表；有的精心锤炼语言，把文言、口语、欧语熔于一炉，形成了一种极其诗意化

---

① 鲁迅. 我怎么做起小说来［M］//鲁迅. 鲁迅选集：第3卷. 北京：人民文学出版社，1995：172－173.

② 鲁迅. 人生识字胡涂始［M］//鲁迅. 鲁迅全集：第6卷. 北京：人民文学出版社，1995：296.

③ 周作人. 周作人散文：二集［M］. 北京：中国广播电视出版社，1992.

④ 周作人.《燕知草》跋［M］//孙玉蓉. 俞平伯研究资料. 天津：天津人民出版社，1986：341.

的语体文体，如徐志摩、冰心、何其芳等的散文语言就是如此。这些散文家在语体文体方面的探索，一方面丰富了现代白话散文的文体表现；另一方面也为古文与现代白话文、西方散文语言与中国散文语言的渗透融合开辟了一条新路。

其二，是在“化传统”过程中，追求语体的“漂亮”和“缜密”，打破“美文不能用白话”的迷信。在“化传统”这一点上，现代散文的确比其他文类有着得天独厚的优势。而在这个“化”的过程中，现代散文的倡导者一方面摒弃古代骈文那种骈韵用典、片面强调文采繁复的形式主义做法；另一方面又继承和发扬了我国自先秦就开始的追求“藻饰”“美言”的语言传统，自觉追求白话的语言艺术，使其具备汉语文章特有的言美、形美和意美。这样既保留了传统文章凝练含蓄、意蕴丰厚、声音节奏优美的语言功能，又显得更自然、更亲切、更生动和细腻，从而使传统语言获得了新的生命力。

在追求“藻饰”的语体美方面，首先要谈及的是徐志摩。尽管徐志摩不是一个造诣很深的“语言学”专家，但他对“纯粹散文”的语言美却情有独钟。早在 1923 年，在与友人的通信中，他就提出了“纯粹散文”的理论主张①，并说：“我们信我们自身灵性里以及周遭空气里多的是要求投胎的思想的灵魂，我们的责任是替它们抟造适当的躯壳，这就是诗文与各种美术的新格式与新音节的发见；我们信完美的形体是完美的精神唯一的表现。”② 徐志摩的散文，便十分讲究“藻饰”，讲究散文形式的美和语言的音乐性。不过，由于徐志摩在语体文体的锤炼上尚欠火候，有时总不免因人工过分的夸饰而“流于冗赘缛艳之境”③。因此，在“化”传统并将散文语言做得“漂亮”而“缜密”方面应首推朱自清。在语体上，朱氏的散文

---

① 徐志摩．徐志摩书信［M］．长沙：湖南文艺出版社，1986：112.

② 徐志摩．诗刊弁言［J］．晨报副刊・诗镌，1926（1）.

③ 钟敬文．试谈小品文［M］//俞元桂，等．中国现代散文理论．南宁：广西人民出版社，1984：33.

以散行单句为主，不刻意追求排偶和整饬，更不讲究平仄和韵律，这和古代文章的造句方式颇为接近。另外，朱自清的散文又继承了古代散文利用汉语的平仄，特别是汉语独有的双声、叠韵的语言特点，造成一种平仄相交，双声、叠韵错杂的抑扬顿挫、声韵和谐之美。此外，朱自清还借鉴古代散文丰富的修辞手法，善于调动多种修辞手段来表达瞬间的心理感受，以比喻、拟人、通感等来营造氛围和情境。比如《荷塘月色》《桨声灯影里的秦淮河》《背影》等散文名篇，既显示出白话散文自然质朴、平易亲切、生动畅达的美质，又把现代散文写得精致、漂亮和缜密，其语体文体的简洁、隽永和蕴藉不让于古典美文，这就难怪朱光潜在《敬悼朱佩弦先生》中，给予了朱自清如此高的赞誉："他在这方面的成就是要和语体文运动史共垂久远的。"而郁达夫则认为，朱自清的散文"仍能够满贮着那一种诗意，文学研究会的散文作家中，除冰心女士之外，文字之美，要算他了"①。其实，在"五四"时期至 30 年代中期，师承我国传统语言的"藻饰""美言"审美观念，将散文语体文体锤炼到"炉火纯青"境界的散文作家，还可以举出冰心、废名、落花生、何其芳、冯至等一大串名字。正由于有这样一大批作家追求白话散文语体文体上的文字美、形式美和意境美，所以鲁迅说"五四"散文"写法也有漂亮和缜密的"，是"对于旧文学的示威"。② 朱自清在 1928 年发表的《论现代中国的小品文》中，也说那时的散文"确是绚烂极了……或描写，或讽刺，或委屈，或缜密，或刚健，或绚丽，或洗练，或流动，或含蓄，在表现上是如此"。这就"彻底打破那'美文不能用白话'的迷信"，提高了现代散文语体文体的审美品格。

其三，"言与意""形与心"的和谐组合，构成独具东方情调的语体文体特征。文体学的研究表明，文体不仅有文类文体、语体文体、主体文体

① 郁达夫.《中国新文学大系·散文二集》导言［M］//俞元桂，等. 中国现代散文理论. 南宁：广西人民出版社，1984：481.

② 鲁迅. 小品文的危机［M］//鲁迅. 鲁迅选集：第 3 卷. 北京：人民文学出版社，1995：20.

和时代文体等层次，文体还有由“言与意”“形与心”构成的多重审美因素。文学作品尤其是散文不但要通过优美的语言来表达意思，还要善于将语言的符号转化为艺术符号，即意与形的组合，而后再通过作品特有的氛围和格调，传达出散文“个人主体”的性灵，即“形”与“心”的圆融和洽。在笔者看来，语体文体只有达到了这一层次，才真正达到了文学的臻境。在检视20世纪二三十年代的散文时，我们不无欣喜地看到“五四”时期的现代散文大多都能做到“言与意”“形与心”的融合。这些散文既善于将日常生活艺术化，又善于运用各种笔调创造出各色的氛围、情调和意境，营造一方浓淡相宜的自适的精神空间。如周作人的《乌篷船》，体现的就是“言与意”“形与心”的和谐交融：“你坐在船上，应该是游山的态度，看看四周物色，随处可见的山，岸旁的乌桕，河边的红蓼和白蘋，渔舍……”而到了夜里，则是“夜间睡在舱中，听水声橹声，来往船只的招呼声，以及乡间的犬吠鸡鸣，也都很有意思”。① 语言冲淡平和，自然天成，而在这“意”和“形”的底下，折射出的是一种散淡悠闲的心境，一种自由随意、空灵和谐的意蕴，而这正是东方情调的语体文体特征在散文中的体现，它使现代散文的艺术表现领域更为蕴藉、幽深和开阔。

综上所述，可见文体的选择与作家的生命意向、人格理想密切相关。文体既是“道”，又是“器”；既是交流思想的载体，又与创作主体的思维密切相关。换言之，文体就是人本身，它寄寓着人类的灵魂和精神。因此，任何有自己的文学理想的作家，他们在创作时总是竭力去寻找适合自己的体裁，寻找适合自己的表达方式，尤其是寻找能负载起自己的生命、人格理想和自由精神的语言形态。在现代散文家中，鲁迅是如此，周作人是如此，其他如朱自清、梁实秋、林语堂、丰子恺、沈从文、汪曾祺等也概莫能外。同时，我们还注意到：由于注重语体的追求，现代散文在总体上服

---

① 周作人．乌篷船［M］//鲍风．周作人作品精选．武汉：长江文艺出版社，2003：75.

膺“絮语”“闲话”，在推崇自由随意的话语方式的前提下，许多作家又有着属于自己的“语体”。如鲁迅的简约冷峻，周作人的平淡、笨拙中的丰腴，朱自清的细腻与精美，林语堂的幽默雍容，梁实秋的博采雅趣，叶圣陶的质朴平实，徐志摩的流动华美，废名的疏淡清朗，沈从文的舒徐自然……他们都以独特的、不可替代的语体文体，向世人展示着现代散文的优美与多样性。

三、体式文体的形成与演进范式

现代散文在文体上的选择与创造，除了体现在文类文体、语体文体等方面，在散文体式的选择与完善上，我们也能够看出现代散文奠基者的良苦用心和出色的文学想象力。关于这方面的文体探索，在本章第一部分谈及“家常絮语”“任心闲话”以及“语丝社”的“文体自由”时已有所涉及，不过由于写作上的考虑，前面只是约略地涉及“语体”和“体式”的问题，而且侧重点在于探讨散文作家们是如何孜孜不倦地去寻找适合散文内容的说话方式。而在这一部分，笔者考察的重点在于现代散文的表现方式和文体范式的历史演进，这里的研究理路是一种递进层深的关系，即透过文学的体裁、个体的语体去把握文体的内在构造方式和相对稳定的文体范型。

从文体的层次及递进关系来看，文类文体、语体文体和体式文体共同构成了文体内涵的三个层面，它们虽然有着密切的联系，而且常常是我中有你，你中有我，很难截然分开，但如果细加辨析，还是能够看出其间的一些细微区别。在笔者看来，文类文体是文体的外在形态，它是从大的方面标示着各种文类的不同范畴和特征；语体文体侧重于文本语言的组合方式，主要指单个作家在用字、遣词、造句方面的特色；而体式文体虽也离不开语言组合以及语调方面的选择，并且在表面上看起来与文类文体有相似之处。不过体式文体的范畴比语体文体大，却比文类文体要小一些，它既是文本特有的表达方式和形态，也是文本依据不同的内在结构组合而成的不同范式。因此，研究现代散文的文体，既要研究文类文体和语体文体，还有必要研究现代散文的体式文体。

那么，现代散文又有哪些体式或曰范式呢？根据上面关于体式文体的理解，以及结合现代散文的创作实际，笔者认为，可以将现代散文归纳为如下几种体式。

第一，抒情独语体式。抒情体式古已有之，但在“五四”时期的现代散文中得到了长足的发展，甚至在20世纪五六十年代曾一度成为散文创作的唯一文体模式。这是由于“借景抒情”“托物言志”是中国传统散文的一大特色，而“五四”以后散文灵活多样的抒情方式，又适应了现代人借助散文这一载体来抒发感情、表露心灵、表现生命体验的内在要求。加之这一时期国外的屠格涅夫、泰戈尔等散文诗的引进，也成为现代抒情散文体式发展壮大的“外援”。抒情体式的领军人物当然是朱自清，他的《荷塘月色》当之无愧是这一路散文的范本。而徐志摩、郁达夫、冰心则是其倡导者和出色的实践者。徐志摩散文中的丰富想象力和强烈的主观感情色彩，使他的散文不但流光溢彩且飘动飞扬起来。郁达夫的抒情既有同亲友诉苦的不拘形式，又有“归航”时的淡淡的感伤情调。冰心散文中的抒情，则如春天里的云雀般轻快欢悦，又如“霓虹的彩滴也要自愧不如的妙音雨师”（郁达夫语），在清新的文字、典雅的情思中，透出浪漫主义的气息。现代的抒情散文由朱自清始，中经杨朔、刘白羽等的“诗化”改造，到20世纪80年代贾平凹（风情类散文）、张洁等的手中又有所回归，可以说绵延近百年。值得注意的是，在现代散文的抒情体式中，还旁出一种更贴近散文本体的抒情元素，即有的评论家指出的“独语”体式。这种独语体式可追溯到鲁迅的《野草》，“野草”借助象征暗示的表现手法，以及奇幻的场景、荒诞的情节和神秘朦胧的梦境，直逼灵魂的最深处，捕捉到了现代知识分子内心深处难以言说的感觉和情绪，并以独语的方式对自我、生命、灵魂和人类的出路进行深层次的思考和自剖。当然，在独语体式上思考得更多，也走得更远的是何其芳。他执着地要为抒情的散文“发现一个新的园地”。他说：“我企图以很少的文字制造出一种情调：有时叙述着一个可以引起许多想象的小故事，有时是一阵伴着深思的情感的波动。正如以前我写诗时一样入迷，我追求着纯粹的柔和，纯粹的美丽。”① 何其芳的散文集《画梦录》中的散文，其实就是他为抒情的散文“发现一个新的园地”的实验。他借助“诗的暗示能”和“诗的思维术”来组合意象和营造意境，还以戏剧式的独白或对话介入散文的抒情中，从而使散文的抒情更有弹性和层次感，更能传达出现代人那种孤独寂寞的情绪，营造出一种现实和幻梦相交织的艺术境界。而在20世纪20年代末至30年代中期，追求这种艺术境界和独语方式的散文家还有李广田、缪崇群、丽尼和陆蠡等，他们的散文篇幅短小轻灵，语言优美流畅，结构精致圆满，加之大量借助意象、象征、梦幻，乃至声音和色彩来叙事抒情，这便在一定程度上弥补了当时一些“闲谈”体散文过于随意散漫和絮聒，结构上又杂乱无章的不足，为抒情艺术散文的发展开拓了另一条路径，可惜后来因时代和社会环境变迁等原因而未能延续下来。

第二，闲话聊天体式。所谓闲话聊天体式，按笔者的理解应包括日常闲谈的语境、轻松自然的闲话氛围、大量采用活的日常用语，以及结构上的漫不经心等内容。简言之，闲话聊天体式就是用一种自由随意、娓娓而谈的“闲话”笔调和兴之所至、随心所欲的表达方式来进行散文创作的文体范式。从某种意义上说，散文的闲话聊天体式真正体现了散文的精神。由于这种体式契合散文的自由自在、无拘无束地表达作者性灵和趣味的特性，所以从“五四”初期开始，也就受到散文作家和广大读者的特别青睐。先是周作人承续明清小品反对“文以载道”，张扬个人性灵，追求精神自由

① 何其芳．我和散文［M］//柯灵．中国现代文学序跋丛书：1919—1949 散文卷．海口：海南人民出版社，1988：1171.

的风韵，创作出了一批余香袅袅、冲淡雅致的“美文”，开创了随笔小品创作的先河。接着是俞平伯、钟敬文等人追随其后，并以其理论和创作实践支持了周作人的“美文”主张。比如俞平伯就深受周作人的影响，其文风透出一股平淡雅致的韵味，其境界直追明清小品。钟敬文更是服膺周作人那种“幽隽淡远”的文体和“明妙深刻”的情思，称其为“不但在现在是第一个，就过去两三千年里的才士群里，似乎尚找不到相当的配侣呢”。而他自己衡量优秀随笔小品的标准则是“平常的感情和知识”，加上“湛醇的情思”和“超越的智慧”。① 他的《太湖游记》等文，其笔致和意境均显示出闲话聊天体式散文的艺术魅力。在这里，应特别提及的还有胡适在《五十年来中国之文学》一文中对周作人的“闲谈聊天”体散文的肯定：“这几年来，散文方面最可注意的发展乃是周作人等提倡的‘小品散文’。这一类的小品，用平淡的谈话，包藏着深刻的意味；有时很像笨拙，其实却是滑稽。这一类的作品的成功，就可彻底打破那‘美文不能用白话’的迷信了。”② 这段话一方面充分肯定了周作人的小品文创作；另一方面胡适对于“平淡的谈话”的散文体式的推崇，无疑对现代散文中小品随笔的发展起到了助推的作用。

事实也正是如此。在周作人等人的努力实践和胡适的推动下，以闲话聊天体式为特征的现代随笔和小品便蓬勃发展起来，以至于在 20 世纪 20 年代末期至 30 年代中期成为现代散文的支配性和主导性的文体。而在闲话聊天体式的发展壮大过程中，最值得提及的是“语丝派”同人对于“体”的确认和尊重。诚如上述，《语丝》在 1924 年创办后，很快便形成了一个散文流派，并形成了以杂感、小品为特点的“语丝文体”。《语丝》的体式，其实也就是“闲谈”的体式。只不过“五四”初期从“体”的角度来认识

① 钟敬文．试谈小品文［M］//俞元桂，等．中国现代散文理论．南宁：广西人民出版社，1984：32－33.

② 胡适．五十年来中国之文学［M］//胡适．胡适文存二集：上（一二卷）．北京：中央编译出版社，2014：212.

“闲谈体”的作家还不多，《语丝》时期对散文体式的自觉体认再不局限于少数几个人，而是一批散文作家自觉的、有组织和有计划地对现代散文的“体式”进行讨论，而且将讨论付诸实践，形成了一种共同或较接近的表达方式和语言风格。因此笔者赞同这样的结论：“《语丝》的创刊及其存在，表征着现代散文开始走向一个自觉的时代。”① 《语丝》的存在及其体式追求上的成功，意味着现代散文已基本完成了从古典形态向现代形态的转型，也预示着现代散文全面而深入的文体大解放。令人扼腕的是，由周作人选择，经由《语丝》的创作达到成熟的闲话聊天体式并没有很好地延续下来。20 世纪 30 年代后期至 80 年代末期，在半个世纪的时间里，我们几乎再也难以在散文园地里见到这种自由随意、平淡隽永的闲话聊天体式。直到 90 年代，这种闲话聊天体式才又来了一个全面的复苏。于是，我们才有机会读到张中行、金克木、季羡林等人的所谓“现代的《世说新语》”② 式的散文。于是我们又重新回到了“烘着白炭火钵，喝清茶，同友人闲谈”的境界中。

第三，幽默谐趣体式。作为一种审美风格和散文文体体式，幽默谐趣几乎从现代散文产生那天起就已经存在，比如在鲁迅、周作人的杂感小品中，我们就随处可见幽默的笔调。不过，鲁迅的杂文属于“能以寸铁杀人”的“硬性随笔”，也即是尖锐的讽刺和嘲弄，因此不在本文的幽默谐趣体式之列。周作人的小品虽也不乏“婉”而“趣”的幽默色彩，但他更看重的是冲淡悠远的闲话语调和自由散漫的小品品格。因此可以这样认为：真正成为一种散文文体，从自发而走向自觉，幽默谐趣的文体体式是林语堂发起的。早在 20 世纪 20 年代中期，林语堂就已热心倡导幽默。他在《晨报副刊》上发表《征译散文并提倡幽默》《幽默杂话》等文后，幽默谐趣便作为一种文体与现代散文结了缘。不过，当时他对幽默的倡导并没有引起太大

① 丁晓原.《语丝》：现代散文文体自觉的代码［J］. 江汉论坛，2003（1）：92－98.

② 吕冀平. 序［M］//张中行. 负暄琐话. 哈尔滨：黑龙江人民出版社，1986：序 1.

的注意。直到30年代初，他在自己创办的半月刊杂志《论语》上又大张旗鼓倡扬散文中的幽默和谐趣，这样才引起了时人的关注并逐渐形成一种散文体式。林语堂认为，幽默“本是人生的一部分”，幽默不仅“是一种从容不迫的达观态度”，“是一位冷静超远的旁观者，常于笑中带泪，泪中带笑”，而且幽默作为以“自我为中心，以闲适为格调”的真性灵文学，它从来“都是归返自然，属于幽默派，超脱派，道家派的”。① 因此，散文小品如果有了幽默的滋润，就具有“温厚的”“冲淡的”品格并达到既“深远超脱”，又“最富于情感”的艺术境界。从文体的角度着眼，林语堂对幽默包括对“性灵”和“个人笔调”的倡扬，可以认为是对现代散文的标准和文体功能的一种新理解。而尤为可贵的是，林语堂不但在理论上力倡幽默，在创作方面，他也将幽默谐趣视为散文的理想目标和最高境界。因此，“就小品文而言，倡导幽默是林语堂的一大贡献，他将小品文的审美品格提升到新的境界，即具有喜剧色彩的审美品格”②。遗憾的是，以林语堂为代表的幽默谐趣体式和抒情独语体式、闲话聊天体式一样命运多舛。它在20世纪30年代中期极盛一时之后，30年代后期便走向沉寂，其间虽有40年代前后的梁实秋、钱锺书、王了一等人继承了这一路散文体式并有所发挥，但在“风沙扑面”“虎狼成群”的严酷社会现实面前，这样的幽默谐趣的声音毕竟是太微弱了。值得庆幸的是，自20世纪90年代后，幽默谐趣的散文体式也和其他散文体式一样重获生机，并成为一种新的散文范式向以张中行、金克木等为代表的闲话聊天体式和以贾平凹领衔的抒情散文体式（早期散文）发起挑战。其中较优秀的幽默谐趣散文家有王小波、韩少功、孙绍振、南帆、韩石山、叶延滨等，他们承续了林语堂、梁实秋、钱锺书等的幽默谐趣散文传统，又注入了新的文体元素。这种散文体式的出现，有可能拓展现代散文的写作套路，丰富散文的文体功能和智性深度。

① 林语堂. 我的话（上编）·论幽默［M］. 上海：上海时代书局，1948.

② 王兆胜. 真诚与自由：20世纪中国散文精神［M］. 西安：陕西人民教育出版社，2003.

散文文体的自觉，意味着散文家不但自觉去建构散文的体制和语体风格，还表现出散文的文体风格和范式的形成，这在很大程度上是现代散文文体成熟的标志。通过上述分析，可以清楚地看到，现代散文的基本范式和格局，其实在20世纪二三十年代就已确定。虽然其间也有反复和中断，但这几种基本的文体范式贯穿了20世纪现代散文的始终。这些文体范式的确立表明了这样一个基本事实：散文对文体的选择与创造，丝毫不逊色于小说和诗歌，只不过以往的散文研究者没有很好地从文体的角度对现代散文进行清理和总结罢了。很显然，这种清理和总结可以在一定程度上纠偏对散文研究的习惯性轻视，也增强了我们建构散文理论体系的信心。当然，在探讨散文的文体时应注意到：散文的体制、语体、个性风格和文体范式之间都是本同而末异，是互为联系、互为补充渗透的。笔者一直认为，文体研究面对的不应是定型僵化的文学史材料，而应是发展着、变动着，而且充满了自由创造活力的文学事实。文体研究应力求对其做出客观科学、贴近文学本体的理论阐释，这样，文体研究才能区别于别的文学史研究，并对当前的文学创作有所助益。

第五章 | ◆

百年散文文体的发展与文体观念的变化

在中国现当代散文史上，散文文体观念的演化与艺术流变都是很独特的。它的演变轨迹不仅清晰可循，而且体现出古今文学的历史传承与现代性延展的整合性，很值得我们深入研究。不过就目前而言，这方面的研究总的来看还较为缺乏和粗放。有鉴于此，本章拟从古今文学的传承与演变、散文的模糊混用与清晰划一、散文的坚守与破体，以及散文的审美性与自由性等角度，探讨中国现代散文在百年演变过程中的不同文体观念、文体形态、文体特征和文体精神，并力求在此基础上对中国散文史做出新的阐释。

一、"五四"时期至20世纪30年代前期的文体观念与体式

在谈到"五四"时期散文的文体选择与创造时，笔者曾明确指出："中国现代散文与小说、诗歌和戏剧相比，一开始就表现出了文体上的自觉与成熟。"这是符合当时的实际情况的。的确，只要我们将"五四"时期的散文随笔与当时的小说、诗歌和戏剧相比较，就能清楚地看出这一判断并非

毫无根据。“五四”时期，以《狂人日记》为发端的现代小说，主要是全面移植了西方小说的观念和叙述技巧，与中国传统的小说并没有太大的关系，因此显得较为生硬，与传统“断裂”的现象十分明显。新诗虽有胡适的《尝试集》，刘半农、康白情等的白话诗，后来又有李金发、穆木天、戴望舒等对现代诗的探索，不过总体来看，“五四”时期新诗的表现技巧和语言同样处于“夹生饭”的不成熟阶段。至于“五四”时期的话剧，更是完全抛弃了传统的戏曲而另起炉灶，可以说完全是西方的“舶来品”。与上述诸种文体不同，中国现代散文从一开始就表现出了文体上的自觉与成熟。其时的新文学建设者一方面接纳“外援”——积极引进英法的“絮语散文”，以此来打破“美文不能用白话”的迷信；另一方面他们又不拒绝“内源”——注意从传统散文中汲取有益的养分。因此，不妨这样说：新文学第一个十年，散文小品的成就之所以“几乎在小说戏曲和诗歌之上”①，盖因“外援”与“内源”并重，并在两者的完美结合中创造出一种现代散文文体。质言之，中国现代散文文体的确定，形式上主要受到西方现代文体学的影响，而它的精神实质却是中国的、传统的。也就是说，中国古代散文主要从精神实质上影响了现代散文文体。这正如周作人在《美文》中所说的，现代散文“须用自己的文句与思想”来进行创作。我们认为强调这一点十分重要。

“五四”时期，尽管现代散文处于草创期，但那时的散文影响很大，散文创作已取得了令人瞩目的成绩，散文家也十分注重散文文体的建设。这种建设主要体现在如下几方面：一是体现在“文类文体”的界定，即提倡“文学散文”，并将“文学散文”作为一个独立的文学部门来看待；二是寻找与现代散文的内容相适应的话语方式，十分强调“笔调”的自由与“文调”的真；三是推崇“个人的表现”，明确指出散文是自我的文体，是“性

① 鲁迅．小品文的危机［M］//鲁迅．鲁迅全集：第4卷．北京：人民文学出版社，1982：576．

灵”的表现。因此，“五四”时期的散文从总体看，篇幅一般都较短小，表达上自由随意，文化底蕴十分深厚，而艺术风格更是多姿多彩，多源共生。正是如此，我们才对“五四”时期的散文创作如此神往，并将“五四”视为现代散文的第一个黄金时期。

如果我们再从文体体式的角度进一步加以区分，则“五四”时期的散文主要有三种模式：一是报章体；二是情志体；三是闲聊体。

其一，报章体，也可称为时评体。其主要以《新青年》杂志的文章为代表。首先，报章体的特点是短小精悍，内容多侧重于国计民生、社会问题及科学民主，这一点十分吻合“五四”时期思想启蒙的时代需要，因此在“五四”初期产生了巨大的影响。其次，在展开社会批评和文明批评时，报章体的文风通俗易懂，明白晓畅，慷慨激昂，一般采用直剖明示式的说理，且“笔锋常带感情”，这一点显然受到梁启超的影响。不过，诚如周作人所说：报章体“乃是教育的而非文学的……还不能够造成文艺作品”①。即是说，报章体的功能“意不在文”，而主要在于政治、启蒙、教育，所以还不是真正美学意义上的散文。因此将其视为“自成一种美文文体”② 的论断，我们认为是大可商榷的。

其二，情志体。它可以说是真正意义上的美文。它注重个性的色彩和笔调，又吸收了中国古代散文小品的抒情成分，将叙事、抒情、说理融合在一起，作品中渗透进作家的性情和志趣。这一路散文以朱自清和他的《荷塘月色》为代表。而徐志摩、郁达夫、冰心等的或优美或漂亮或缜密的文字，使得这一路散文更具艺术的魅力。可惜这一路散文后来虽有发展和变异，但始终未达到20世纪20年代所能达到的高度。

其三，闲聊体。这一体式的源头为明人的小品，同时取法于西方的“絮语散文”，以及日本俳句的笔墨情趣。其特点是取材上无所不包，无任

---

① 周作人. 中国新文学大系·散文一集·导言［M］. 上海：上海良友图书印刷公司，1935.
② 刘保昌. 现代美文文体论［J］. 中州学刊，2010（1）：201－206.

何限制，举凡宇宙之大到身边琐事乃至苍蝇之微皆可成篇。在心态上自由自在，闲适放松；在语体上平和冲淡，娓娓道来，自然隽永。由于闲聊体十分契合散文的本性，真正体现了散文的自由精神，因此自周作人开创了现代随笔小品先河后，它便一直备受推崇，甚至被视为中国现代散文的正宗。事实上，鲁迅、胡适、郁达夫和朱自清等人对新文学第一个十年的散文创作予以高度评价，主要得益于闲聊体散文创作的成熟及所取得的成就。

20 世纪 20 年代后期至 30 年代中期，由于人们对散文的性质、特征、功能和审美作用的认识发生了变化，上述三种散文体式又有所发展演变。这一时期，报章体的杂感时评获得空前的发展，且由“五四”时期偏重于非文学的政论、时评变为“鲁迅风”式的杂文。杂文虽然古已有之，但它上升为现代散文的一种文体体式，却主要借助于三个因素：一是现代报刊的兴起、大众传媒的传播催生了这一新兴散文样式；二是杂文的兴起切合了当时现实斗争的需要；三是由于鲁迅的出现，使得这一散文体式在 20 世纪 30 年代臻于成熟并达到高峰。鲁迅之于现代杂文的意义，在于经由他的天才锻造，使原来处于非文学、非美文状态的时评、杂感、偶感或随感进入到散文美文的范畴。鲁迅杂文作为一种“硬性随笔”，不但简洁犀利，善用讽刺幽默，常常“能以寸铁杀人”，而且在批判中渗透进浓烈的个人性情，在评论说理中十分注重形象化的传达。这正如许寿裳所说：鲁迅的杂文，“也简直是诗，因为每篇都是短兵相接，毫无铺排，异于辞赋，而且中有我在”①。这“简直是诗”“中有我在”，确实点到了鲁迅杂文的诗性本质，也表明了鲁迅杂文与“五四”杂感的不同。除了鲁迅先生之外，20 世纪 30 年代中期热衷于杂文写作的作家还有瞿秋白、唐弢、徐懋庸、徐诗荃、周木斋、聂绀弩等人。他们以《语丝》《莽原》《太白》等刊物为阵地，发表了大量“率性而言，凭心立论，忠于现世”② 的杂文，从而促成 30 年代

① 许寿裳. 怀旧［M］//鲁迅先生纪念委员会. 鲁迅先生纪念集. 上海：上海书店，1979：1.

② 《莽原》出版预告［N］. 京报，1925－04－21.

中期引人注目的散文创作现象。

闲聊体散文在30年代中期呈现出迁流蔓延、多姿多彩的风致。这时期，此前倡导“美文”，写出了《喝茶》《乌篷船》等美文的周作人仍在不倦地写作，只不过此时由于生活方式和心境的变化，他的散文文体也有了显著的改变——抄书的成分明显增多了。从关注现实生活，注重个人情调和理趣，到将个人的情感和意趣浸入到所抄材料之中，且更讲究暗示和含蓄，这其中的文体变化值得我们进一步探究。尽管大多数散文研究者认为周作人30年代的“抄书体”是典型的“掉书袋”，甚至是明目张胆的“抄袭”，毫无文体的价值。但我们认为，这样的批判未免失之主观片面。值得一提的是，这一时期的闲聊体散文，在闲适自然、任心率性、娓娓而谈中，又注进了一股幽默诙谐和智性的气质。我们知道，作为一种文体特征和审美风格的幽默，自从闲聊体散文产生那一刻起就已存在，但真正作为一种理论倡导，幽默和智性的交融却是林语堂对于现代散文文体的贡献。如众所知，30年代初期，林语堂在《论语》等刊物上发表了《论幽默》《论性灵》《论文》《论小品文笔调》《〈人世间〉发刊词》等文，不但力主“性灵”，提出“以自我为中心，以闲适为格调”的口号，而且以极大的热情倡导“幽默”，这在当时产生了不小的轰动效应，甚至引发了1934年的“小品文之争”。尤为难得的是，林语堂一方面在理论上大力倡导“幽默”；另一方面又身体力行，在《论语》《人世间》《宇宙风》等刊物上发表了大量的随笔小品，从而使闲聊体在“谈话风”的氛围中，又增添了幽默和智性的格调。于是，闲聊体散文在艺术风格上更加丰富多样，文化的含量也更高了。

在20世纪30年代中期的散文创作中，不独报章体、闲聊体散文在“五四”之后再次风生水起，与杂文交映生辉；还应提及的是，这时期的情志体散文体式也悄然地在发展壮大着，其标志是“水星派”散文作家群的出现。这一派作家包括何其芳、李广田、丽尼、陆蠡、缪崇群等等。他们既没有共同的创作纲领，也没有同人形式的文学组织，但他们有较为一致的艺术追求和创作风格，这就是在“五四”时期情志体散文侧重托物言志、抒情叙事的基础上，加进了一股“幽独”之美。即是说，“水星派”的散文创作，大多以描写个人的生活境遇、咏叹命运的无常、表现荒寂的生命体验以及内心的苦闷寂寞和忧伤的情怀为主。比如何其芳的《独语》：“设想独步在荒凉的夜街上，一种枯寂的声响固执地追随着你，如昏黄的灯光下的黑色影子，你不知该对它珍爱还是不能忍耐了：那是你脚步的独语。”在《黄昏》中，他这样写道：“马蹄声，孤独又忧郁地自远至近，洒落在沉默的街上如白色的小花朵。我立住。一乘古旧的黑色马车，空无乘人，纡徐地从我身侧走过。疑惑是载着黄昏，沿途散下它阴暗的影子，遂又自近至远地消失了。街上愈荒凉。暮色下垂而闭合，柔和地，如从银灰的归翅间坠落一些慵倦于我心上。我傲然，耸耸肩，脚下发出凄异的长叹。”浅窄的内涵、苦闷的情绪、孤寂的心灵、淡淡的感伤，再加上遥远的幻想，奇特的形象、色彩、声响与朦胧的氛围，这一切便构成了何其芳式的“幽独”之美，也构成了30年代散文创作的另一道风景线。何其芳及“水星派”同人的散文创作之所以不容忽视，乃在于尽管他们的散文题材狭窄、内容浅显，且有无病呻吟、为赋新诗强说愁的不足，但他们以最具个人特征的话语方式，确立了散文自由地倾诉灵魂之声的可能性。同时他们的创作预示了一种趋向——向诗、向纯文学靠拢，向散文艺术本体逼近。

从上述的分析可以看出，20世纪30年代中期的散文创作，并不像一些散文史家所描述的那样：杂文“独占鳌头，一枝独秀，……‘随笔’的地位急剧下降，至‘小品文年’（1934年）后虽仍有零星篇什问世，但从总体上看却一蹶不振、销声匿迹”①。我们认为，这样的文学史描述是极其主观片面的，它与曾经发生过的文学史的实际相去甚远。首先，上述的文学史识欠缺洞察力，而文学史观也较为保守陈旧，基本上还是扬鲁迅而抑其

① 刘锡庆. 世纪之交：对“散文”发展的回顾与思考［J］. 文学评论，1997（2）：24-40.

他人，而文体观念上则是停留于杂文是“匕首”、是“投枪”，随笔小品则是“小摆设”的认识层面。其次，1934年之后至40年代，还有梁实秋、钱锺书、王了一以及张爱玲等的幽默智性的随笔小品，怎么一下子就“一蹶不振、销声匿迹”，乃至“沉寂近半个世纪”了呢？再次，持此论的散文史家一向高张“艺术散文”，坚守美文的立场，为什么这次却对何其芳的“幽独”体及“水星派”的纯散文写作视而不见，的确令人费解。事实上，在笔者看来，30年代中期的散文无论是在散文观念、散文体式还是艺术表现上，都比“五四”散文更为全面和成熟。特别是这一时期，“鲁迅风”“闲聊幽默体”“情志幽独体”三峰并立，太白派、论语派、水星派各具特色。可见，这一时期的散文创作的特点是：虽不似“五四”时期那样引领风骚，那样与时代同生共振，但散文作家的流派意识增强了，散文的文体意识更自觉了，表现手法也更丰富了，而不同散文流派的论战竞争，以及文体的自觉和表现手法的多样，又丰富促进了散文的创作。正是在这种多重的选择和冲突与对话中，30年代中期的散文在文体和艺术表现上绚烂多姿，在艰难而多元的时代中意外地获得了成功。

二、散文观念的偏差与文体意识的失落

从20世纪30年代后期开始至50年代末大约20年间，中国现代散文进入了一个低谷，散文的文体更是遭到了前所未有的严峻考验，甚至有学者认为：“在杨朔散文模式出现之前，中国散文面临着生死存亡的危机。”①

散文之所以出现危机，盖由散文观念的偏差和文体意识的失落所致。20世纪30年代后期，由于抗日战争全面爆发，阶级矛盾和民族矛盾日益突出，原先倾向于闲聊幽默和性灵的作家，在“风沙扑面”“虎狼成群”的严酷现实面前，已经失去了闲情雅兴，再也幽默不起来了。而曾经致力于将散文

① 孙绍振．从文体的失落到回归和超越：当代散文三十年［J］．名作欣赏，2008（12）：4－22.

当作“纯艺术品”来经营的何其芳等唯美散文家或投身于抗战洪流，或深入到生活的底层。可以说，此时的他们已基本上放弃了原来的艺术追求。的确，阶级斗争、民族存亡和时代的变革改变了人们的生活，也改变了作家的散文观念。

散文观念的改变，首先表现在对抒情的放逐，其次体现在对个人性的抛弃。举例来说，其时倾向于唯美的散文家徐迟便认为：“这场战争的范围与程度之广大而猛烈，再三再四逼死了我们的抒情的兴致”，“轰炸已炸死了许多人，又炸死了抒情”。① 穆木天则号召作家们：“彻底地去克服我们个人主义的抒情的伤感主义，以及一切的个人主义的有害的遗留。”② 上述这些很有代表性的散文观对当时的散文创作产生了极大的影响。它表明，从1937年后，散文的观念已变得实用和功利：散文对个人情感应无条件排斥，散文要敏捷地反映火热的斗争生活，成为“时代的号角”，甚至是“一切为了抗战”。至于散文的文学审美功能，在那时的散文家看来，自然大可忽略不计。

散文观念的改变，必然影响到散文体式的选择。于是乎，我们看到，自1936年后，报告文学、通讯特写等新的散文体式迅速崛起并大行其道，成为这一时期最活跃、最受欢迎的散文主导文体。而夏衍的报告文学《包身工》、宋之的《一九三六年春在太原》、阿英的《上海事变与报告文学》，以及邹韬奋的《萍踪忆语》、范长江的《中国的西北角》《塞上行》等通讯特写，则是这一时期的代表性作品。它们的共同特征是及时反映了当时的现实生活、社会矛盾及战争的进展，的确起到了“轻骑兵”和“时代号角”的作用。在文体上，则是叙事完全取代了原先的抒情和闲聊幽默。至此，中国现代散文文体由“三峰并峙”归一为叙事独大。

进入20世纪40年代以后，中国现代散文仍然沿着通讯报告与叙事的文体轨迹演进。只不过，这个时期的中国现代散文已不似30年代后期那样整

① 徐迟．抒情的放逐［J］．顶点，1939（1）．
② 穆木天．建立民族革命战争的史诗的问题［J］．文艺阵地，1939，3（5）．

齐划一。实际上，这个时期存在着两种散文体式：一是在国统区，以梁实秋、林语堂、钱锺书和王了一等人为代表，承续了二三十年代散文的幽默闲适情调。他们以学者的博识，以个人的话语方式，品评人生百态，即所谓“议论纵横，渗透着幽默的审‘丑’，散文的文体自觉空前高涨，散文的谐趣和情趣一样，得到普遍的重视”①。这是对《雅舍小品》（梁实秋）、《写在人生边上》（钱锺书）、《龙虫并雕斋琐语》（王了一）等作品的恰切评价。尽管在40年代的连天烽火中，这样幽默、谐趣的声音还太微弱，也构不成散文主流，但它毕竟保留住了智性美文写作的流脉，这在当时殊为不易。而与国统区“烽火闲情”的写作迥异，在解放区，在文学只能表现“新的世界”和“新的人物”，只能歌颂不能揭露黑暗的召唤下，散文不可避免地只能向有利于表现新人新事的通讯和报告文学靠拢。于是，便出现了这样的局面：当时的著名作家如丁玲、周立波、吴伯箫、刘白羽、杨朔、穆青、华山等都不约而同地写起了通讯和报告文学。于是在“人人要学会写新闻”② 的号召下，以通讯特写、报告文学和“散记”为主要体式的“叙事性”散文在解放区蓬勃发展起来，而抒情性散文则成了通讯报告的附庸。这是时代的选择，但更是中国现代散文的悲哀。

然而散文的悲哀还在蔓延。由于胜利的乐观情绪充溢于每个人的心中，由于许多作家都是由“延安散文”走过来的，更由于新中国成立后很长一段时间的文化背景和文学语境与延安时期极其相似，这样在五六十年代乃至80年代中期，人们并没有真正意识到狭隘的政治功利对于散文的伤害。这样，于30年代后期开始，40年代在延安形成的政治功利至上的实用散文观念，自然便被当作一种优良的散文传统被强制性地继承下来，因而在整个五六十年代，最流行的散文观念乃是散文是文艺的“轻骑兵”，是“匕

① 孙绍振. 从文体的失落到回归和超越：当代散文三十年［J］. 名作欣赏，2008（12）：4-22.

② 胡乔木. 人人要学会写新闻［N］. 解放日报，1946-09-01.

首”与“投枪”。与此相对应，50 年代中期最受推崇的散文文体仍是通讯特写和报告文学，此外还有“史传文学”等。因为这些散文体式都倾向于客观向外的叙事性，基本上与主观向内的抒情性，特别是与个人的情感流露绝缘。如此一来，读者曾经十分熟悉的抒情性小品自然就很难看到了。事实正是如此。50 年代初，被认为最优秀的散文是魏巍的通讯特写《谁是最可爱的人》。更有意思的是，五六十年代的几本年度散文选本，都叫《散文特写选》或《散文特写》。可见，在当时的散文观念中，散文与特写已经融为一体，难分彼此了。

当然，任何时代的文学，都不可能是一成不变、铁板一块。也许是对散文长期负担着过多的非文学使命感到不满，也许是“双百”方针的提出及“美学”大讨论唤醒了散文家心中蛰伏已久的文体意识。总之，20 世纪 50 年代末至 60 年代初，散文的文体意识开始萌动复苏了。其标志之一是：《人民日报》于 1961 年 1 月开辟“笔谈散文”专栏，许多著名作家和评论家如老舍、李健吾、师陀、秦牧、刘白羽、吴伯箫、柯灵、菡子、吴调公等都参加了讨论，而且讨论主要集中于散文的立意、结构、意境、表现手法、语言及散文的定义、范畴等问题。特别值得一提的是，后来在散文界影响很大的“形散神不散”的散文观念，也是在这次“笔谈散文”中由肖云儒提出来的。这就清楚地表明，这次散文讨论是企图把散文从以叙事为主的通讯特写和报告文学中解放出来，使其回归到二三十年代抒情性的艺术道路上去。因此，发生于 60 年代前后的这场“笔谈散文”，可以视为古典的美学趣味在当代散文中的反映。标志之二是：杨朔提出了“诗化”散文理论，以及这一散文观念迅速被当时的主流散文家如刘白羽、秦牧、吴伯箫、袁鹰、魏钢焰、碧野、郭风、何为、菡子以及老作家冰心、曹禺等普遍认同，并纷纷撰文响应支持，以至于在短短的一两年间就形成了一股“诗化”散文潮流。

不可否认，五六十年代之交的“诗化”散文潮流一方面继承了中国古典散文的传统和“五四”以来“载道”散文的传统；另一方面又以超越当时认识水准的勇气，推动了散文文体意识的复苏。因此，它的积极意义是不言而喻的。它促使散文这一文体由抗战时期形成的以叙事为主要手段，以客观记录为特征的“通讯报告体”向二三十年代的主观抒情体回归，从而恢复了散文的灵性和文学本质，也使散文不再成为新闻、通讯和报告文学的附庸。但同时我们也应看到，“诗化”散文观念及其创作实践，也存在着那个时代特有的致命缺陷。由于当时官方意识形态占着绝对的主宰地位，它硬性地规定着散文的题材选择、主题指向和感情基调，而杨朔等散文家在“诗化”上的追求，其动机只是为了避免散文成为“质木无文”的政治宣传而做出的审美选择。换言之，60 年代的那些“诗化”散文，“体现着散文的载道品格，这些作品往往通过诗意化的语言和境界，言说社会的意识与政治的意志，是意识形态的形象化”①。可见，杨朔及其同时代的散文家所选择的“诗化”之路，只是一种表面化的诗化——是“戴着脚镣跳舞”的无奈之举和权宜之计。因为真正的“诗化”或曰“诗性”，应是一种独立于意识形态之外的品格。它是流荡于万事万物之间的一种纯美的气质和气息，是一种最富于心灵性的表达，是自由自在的书写和超拔想象力的凝聚，也是直逼事物本质的精神力度和精神实质。如果拿这样的“诗性”尺度来衡量60 年代初期的“诗化”散文潮流，我们肯定会大失所望。当然，我们不能一味地“以今律古”，不能以今天的价值立场和认识水准一概否定杨朔的功劳和“诗化”散文思潮对于当代散文的意义。在笔者看来，我们在今天所要做的是：从以往的文学经验中寻找出一些合理的、有益的养料，以此来体味现代散文是如何在艰难中跋涉前进，是如何在文体的失落中不懈寻找，又是如何在危机、在绝望中绽放出希望和生机的。

经历了“文化大革命”十年散文创作的空白之后，散文的创作进入了

---

① 周海波. 论中国现代散文从叙事向抒情的转换［J］. 齐鲁学刊，1998（6）：34－39.

一个新的阶段。散文的文体意识也有了新的分化。这分化表现在报告文学已经完全地从散文家族中剥离出去，杂文也因其有着独立的文体特征而不再被视为散文。种种迹象显示：1976 年到整个 80 年代，散文的文体意识明显加强了，散文在与报告文学、杂文告别后，越来越纯粹，越向着艺术散文的方向前进了。但颇为诡异的是，在新时期最初的 10 年间，散文却是最为受冷落、最沉寂的一种文体。为什么文体意识增强了，散文反而不那么引人注目了？其原因在于：尽管在 20 世纪 80 年代，散文回归了抒情的本体，散文的个性得到了一定程度的复归，“美文”也经常被提及，但由于从“四人帮”被打倒到 80 年代初，散文仍未摆脱“事—情—理”的杨朔模式以及“形散神不散”等陈旧散文观念的束缚，加之散文不敢直面现实生活，不敢触及重大题材，大部分散文家还沉浸于传统的“风花雪月，小桥流水”的语境中，而艺术表现手法和艺术风格又趋于单一化，这样，散文创作远远落后于其他文体也就是自然而然的事情了。所幸的是，进入 90 年代以后，随着政治经济的转型，特别是随着大量学者或学者型作家、诗人加盟到散文队伍中来，散文观念出现了多元化的倾向，散文的文体体式更是多种多样，不过总的趋向是“抒情淡出”“思想凸现”，呈现出由“审美”到“审智”的艺术转向。

追踪、梳理中国现代散文文体的演变，使我们深信在文学发展的演变中，文体往往比它所反映的社会生活和思想更为不朽，同时也更贴近文学创作的实际，更能体现出文学史的真实。在我们看来，假如我们的文学史只关注作品所反映的内容和主题，而缺乏文体的意识和文体的触摸，那么这样的文学史势必只有理念而缺乏感性，只有骨架而没有血肉，其所做出的价值判断，往往与事实相去十万八千里。举例说，在《中国散文史纲·现代卷》的“绪论”中，有一散文研究者这样来描述 20 世纪 80 年代的散文创作：“从 1976 年至 1988 年间，这一时期重新出现了散文创作的繁荣，抒情性、记叙性和议论性散文，先后都取得了丰硕的成果，形成了空前的盛况，并再一次与时代发生共振，为全社会所关注，成为广大人民群众热烈钟情的对象。不仅佳作如涌，名家如林，而且热潮迭起，影响深远。……尤其是记叙性散文，其蓬勃生机堪称史无前例。……这是中国现代散文创作，继诞生期之后的又一个发展、进步的大时代。……巴金在近几十年的耕耘之后，在生活的磨砺中，成为鲁迅之后又一位卓越的散文巨匠。”①这样的文学史描述和判断，在我们看来不但漏洞百出，根本不符合散文发展的实际情况，而且缺乏起码的文体常识和审美鉴别力。首先，研究者不分青红皂白、不加分析就采用了“诞生期”“成长期”“沉落期”“复兴期”这样的进化论文学观，与中国现代散文的实际发展情况可谓南辕北辙，而用“空前的盛况”“佳作如涌”“名家如林”“影响深远”“进步的大时代”等大词来评价 80 年代的散文创作，更是张冠李戴，名实不副，十分离谱。如果这时期的散文是“空前盛况”的“大时代”，那么该用什么词语来形容“五四”时期和 90 年代以降的散文创作？其次，倘若再拿小说、诗歌甚至报告文学创作与这一时期的散文创作相比，更可见出这一时期散文的沉寂、冷落与萧条，所以所谓的“与时代发生共振，为全社会所关注，成为广大人民群众热烈钟情的对象”，同样只是作者的一厢情愿。最后，人们推崇巴金的《随想录》，是因为 80 年代的散文在总体上乏善可陈，而《随想录》在内容上恰恰有“说真话”“抒真情”“自我忏悔”的特点，至于它在文体创新方面，则是比较平庸粗糙的。因此说巴金是“鲁迅之后又一位卓越的散文巨匠”，和之前的判断一样不靠谱。需要指出的是，在 21 世纪之前，有不少散文研究者都持与此相近的观点，由此也可见出文体研究的重要性和必切性。因为如果从文体的演变而不是从社会学的角度入手，同时注重文体的审美把握，我们就不至于得出上述这种南辕北辙的结论。

① 钟友循. 中国现代散文发展的历史轨迹［J］. 长沙水电师院社会科学学报，1994（1）：69－74.

三、辨体、破体与散文的审美性

中国现代散文近百年来的文体演变，明显地呈现出两头高、中间低的发展轨迹；或者说，现代散文的发展其实走了一个大的循环，最后又回到了原点。“五四”时期的第一个 10 年，散文有“种种的样式，种种的流派”①，不仅名家辈出，品种和艺术风格也是多种多样的。20 世纪 30 年代中期至 40 年代末期，散文告别了抒情的时代，进入了一个叙事的时代，许多抒情诗人或原来写抒情小品的作家如何其芳、李广田、卞之琳和吴伯箫等，这时纷纷放下“牧笛”，由写抒情散文转变为写叙事性很强的“散记”作品。从 50 年代末到 80 年代末，散文又由叙事向抒情转化，几乎所有的散文家在一夜之间都迷上了抒情，走上了一条抒情化的散文创作之路。进入 90 年代之后，散文的抒情又开始淡出，这时最受出版家、评论家和读者欢迎的是文化大散文、学术小品，以及各种各样的思想随笔。总体来看，90 年代至今，散文家的创作是从“审美”向“审智”倾斜。从中国现代散文近百年的发展历程来看，可以得出这样的判断：散文的文体不能太清晰，更不能过于纯净，而应当模糊一些，多一些交叉混用。文体太清晰则单调划一，太纯净则浅显“无鱼”。而模糊混用则意味着散文的自由，既符合散文“法无定法”的文体本质，也符合越来越走向综合化的社会时代。因此，文体模糊混用并非取消散文，而是散文越来越走向成熟的标志。若散文只有主观向内、毫无杂质的“艺术散文”一体，则散文的路子势必越走越窄，最后被别的文体所取代。

如果说，模糊混用与清晰划一，分别体现了不同时期散文的繁荣多元与贫困苍白；那么，辨体与破体，则是现代散文百年文体演变中挥之不去的一个话题。

---

① 朱自清. 论现代中国的小品散文［J］. 文学周报，1928（34）.

辨体与破体的问题，早在魏晋南北朝时期就出现了。当时的主流理论认为，文各有体。每种文体都有自己的体制、形态、表现手法和独特的审美特性，文学创作必须遵守这些约定俗成的艺术规律，不能越雷池半步。但是，也有人敢于不守法度，敢于突破“常体”。如当时的张融在《门律自序》中便指出：“夫文岂有常体，但以有体为常。”当然，在魏晋时期乃至以后的散文创作中，像钟嵘在《诗品》中所说的“有乖文体”的现象毕竟还不是太多，而且批评界似乎也不太鼓励这种“文岂有常体”的探索。不过，通过考察中国现代散文的文体演变，我们发现辨体与破体的对话与冲突从来就没有停止过。比如“五四”时期，刘半农、傅斯年提倡的“文学性散文”，周作人推崇叙事的、抒情的散文以及后来杨朔的“诗化”理论，可以说是辨体；而 20 世纪 30 年代的“鲁迅风”、通讯特写、报告文学的崛起，90 年代文化大散文及“新散文”的写作，可以视为“破体”。辨体既是辨明和严守各种文体体制，也是一种坚守传统的文化姿态，一种古典情怀的体现。而破体，则旨在破除各种文体的界限，使各种文体要素互相渗透融合。因此，“破体”往往意味着创新，代表着先锋、开放、改革的进步文学方向，自然能够获得更多的掌声。不过，从另一方面看，辨体或者守成也并非一无是处。比如以周作人为代表的“五四”散文家，在守成中引进了西方的“外援”，以此成就了“五四”时期散文的黄金时期。而杨朔则是一味守成，即守住传统散文的“借景抒情”和“托物言志”的套路，以及短小精悍的结构而拒绝新变，这样他的散文路子也就越走越窄。再回到“破体”，破体必须有度，必须尊重各种文体的边界，否则会给文学造成灾难性的后果。比如 30 年代后期至 50 年代末，就因“破体”太过，独尊通讯报道和报告文学，完全无视散文这种文体独特的审美特性，结果几乎使得散文文体绝灭。再如时下的“新散文”写作，它们在观念上背离了传统散文的优雅古典，追逐粗鄙野性，在结构上弃“小”恋“大”，每篇动辄几万字乃至十几万字，在表现手法上引进小说的叙述和诗歌的意象，在语言上则追求朦胧多义和陌生化。应该承认，“新散文”的“破体”是当代散文的一场文体革命，它丰富了散文的表现手段，拓展了散文的思维和结构格局，可谓功不可没。然而现在的一些“新散文”已“破体”成瘾，“积劳成疾”，从而变成了王兆胜所批评的“宣泄体”“散珠体”“语言拉杂体”。正是从辨体与破体的辩证关系中，笔者认为王兆胜的警示值得我们重视：“散文文体的‘失范’状况愈演愈烈，长此下去势必导致散文的异化。因此，让散文文体在不断‘解放’的同时，更需要守住自己的本性，不要让它继续‘失范’下去。”① 质言之，不同文体的融合，可以给文体带来新的生命力，但同时我们又必须坚守散文的传统，守住散文的本性与散文的边界。

除了辨体与破体，坚持散文的审美性也是散文创作中时刻不能丢弃的根本和原则。20 世纪二三十年代的散文创作虽然在思想上“有中国名士风，有外国绅士风，有隐士，有叛徒”；在艺术表现上“或描写，或讽刺，或委屈，或缜密，或劲健，或绚丽，或洗练，或流动”。② 但那时的散文家，不管属于哪一流派，都是将散文当作“美文”来“经营”的，故而二三十年代的散文园地里名篇佳卉竞放，草长莺飞，美不胜收。到了 30 年代中期至 50 年代末，由于颂歌和战歌一统天下，加之过分强调散文的叙事功能而弱化了散文文体的审美诉求，从而将散文推到了十分尴尬的地步。之后虽然经由杨朔等人的努力，散文提高了审美品位，但在那个政治挂帅的年代，杨朔、刘白羽、秦牧等散文家的个人叙事和抒情，很快便消失在社会和时代的宏大声音之中，只是徒增了一层虚幻的诗意。直到 90 年代以后，真正属于散文的审美性和诗性才重新归来，于是，我们又迎来了一个可与“五四”比肩的“散文的时代”。由此可见，审美性是散文的根本，是它的本质品格，也是美文的文体自觉的标识。不管任何时代，如果散文家坚守住散

---

① 王兆胜. 从“破体”到“失范”：当前中国散文文体的异化问题［J］. 江汉论坛，2010（1）：114－119.

② 朱自清. 论现代中国的小品散文［J］. 文学周报，1928（34）.

文的审美性，散文创作就一定会兴盛繁茂，一定会名篇迭出，并受到读者的欢迎。反之，散文创作便萎缩凋零，不可避免地出现文体的危机。

最后，还有散文的自由性问题，也有必要加以强调。我们知道，散文是一种倾向个人性的文体，也是一种最自由自在，最不受约束的文学品种。散文的这种文体特性，决定了散文对于自由的依赖远远超过别的文体。回眸历史，我们看到，凡是散文的勃兴时期，都是“王纲解纽”、偶像破坏的时期。比如春秋、魏晋、“五四”时期，还有20世纪的90年代。相反，禁锢思想，压抑个性，舆论定于一尊，必然扼杀散文活泼多元的局面。这便是《文心雕龙》的所谓“秦世不文”。在20世纪典型的“不文”例子是“延安散文”与50年代的散文。这就意味着：自由，首先是文学生态环境的自由宽松，而后才是精神层面上、心灵上和语言形式层面上的自由。20世纪90年代的散文尤其是思想随笔之所以取得了如此巨大的成就，主要是这时期的散文家特别是像张中行、金克木、季羡林等老一辈学者在写作散文时，不仅在感情上是真实真诚的，在心态上也是心平气和、极其自由放松的。正因如此，在21世纪，我们一方面要尽力为散文营造一个宽松的生态环境，不要人为地给散文设置障碍；另一方面，对于散文作家精神上、心灵上和形式追求上的自由，更要像保护眼睛一样加以保护。因为这方面的自由是散文文体的核心，是20世纪中国散文的内在文体精神。当然，强调散文的自由并非降低散文的门槛和散文的美学品位，并非可以毫无责任心地进行大面积的粗制滥造，并非谁都可以跑到散文的客厅来逞才使气。此外，我们强调散文的自由，还要将外在的自由转化为内在的自由，即在庄子的“无己”“无名”“无功”的个体生命的自由和自然无待的人生境界中，将个人的情感和人类的普遍情感、个人的命运与人类共同的命运联结在一起。唯其如此，散文创作才有可能成为一种自由的审美创造活动，并成为心灵的最真实展示和文学的范本。也唯其如此，21世纪的散文创作才有可能迎来新的辉煌。

第六章

20 世纪 90 年代以来散文的文体变革

20 世纪 90 年代是一个“散文时代”①，这是继“五四”散文之后中国散文史上的又一个高峰，也是 20 世纪末中国文坛最为亮丽的一道风景。关于这一时期的散文成就，近年来已有不少学者做过研究，但这些研究较多的是单个的作家作品论，或侧重于论述题材和主题的扩展、思想观念的突破，以及讨论 90 年代散文是真繁荣还是假繁荣；即便是研究艺术演变的文章，也多是从写作的技巧、艺术表现和语言运用方面进行分析，而较少从文体的艺术变革方面对这一时期的散文进行较全面的梳理分析。有鉴于此，本章拟以文体的演变和艺术变革作为切入点，对 20 世纪 90 年代散文的主体文体、语体文体和文体革命的意义做多层面的考察。

一、主体文体与思维模式

时代文体无疑是文体研究的一个重要理论视点，但这更多的是基于现

① 吴秉杰. 散文时代［J］. 当代文坛，1997（3）：20－22.

实因素的思考。任何企图概括一个时代或一个文学运动的文体风格的研究，都离不开对主体的文体特征的分析。因为时代文体是在“主体文体”的基础上扩展起来的总体文体风格，而“主体文体”又是文体系统中一种“深层结构”的文体形式。当然，主体文体不仅仅是一种“心理文体学”。主体文体作为作家的个性、人格、心理、感情和才华的整体显现，它集中地体现了人的主体意识的觉醒以及文体对于个体生命的体验，特别是对精神性的追求和对人的“内宇宙”的开拓。而且，这种“主体文体”与“时代文体”是同步发展、共生共振的，即是说，在 20 世纪 90 年代，精神的解放、文体的自觉与人的主体的不断强化形成了一种良性的共构，这就保证了散文随笔的探索和建构既体现了与人类的精神发展同步的人文价值，又赋予了散文随笔以现代的意义。

由于“主体文体”的解放，散文随笔获得了自由感、个人性和内在的深度，于是我们看到，散文随笔的艺术思维模式产生了巨大的变革，即艺术思维由原来单向、直线的模式转向复线、共时的多元思维模式，从而使 90 年代的散文走向多样、丰富和开放。而在此之前，在思想文化十分封闭的背景下出现的“杨朔体”“秦牧体”“刘白羽体”，以及与此相应的“诗化散文”“形散神不散”等模式，的确在相当程度上限制了当代散文的艺术发展。而现在，散文作家可以说完全从以往那种“景—事（人）—理”的单一思维模式中跳了出来，这无疑将对未来的散文发展产生极为积极的影响。

艺术思维的多元化，在第一个层面是带来了叙述方式的变化。叙述，本来属于小说诗学的范畴，由于它带有虚拟性的因素，过去的散文家对此并不重视。可是近年来，一方面由于小说家的加盟；另一方面由于散文家们对传统的单一而权威的“我”的叙述方式的不满，同时对散文的“想象和虚构”问题有了新的理解，这样叙述问题便越来越成为散文家的一种艺术的自觉。举例来说，在传统的散文中，一般采用第一人称的“我”展开叙述，而且这个建立在“真实”基础上的“我”具有不容动摇的牢固地位，别的叙述方式皆因有悖于散文的“真实原则”，怕造成“阅读障碍”而遭到摒弃。而现在不少散文中的“我”竟消失了，或者在一篇散文中，在“我”之外又有其他叙述视角，如余秋雨的《这里真安静》、史铁生的《我与地坛》、钟鸣的《旁观者》、桑桑的《旗语》等作品，就有这样的叙述特点。再如在叙述中大胆吸收其他门类的特长，再辅之以象征、隐喻、通感、意象组合等表现手法，从而使叙述丰富而多变，如刘烨园、钟鸣、苇岸等的散文就常用此法，这种叙述方式在以往的散文中极少见到。凡此种种，都使我们有理由确信：进入90年代，散文的叙述已经由单一走向开放，由确定明朗变为模糊和非确定。

艺术思维多元化的第二个层面，是散文中大量出现了建立在艺术感觉上的意识流动。即是说，在90年代，作为一种现代创作方法的“意识流”表现手法的介入瓦解了传统散文按部就班的叙述和描写进程，使散文表现生活的空间骤然扩大了。比如张承志的《离别西海固》《静夜功课》等一批散文就没有简单地根据顺叙、倒叙、插叙进行组合，而是伴随着意识流动，让时空切换、场景重叠，现在、过去和未来交错。刘烨园的《自己的夜晚》也是一篇运用“意识流”手法进行创作的佳作。作者由“夜色一般潮湿”的“地气”，联想到多年以前在南国山坳的知青茅屋里读法捷耶夫致友人的信，以及如何在长沙街头风尘仆仆打听黄兴墓的情景；又联想到第一次读《广岛之恋》《巴黎对话录》时的场面；而后意识流动又像蒙太奇般闪现、转换，回到现实中“我”在暮色笼罩的产楼前等待着儿子的降临。《自己的夜晚》正是借助于“夜”的意象和意识的流动，从更深层次上表达了“人”与“人”、“人”与“世界”之间的疏离，以及对于生存的惆怅而焦灼的痛感。这样的题材选择和思考意向，倘若用传统的叙述、议论和抒情的手法来表达，其思想的深度和艺术效果将大打折扣，而采用“意识流”手法则相得益彰、恰到好处。不过我们也注意到，也许由于更倾向于内心，受理性的约束较少的缘故，女性散文家在“意识流”手法的运用上较男性作家更为普遍，也更为出色。像周佩红的《偶然进入的空间》《一抹心痕》，斯好的《心灵速写》，马莉的《黑色虫子及其事件》，蝌蚪的《家·夜·太阳》，黑孩的《醉寨》等作品，几乎都是以情绪的奔涌加以随意拼贴连接；或者捕捉偶然浮现的情绪、感觉，乃至幻觉、潜意识，将散文写得既虚幻又真切，呈现一种灵动朦胧且不确定的诗的意蕴。当然，在这方面走得更远的是一批更为年轻，被有的批评家称为“新生代”的作者，比如胡晓梦、于君、曹晓冬、黄一莺等，她们的散文不仅在思想内容方面向传统发起了大胆和直率的挑战，在艺术方面，则是淡化叙述的现实，增加虚构和想象的成分，让一个个意象，一系列动作、感觉、潜意识纷至沓来，它们像一连串大幅度游移跳跃的音符，构成了散文的叙述进展状态和内在的律动。

“意识流”表现手法在散文中的广泛运用，是散文变革和创新的一个重要信息。尽管有些“新潮散文”描写的生活过于琐碎乃至无聊，传达的意绪过于玄奥晦涩，有些作品的结构过于支离破碎，因此现在为其鼓掌还为时尚早。但应当看到，当代散文向着感觉开放，向着人的心理意识掘进的努力，在散文创作中具有不容忽视的革新意义。

艺术思维多元化在第三个层面的表现，是散文结构的开放性。我们看到，90 年代散文已经彻底告别了传统的“三段式”结构套路，而呈现出形态各异的结构状态。像史铁生的《我与地坛》，其外在结构是记述“我”与“地坛”的缘分，以及活跃在“地坛”的人对“我”的生命拯救。由于作者在叙事时将过去时态中的“我”、精神世界里的“我”和写作时的“我”交错重叠，再加上作者在描述中又穿插进关于“四季”的天籁般的想象，以及诸如“小灯笼”之类的意象不断重复出现，于是，《我与地坛》的结构便呈现出这样的特点：它一方面条分缕析、层层推进，直迫生命的内核；另一方面又虚实相间、伸缩自如，显示出极大的结构上的张力。这种表面看起来似散漫和不经意，而内里却无懈可击、十分缜密的结构形态，的确显示出史铁生过人的艺术功力。余秋雨的散文，一般是以“故事体”见长，不过他也创作了一些在结构上很有特色的作品，比如《这里真安静》以“静”衬“动”，通过军人、女人、文人的三相结构，构成一种寓言式的抽象，由此浓缩进了民族、国家、历史的大课题，这样开放的结构方式，显示出作家多元化的艺术思维。而刘烨园颇受好评的《自己的夜晚》，则是以“夜晚”这一意象为构思点，以“孤寂”的情绪为内在线索，将不同时期的几件事情贯穿起来。此外，周佩红的《偶然进入的空间》、赵玫的《以爱心 以沉静》、韩小蕙的《有话对你说》等散文，采用的也是这种以“情绪”“意象”为线索的结构方式。至于在“新生代”那里，采用“情绪—意象式”的结构方式就更普遍了。这也从一个侧面显示了90年代散文随笔的开放和进步。

叙述方式的革新、意识流的广泛运用和结构的“开放性”，不但在散文领域中开拓出了一片艺术表现的新空间，而且标志着当代散文已经和小说、诗歌一样具备着现代性的品格。可能看到这一点，青年学者王兆胜将新时期以来出现的一些不同于传统的新锐散文概括为“新时期现代主义散文”①，尽管这一界说还没有获得普遍的确认，但笔者认为这是颇有远见的理论前瞻。相信随着时间的推移，“现代主义散文”会越来越显示出其艺术魅力，并获得越来越多的读者的认同。

二、语体文体的革命

文体研究的另一个层面是“语体文体”，即语言研究。虽然它只是表层的结构，但却是文体研究的核心内容。韦勒克、沃伦在《文学理论》中指出：“文学是与语言的各个方面相关联的。一件文学作品首先是一套声音的

① 王兆胜．新时期中国散文的发展及其命运［J］．山东文学，2000（1/2）．

系统，因此，是一种特定语言声音系统中的选择。”① 所以，如果要对作品进行纯文学和审美的研究，就离不开对文学语言进行分析。而语体文体的研究，又是语言的研究中极为有效的一种方式。因为“文体学研究一切能够获得某种特别表达力的语言手段，因此，比文学甚至修辞学的研究范围更广大”②。而且，“只有文体学的方法才能界定一件文学作品的特质”③。从语体文体角度出发来考察20世纪90年代的散文语言，可以鲜明地感受到这一时期散文的整个语体文体与新中国成立后的17年乃至80年代有着天壤之别，这种区别最明显的表现就是在90年代的散文随笔基本上放逐了五六十年代那种外在的抒情性或“诗化”的语体，而不约而同地采用了一种平实亲切、自由随便的语体，这种语体风格在张中行等老一辈的学者散文中最为普遍。由于他们摆脱了“文以载道”的约束，故而他们选择了自由随意的语体，而这种富于个体化的语体方式又暗合了某种士大夫的情趣，是他们怡然自得和智慧洞悟的结果。因而，通过他们的语体方式，我们的确感受到了厨川白村所描绘的那种冬天炉边闲话、夏天披浴衣啜茶的艺术氛围。

倘若说，老一辈散文家的语体特征是自由朴素和闲适自得，那么，年轻一代的语体则是自由洒脱中的内在感觉化。如众所知，感觉是人的一种情感状态，也是一切文学作品的基础，而对于散文而言，感觉尤其是语言的感觉化显得更为重要。因为散文反映的是作家的亲身体验，它不像小说那样可以靠故事和人物来打动人，而在音律节奏和意境营造方面，散文也逊色于诗歌。因此，散文的艺术魅力，很大程度上就是靠感觉化，即靠有

① 韦勒克，沃伦．文学理论［M］．刘象愚，刑培明，陈圣生，等译．北京：生活·读书·新知三联书店，1984：188.

② 韦勒克，沃伦．文学理论［M］．刘象愚，刑培明，陈圣生，等译．北京：生活·读书·新知三联书店，1984：191.

③ 韦勒克，沃伦．文学理论［M］．刘象愚，刑培明，陈圣生，等译．北京：生活·读书·新知三联书店，1984：193.

作家独特的感受、情采以及各种感觉的有情有味的语言去打动读者。然而在很长一段时间里，当代散文的语言却不是这样的。我们已经习惯了用一种说明性或介绍性的语言来叙事，即使所谓描写性的“美文”，也仅仅是从修辞学的层面——表达的准确和清晰、描写的生动形象、句子的结构完整和规范来要求语言。这当然是一种适合于中学生学习的规范性散文语言，但绝不是一种“感觉化”了的艺术的语言。因此，它理所当然地遭到了90年代散文作家的挑战。于是，在黑孩的《醉寨》中，我们读到了这样的“语体”：

我看见有一股湿漉漉的气息开始穿过极微弱的一线月光扑向我。肌肉在抖。那气息异样猛烈地扑打着我的面颊。

…………

你那时站在我的眼前，模样孤苦极了。你那细长的脖子里拖出的哭声象尖刀子一样把我的心给划破了。心里面的什么什么都随着汹涌的血流淌尽了。……我那时盯视着你，我看见一瓣一瓣的水珠子从你的毛乎乎的身子上滴下来掉到污泥里去不再流动，你的眼睛也似一汪不再流动的河，好一片迷濛好一片沉静啊。①

凡是读过黑孩散文的读者，相信都会被她出色的艺术感觉所征服，尤其是这种感觉呼啸着融进语言，打破了传统遣词造句的规范时，它对读者的视觉感官的冲击就更加强烈了：“那气息异样猛烈地扑打着我的面颊”，“那细长的脖子里拖出的哭声象尖刀子一样把我的心给划破了”，“你的眼睛也似一汪不再流动的河，好一片迷濛好一片沉静啊”，以及后面的“我只觉得一片的透明在悄悄地渗进我的肉体我的灵魂，我看见我的心脏在咔嚓咔嚓地蹦蹦跳跳”②，“我看见有滴血的太阳在你的眼睛里跳了一下就消失

① 黑孩. 醉寨［M］//黑孩. 父亲和他的情人. 北京：中国文联出版公司，1989：7.

② 黑孩. 醉寨［M］//黑孩. 父亲和他的情人. 北京：中国文联出版公司，1989：8.

了"①，等等。这样透明而颇具穿透力的语言，的确是有灵性，是一种"感觉化"了的"语体"。诚如汪曾祺先生所归结的：是以"代客观为主观，代物象为意象；把难以言状的心理状态转化为物质的，可触摸的生理状态"②。也就是说，黑孩感兴趣的不是证明性的纯客观描述，而是通过视觉、听觉、触觉的通感共振，将抽象的心理状态转化为具体可感的形象呈现于读者面前。

赵玫的散文语体，也是充分感觉化的。读她的散文集《一本打开的书》中的散文，只感到大量源于个人生活和内心体验的感觉奔涌而来，这些"感觉化"的语言和不无感伤的人生述说、细腻传神的景物描绘、飘忽灵动的意象，以及如歌如泣的抒情调子融汇在一起，构成了赵玫散文独特的艺术情致。这种感觉化的散文语言，我们还可以在史铁生、张承志、刘烨园、刘亮程、程黧梅、马莉、桑桑、蝌蚪等的作品中读到。他们以其对人生、对世界和心灵的独特感觉解构了几十年如一日的正统的散文语言，并创造了一种"流动的语体"。

90 年代散文语体文体的另一个变革，是个人性的、潜沉的隐喻语体替代了以往浅表的、公共性的语体。我们知道，比喻是散文的重要修辞手法，它是通过暗示替代可能性或相邻性关系的原则引起读者的联想，使其沉浸在一种全新的审美感受中。然而，尽管隐喻吸引了自亚里士多德以来的语言学家和哲学家的注意，但隐晦模糊、具有多种解释的可能性的隐喻并不受五六十年代的主流意识形态的欢迎；相反，结构单一、内涵明晰的明喻因目的明确、易于为大众所接受，一直受到主流话语的鼓励。于是，在新中国成立后的 17 年乃至 80 年代的散文中，我们可以读到大量诸如此类的装饰性明喻语言：

---

① 黑孩．醉寨［M］//黑孩．父亲和他的情人．北京：中国文联出版公司，1989：11.

② 汪曾祺．正索解人不得（代序）［M］//黑孩．夕阳又在西逝．合肥：安徽文艺出版社，1991：代序 4.

丽日当空，迎面缓缓送来一阵温煦而香馨的风。那风，直扑我怀里，一路疾苦，简直爽然若失了。

——韩少华《温馨的风》

迷蒙云雾之中，忽然出现一团红雾。……就象那深谷之中反射出红色宝石的闪光，令人仿佛进入了神话世界。

——刘白羽《长江三峡》

绿，是播种者的颜色，是开拓者的颜色。

——袁鹰《枫叶如丹》

在上述句子中，作者采用的是相邻性关系的原则，将两个性质相近而又有想象价值的词语并置在一起。在这里，风、阳光、绿都具有美、温馨、光明、绚丽、充满生命力的共同特质，它们都是美好的物象。作家之所以由它们联想起人间的温情、光明战胜黑暗和开拓者，并不是由于它们的形状、结构的接近，而是由于它们在价值上的相似。这种建立在简单的价值判断上的比喻，其特点是意象明晰简单，一般的读者都能理解喻体和喻本的关系。但正因其过于浅俗简单和陈腐，且功利目的性太强，因而进入90年代以后，散文家们基本上便不再使用这类明喻了，而代之以个人性极强的潜沉隐喻的修辞手法，比如："只看见风的线条，它是飘扬的旗帜是纷飞的树叶是荡漾的黑发是我手中燃着的香烟"；"炫目的阳光呼啸而来，撒了我一脸一身，我跳起来冲它招招手，更多的阳光扑过来，弄得我鼻子痒痒的"；"地气，象夜色一般的潮湿。这时，它和绿色植被的生命气息混融在一起，凉凉弥漫开来"。同样写到了风、阳光、绿色，但90年代的语体形态与五六十年代的语体形态却极为不同。90年代的隐喻潜沉在全部视角之下，它诉诸感官以具体的意象，却不做明确的投射和清晰的呈现。因而，它的隐喻意义模糊而又综合，为读者提供了多种解释的可能性，并激起读者丰富的联想，给他们以陌生感和新奇感。

与语言的散淡化、感觉化及隐喻语体的普遍使用相联系的是"反讽"

语体的运用。反讽，原属于西方戏剧中的概念，以往常用于小说和诗歌，散文中较少见到，近年来，随着散文艺术的开拓，反讽手法也逐渐被引进到散文中来。开始是余秋雨、韩少功在作品中时常使用。如余秋雨的《道士塔》这样写王道士："王道士每天起得很早，喜欢到洞窑里转转，就像一个老农，看看他住的宅院"。"道士擦了一把汗，憨厚的一笑，顺便打听了石灰的市价。……他达观地放下了刷把"。这里的"他住的宅院""憨厚的一笑""达观地放下了刷把"，采用的是反讽的手法。它以作家的"知"来反衬王道士的无知，以祖国无与伦比的灿烂古代文化来反讽当时官府的无能和王道士成为莫高窟当家人的荒谬以及作者的愤怒而又无奈的心态。这种反讽的笔调，在《道士塔》中还有好几处，在余秋雨的其他作品中也时有出现。韩少功的反讽更是随处可见、举不胜举，例如："金钱就这样从物质领域渗向精神领域，力图把精神变成一种可以用集装箱或易拉罐包装并可由会计员来计算的东西"（《处贫贱易，处富贵难》）；"汪国真式的贺卡诗歌热销行将过去，宾馆加美女加改革者深刻面孔的影视风尚也行将过去，可能老板文学的呼声又将纷扬而起。这种呼声貌似洋货，其实并非法国技术丹麦设备美国口味"（《无价之人》）；"这样做当然简单易行——'富贵生淫欲'这句民间大俗话一旦现代起来就成了精装本"（《性而上的迷失》）。及至90年代中后期，用反讽的语言来解构正统中心和虚伪的崇高的作家就越来越多了，其中广受赞扬的是王小波。王小波不但大量运用"反讽"的手法，甚至可以这样说，反讽已经成为王小波散文的主要构成因素，它最充分地显示了王小波的生存智慧和叙述智慧。至于更年轻的马莉、胡晓梦、南妮、杜丽以及钟鸣等作者，其语言也带有明显的反讽成分，这既是他们写作的一种姿态；同时，反讽也是他们的散文区别于古典散文的主要标志之一。

90年代散文的文体创新当然不止上述几方面；但即便仅仅只是上述几方面的变化，它对于当代散文也有着不可低估的文体革新的意义。举例来说，由于增强了文体意识并进行有效的实践，于是不同的作家开始有了各自的主导语体风格或叫“调子”。比如贾平凹的憨憨暮暮中的幽默谐趣，余秋雨的诗化中的情采感伤，史铁生的朴素宁静中的悠远绵长，韩少功的简洁老辣和睿智反讽，张承志的孤傲激烈中的抒情和张力，周涛的冷峻刚健，林非的典雅节制……各种不同的“调子”的出现，使散文的语体获得了个性的风采。它不仅仅是一般修辞学上的出色的语言，而且是作家的才华、思想、人格、精神等因素在文学表达中形成的艺术风格，也是作家在自由自在的抒写中蕴含着的情调、色彩和氛围的产物。我们曾经感叹当代的散文文体太缺乏创造性，有语体“调子”的作家太少了。而现在，面对因主体强化和文体觉醒而带来的各种各样的“调子”，我们还会发出以往那种无奈的感叹吗？

90 年代语体文体变革对于当代散文的意义，在于确立了一种真正属于现代的写作姿态，刷新了当代散文的语言，提供了一种不同于传统的“美文”的审美信息。在这些雄心勃勃、有志于散文语体革命的年轻散文作家看来，散文的自由，首先是一种言说的自由；散文的精神，归根到底也是一种言语精神，这才是永恒的、值得作家终生追求的。因此，从某种意义上说，语言也是一种哲学，是散文主体赖以生存的文学环境、人的生存状态和对人类命运思考的一种综合性显现。语言既是主体，也是客体；既是内容，也是形式；既是共性，更是个性。正是从这样的角度出发，90 年代的语体革命才超越了当代任何时期，较好地表达了词与物的融合，自由与节制的一致，文本与人文的统一，从而形成了一种富于现代感和弹性的散文语体文体。

三、文体革命的意义

对 20 世纪 90 年代以来的散文文体发展演变的研究，有着不容忽视的意义。首先，文体研究可以进一步促使我们对散文命运的思考。因为自 80 年代末开始，就有人认为“散文已趋于解体”①。或认为散文“已完成它的历史文化使命，它应当寿终正寝了”②。可是，当笔者从文体角度对90年代的散文进行一番考察后，得出的却是相反的结论：由于文学环境的宽松，散文自由度的扩大，对文学传统的重视和散文观念的改变，以及作家文体意识的自觉，事实上散文正处于从“复兴”到“全面繁荣”的振奋之中，它不仅不是“多余的文体，必然灭亡”③，相反，随着社会生活的多姿多彩和人们审美情趣的丰富与文化品位的提高，散文，尤其是其中的思想随笔将越来越受到欢迎。仅此一点，便可断言，散文的文体不可能消亡。其次，通过对文体的研究，我们可以更清楚地看到散文的优势和劣势，从而对散文的发展方向做出正确的选择。由于散文不像小说、诗歌和戏剧那样壁垒森严，它的文类特点是自由、散漫、灵活、兼容，任何文学的“客人”都可以到散文这个不设防的“客厅”里做客。故此，笔者认为“跨文体写作”是一种必然的趋势。在当代生活已越来越商业化和媒体化，文学越来越处于边缘化的今天，如果我们为了使散文“纯粹”，不顾一切地用纯、正、高、雅的标准来要求散文，甚至主张连随笔也应该从散文家族中剥离出去，在笔者看来这是一种无视时代的氛围、无视散文文类特征的作茧自缚，因而是注定行不通的。当然，主张“跨文体的写作”并不是完全抛弃散文的抒情性、典雅性和高贵性，更不意味着那些没有才情、没有文采、没有智慧的劣作都可以到散文的领地里来跑马占地。最后，加强文体研究，有助于我们建立系统的散文理论。长期以来，散文一直没有形成一个系统的文类理论，这不能不说是散文长期以来被冷落的一个重要原因。现在，散文已由边缘向中心位移，并具备了向诗歌、小说这些往日地位显赫的文类发起挑战的实力，所以当务之急，是散文研究者应摆脱以往那种浅尝辄止、零敲碎打，重作品评论、轻理论探讨的思维惯性，在现代文体的探索和重

---

① 王干，费振钟．对散文命运的思考［N］．文论报，1986－07－21．

②③ 黄浩．当代中国散文：从中兴走向末路［J］．文艺评论，1988（1）：73－81．

建文学的现代化的旗帜下，筑构属于散文自己的诗学理论体系。

文体的研究，除了有助于我们思考散文的命运，选择正确的散文发展方向和构筑散文诗学理论体系外，借助文体的考察，我们还可以从整体上来检讨当前散文的欠缺。诚如有的研究者所指出的，当前散文创作在繁荣底下存在着媚俗、心态浮躁以及一些作品内容苍白、境界不高等不足，倘若从文体的特定角度来看，笔者认为当前散文的欠缺，主要是对“自由”的认识还存在着偏颇。我们知道，散文是一种介于文学与非文学、真实与非真实之间的文类，它比别的任何文类都更仰仗于自由的表达和个体感情的流露，甚至可以说，没有自由和个人性就没有散文。然而，问题恰恰出在“自由”这里，也就是说，自由一方面为散文作者提供了广阔的创作空间；另一方面，由于有些散文作者片面地理解自由，从而导致了滥用自由的不良创作倾向。比如，认为散文是自由自在的文体，于是不管什么人都跑到散文里来一显身手，甚至最没有才情的人也到散文这里自娱自乐。再如，写散文时漫不经心，信马由缰，对读者毫无责任心；还有的在选材上自由泛滥，热衷于写个人琐事，满足于抒发一己的悲欢……这就促使我们不得不思考两个问题：第一，当前的现实是不是给散文提供了太多的自由？第二，应如何认识散文的自由？就第一个问题来说，笔者认为当前社会提供给散文的自由不是太多，而是远远不够。问题是：我们应当将外在的自由转化为内在的自由，即庄子的“无己”“无功”“无名”的个体生命自由和自然无待的人生境界。如果我们的散文仍囿于种种现实生活的“无刑”，不能做到“乘物以游心”，则这种散文是不可能担当扭转文学乾坤的大任的。至于第二个问题，苏珊·朗格在《情感与形式》中已经说得十分清楚。她认为，“艺术是人类情感的符号形式的创造”①。即是说，艺术虽离不开自我宣泄和自我表现，但它的表现应是艺术家认识到的人类普遍感情，否则

① 朗格. 情感与形式［M］. 刘大基，傅志强，周发祥，译. 北京：中国社会科学出版社，1986：51.

这种表现只能停留在信号行为的水准上。散文是一种侧重于表现自我情感的文类，它更应将个体的感情与人类共有的感情统一起来。换言之，散文家不能一味沉溺于自娱自乐的“个人情感”之中，而应具有强烈的责任感和价值信念，同时还要把“个人的情感”上升为“人类的情感”。唯其如此，散文创作才有可能成为一种自由的审美创造活动，并成为文学的最高形式和范本。也许正是意识到这种自由和不自由，所以黑格尔强调散文的“有限思维”，主张散文应对客观事物做出理性分析。而散文名宿梁实秋则不无感触地说：“散文是没有一定的格式的，是最自由的，同时也是最不容易处置。”① 从梁实秋的感慨和他的创作实践中，我们多少可以领略到什么是真正的散文的自由。

---

① 梁实秋．论散文［M］//俞元桂，等．中国现代散文理论．南宁：广西人民出版社，1984：35.

第二编

现代散文文体的功能与构成要素

第七章

现代散文叙述模式的演变

一、叙述学与散文研究

散文的叙述问题历来被研究者所忽视。人们忽视散文的叙述一般来说有两个理由：其一，叙述是叙述学的专利而非文体学所能囊括包容。其二，叙述的强势“话语”只隶属于小说而与散文无缘。然而随着文体的发展和散文观念的演变，尤其是20世纪90年代以来散文创作实践中现代性因素的增多，一些有识之士开始意识到粗暴地将现代散文拒之于“叙述学”的大门外并非明智之举。事实上，这种狭隘偏执的文学观念已经阻碍了中国现代散文的发展。

首先，叙述学的“话语”分析与文体学的“文体”分析其实有不少重合之处。关于这一点，申丹在《叙述学与小说文体学研究》中曾做过精辟的分析：“从定义上很难看出文体学的‘文体’与叙述学的‘话语’有何不同。热纳特将话语定义为‘能指’，即陈述或叙述文本，它理应包括语音、词汇、句型、句子间的衔接方式等方面的语言特征。至于‘文体’，它常被定义为‘对不同表达方式的选择’，这自然也应包括对不同叙事方式的选择。”① 即是说，叙述学与文体学尽管在侧重点上各有不同，但在很多方面它们是重合互补的，并非是井水不犯河水。比如，叙述视角是叙述学研究的核心之一，但文体学家同样十分重视这一领域的研究。只不过，叙述学的叙述视角研究主要着眼于被叙述的事件，以及不同叙事视角的分类、性质及其功能；而文体学家更为重视文体上的“视角”或“眼光”，即叙述者在叙事时如何通过文字表达出来的思想感情、立场观点、语言口吻和格调氛围，它不是直接而是间接地作用于事件。此外，在叙事时间、叙事情景、叙事声音等方面，叙述学与文体学也有或显或隐的重合。要言之，前者为较宏观层次上的叙述，而后者是侧重于微观层次上的叙述。

其次，关于小说和散文的叙述，也有必要加以区分。由于散文是一种倾向于体验性、直接性和内在性的文体，所以在传统的散文中，一般都采用第一人称进行叙述；而且，这第一人称叙述又不同于小说的第一人称叙述。小说中的“我”不一定是作者自己，即是说，小说中“我”的主体地位并不明显，“我”即作者与叙述者在许多情况下是分离的。不仅如此，“我”与作者叙述的生活内容往往若即若离，而且“我”的视角常常被“他人”的视角打断。总之，小说具有运用、转换叙述视角的最大自由和可能性。而散文中的“我”当仁不让即是创作主体。一般情况下，“我”即作者的身份与叙述者是重叠、合二为一的。而且，在叙述中，“我”的叙述视角贯穿作品始终，这是其一。其二，散文的叙述具有浓厚的抒情倾向，即便在以记叙为主体的散文中，也离不开抒情的元素；而小说的叙述偏重于理性、冷静与客观，不论是采用全知的叙述视角还是有限的叙述视角，不动声色的介绍和描写是它的常态。其三，散文的叙述有时包含了描写、议论、

① 申丹. 叙述学与小说文体学研究 [M]. 北京：北京大学出版社，2001：183.

说明等元素。有时，议论、说明可渗透到叙述中；有时，议论、说明又独立于叙述而存在。但小说的描写、议论和说明必须与叙述紧密结合。小说的作者无法超越叙述者的观点对叙述的事件进行议论和说明而存在。超越叙述者的议论和说明在小说中难有成功的例子。上述关于散文和小说在叙述上的区分，其旨在于厘清文体的边界，同时在尽可能精确的范围内建立散文叙述的一些规则，而不是笼而统之，眉毛胡子一把抓。过去的散文研究之所以遭到歧视，其中一个重要原因，正在于散文研究者对散文的研究过于随意草率，只重印象而轻学理，只遵古训而不敢越雷池半步，更遑论对不同学科文体“所是”的精细而执着的追问。这样一来，即便是叙述理论这样重要的问题，在过去的散文研究中也几乎是一片空白。

而与散文研究中无视叙述理论相反，20 世纪的小说研究则十分重视叙述理论；或者说，20 世纪以降的西方叙述理论是伴随着小说这一文类的兴起而成为现代文论中的显学的。正由于叙述理论的建立与发展，“小说脱离诗学统辖，从次要文类跃居为主要文类、取代诗歌中心地位的重要助力，所以叙述论往往和小说理论相结合，但是散文的叙述理论却不见经籍”①。散文在西方的文学传统中一直不受尊重，被视为可有可无的边缘文类，因此叙述理论对其不屑一顾自是可以理解。然而，就中国现代散文而言，由于它有着灿烂辉煌的历史，在“五四”时期，它所取得的成就远远大于小说、戏剧与诗歌诸文类。既然散文在 20 世纪的中国文学中有如此重要的地位，它与读者的日常生活又是如此息息相关，而从文体特征看，散文在许多方面也可与叙述理论搭界结缘。既然如此，我们又有什么理由将叙述理论拒之于散文的大门外，或者认为散文这一文类没有资格接纳叙述理论呢？事实上，“散文叙述论和结构论的建立将有助于现代散文的发展，也将改革半世纪以来漫无结构观点的散文理论研究方向，使得散文重新移回主要文

① 郑明娳．现代散文构成论［M］．台北：大安出版社，1989：177.

类之一的位置”①。台湾学者郑明娳的见解，无疑是前沿且具有建设性的。郑明娳有较为开阔的西学视野和中国古典文学的功底，因而能够借助西方叙述学、语言学和结构主义的某些理论来研究散文的叙述，不过由于她对“叙述者”“叙述观点”“叙述时间”“叙述内容”等的探讨，还是沿用小说叙述学的那一套理论，而且基本上是罗列式和引论式，而非分析解读式的散文研究，即没有结合现代散文的文体演变和散文创作的实践，以此来确立散文的叙述论以及散文的叙述与小说叙述的区别，加之她的“构成论”也和“类型论”一样，或多或少存在着琐碎繁杂、机械划分的弊病。所以，从较严格的学理上说，笔者一方面欣赏佩服郑明娳的散文研究；另一方面又对她的散文研究感到失望，感到她的研究未达到应有的期望值。

二、散文叙述观念的转变

散文叙述观念的转变，是建立散文叙述理论的前提。

传统的散文研究要么对叙述理论视而不见，认为那是小说一族的专利；要么只是从古代文章学的层次，即从章法、笔法的纯技巧层面来探讨散文中的叙述。举例来说，在李光连的《散文技巧》中，有一章专门谈“散文的叙事美”，但他主要从“切割故事”“淡化情节”“腾挪跳跃”“善插补”“贵转折”“妙‘蓄’笔”“巧伏应”等方面来探讨散文的叙述，总的来说还是在传统的文章学的范围里打转。至于其他的专著和论文，对于散文的叙述的研究基本也离不开这样的套路：其一，认为叙述的基本特征在于陈述“过程”，即开始怎样，经过怎样，后来怎样。叙述就是交代和介绍这个“过程”的来龙去脉、前因后果，而且，这个交代和介绍要表现出一定的顺序性和持续性。其二，分析叙述的人称，即第一人称、第二人称和第三人称是怎么来的，它们各有什么优势和局限。其三，叙述的笔法一般都离不

① 郑明娳．现代散文构成论［M］．台北：大安出版社，1989：177.

开顺叙、倒叙、插叙、平叙。而对散文叙述的要求，不外乎要清楚完整、衔接自然、线条清楚、详略得当。此外，还有一些文章认为散文的叙述主要是“交代抒情、议论缘起”，是“移步”以提示“换形”。① 或者“散文的叙述美首先表现在叙述的线索上，体现为一种云龙雾豹的‘断续’之美”②。很显然，以上所理解的散文的叙述以及所使用的术语，同样未能摆脱我国古代文论和写作技巧之类的羁绊。即散文要写什么，要从哪个角度来写，以及如何谋篇布局，等等。可见，过去的散文研究，虽然也或多或少涉及散文的叙述，但研究者视野不够开阔，观念过于陈旧狭窄，对叙述理论的认识过于浅表单一，更没有去区分散文叙述与小说叙述的不同。因此，在笔者看来，以往的散文研究，还不能称之为现代叙述学意义上的诗性研究。

以上是从散文研究的角度来看散文的叙述，如果我们换一个角度，即从创作的角度来看散文的叙述，那么情况又怎样呢？我们看到，传统的散文不管是记叙性散文、抒情性散文还是议论性散文，都十分强调主体性的叙事。在传统散文中，作者的主体占有绝对的权威，是不容颠覆、不可动摇的。与此相一致的是，几乎所有的散文都采用了第一人称的叙述视角，而且，散文的作者和叙事者一般都是重叠的，两者之间没有严格的界限。当然，由于类型的不同，在具体叙述中还是有所区别的。举例来说，在记叙性散文中，因抒情和哲理往往需要依附于人物和事件，故而在这类散文中，一般都是先介绍背景，托出人物，再按照事件的发生、发展和变化顺序按部就班地一路叙述下来，如吴伯箫的《记一辆纺车》、萧乾的《美国点滴》就是如此。抒情性和议论性散文中的叙述尽管降到了次要的位置，有时这类散文中的叙述甚至萎缩到被抒情或议论所取代。即便如此，抒情性

① 薛奇一，晏美华．论散文叙述［J］．安徽教育学院学报（哲学社会科学版），1996（4）：53－55.

② 熊子延．试论散文的叙述美［J］．湖北师范学院学报（哲学社会科学版），1996，16（4）：69－73.

和议论性散文的叙述也形成了某些定式。比如，就抒情散文而论，自“五四”以后，以朱自清、徐志摩、何其芳以及台湾的第二代作家如琦君、张秀亚、吴鲁芹等为代表的散文家，往往采用了一种“倾诉式”的叙述方式。倾诉式叙述常常用“我说”或“我们”的句式，有时也虚拟一个假想听众，用“你”“你们”或者“亲爱的朋友”“亲爱的少女们”等等。此外，倾诉式叙述还喜欢用“呢”“吧”“啦”等语气助词强化与读者交流的现场感。如徐志摩的《我所知道的康桥》、何其芳的《扇上的烟云》、张秀亚的《给少女们》、琦君的《下雨天，真好》等作品就是如此。倾诉式的叙述方式虽能拉近与读者的距离，增强作品的现场感，然而从文体渊源看，倾诉式叙述毕竟类似于中国古代的赋和骈文，在骨子里，它是对传统文化规范的承续，与现代意义上的叙事相去甚远。何况，这种倾诉式的表述还带有青春期的感伤主义的特征，并多少有些“为文而造情”的毛病。所以如果我们的散文家都用这种倾诉的方式来叙述，那么势必让读者感到腻味并将他们压迫得喘不过气来。如此一来，倾诉式的叙述也就谈不上什么诗性了。除了倾诉式的叙述外，传统散文中还有一种闲话式的叙述方式，此种叙述方式的代表人物是周作人、梁实秋、林语堂等。闲话式的叙述一般较为节制，正所谓冬天坐在暖炉旁的随便自然、任心谈话。平心而论，闲话式的叙述与散文的天性有一种内在的契合，因而是一种较为理想、较为成熟的叙述方式。然而，闲话式叙述带有太多晚明小品的流风余韵。它的叙事格局不够开阔宏大，表现手段过于单一，同时缺乏一种生气勃发的现代意识。所以，越来越走向开放与现代的散文，不应仅仅满足于倾诉式或闲话式的叙述，而必须有与现代的生活、现代人的思想感情相匹配的现代性叙事方式。

从现代叙事学的意义上说，散文的叙述要有革命性的突破，首先必须改变观念，即摆脱古文传统和现代文学的羁绊，将研究的中心从以往对修辞、描写、意境和篇章结构的注重转向叙述，并且理直气壮地确定叙述在散文中的中心地位，以此提升散文与小说的竞争能力。其次，在确定叙述在散文中的核心地位后，不能仅仅从传统文章学的层面来理解叙述；或者说，不能仅仅满足于将叙述看作述说人物经历和事物发展变化过程的一种表达方式，而应借鉴现代叙事学的一些原理和方法，从叙事的不同角度和层次来观察分析叙事活动。比如，叙述人是怎样讲述这个故事？作者采用的是什么样的叙述视角？再比如，作者在叙事过程中运用什么样的叙述话语？叙事过程中的故事时间和文本时间处于一种什么样的关系？叙事文本体现出了哪些诗性内涵？以及叙事的功能、叙事的节奏、叙事的声音等，这些都是研究散文的诗性叙述时要考虑的问题。当然，由于散文这一文类的特殊性，它的叙述与小说的叙述还是有所区别的。我们可以将小说的叙述理论作为散文的借镜，而没有必要亦步亦趋、生搬硬套小说的叙述理论。这是建立散文叙述学时需要注意的问题。

三、现代散文叙述方式的演变

研究现代散文叙述模式的演变，叙述方式无疑是一个重要的观察点。

叙述方式包括叙述视角、叙述情景、叙述语法、叙述时间等等。下面我们先从叙述视角来考察，自“五四”以降近百年的中国现代散文，经历了从“我”—“我”“你”“你们”—“我”“我们”—“我”“你”“他”的演变，即从“全知视角”到“限制视角”，再到“转换视角”，从一元叙述视角到多元叙述视角相互交叉、转换的演变。“五四”时期，由于白话散文处于草创期，所以叙述视角较为单一，散文基本上都采用了“我”的叙述视角。20 世纪二三十年代，随着何其芳等倾诉型“独语体”散文的出现，散文的叙述视角发生了一些变化，出现了“你”“你们”或“亲爱的朋友”“亲爱的少女们”等拟想读者叙述视角，但从总体上看，这一阶段散文的叙述视角还是“全知视角”的“我”占主导地位。从 40 年代到 80 年代末期，尤其在五六十年代，由于散文被降格为新闻特写和报告文学，加之当时强调散文的再现和宣传功能，这样一来，当时的散文几乎整齐划一地采用了

“我”或“我们”的叙述视角，而且，这个“我”或“我们”基本上就是集体、时代和人民的代言人，这个“我”或“我们”既没有主体自我的思想、感情和生命情调，更没有自我的个性和个人体验。因此可以想象，这一阶段散文的叙述视角不可避免的是单一和僵硬的。直到进入 80 年代后期，散文叙述视角的板结状态才开始出现松动，其标志是当时的在校女大学生曹明华出版了《一个女大学生的手记》，且该书发行量很大。曹明华的散文不但有自己鲜明的个性，敢于袒露一个少女的心迹，而且率先运用了发散的艺术思维方式，尤其在叙述视角方面，她的散文采用了跳跃式的叙述方式，以及断断续续的情绪“间隙”来表达一个少女的“青春独白”。这在其时可谓开风气之先，具有不容忽视的特别意义。

从曹明华的《一个女大学生的手记》出版后，特别是进入 20 世纪 90 年代以后，散文的叙述视角便由过去的一元转向多元。所谓叙述的多元性，就是除了一部分散文家仍然坚持用第一人称进行叙述外，同时有相当多的散文作者采用了第三人称或第二人称的叙述视角，特别值得注意的是，还有一些散文采用了第一人称和第二人称互换的叙述视角。如史铁生的《我与地坛》，它的主要叙述视角是第一人称“我”，但行文至第六节，作品的叙述视角便变成了第二人称“你”。在这一节，作者先是采用了与“园神”对话的叙述方式交代“我”为什么写作，而后便换成了第二人称的叙述，即“你说，你看穿了死是一件无需乎着急去做的事……”。其实，这里的“你”包括接下来的“我”与“你”和“您”关于“写作”和“人质”问题的讨论，其叙述者仍然是第一人称“我”。“你”或“您”只是“我”的转述。尽管“你”的叙述视角在全篇中只是一个插曲，但它却构成了一种几近于巴赫金的“复调”的多重对话，即通过外在的“我”与内心的“你”和“您”，通过自己与自己，以及与地坛、与园神的对话，在多重叙述中将过去时态中的“我”、精神世界里的“我”和写作时的“我”交错重叠，从而达到了诗性叙述的臻境。

祝勇的《一个军阀的早年爱情》，则是真实作者的“我”、第一人称和第三人称的叙述视角互换的成功尝试。这篇作品的第一节选取第三人称的叙述视角，叙述沈从文与湘西王陈渠珍的关系，特别是叙述陈渠珍是怎样一个集魔鬼与天使于一身的人物，以及陈渠珍对于沈从文一生的影响。从第二节开始，作者的叙述便发生了变奏，由第三人称变换为湘西王“我”的第一人称视角，而后从“我”的眼光中映衬出藏族少女西原的美貌动人，并叙述了 1911 年 10 月武昌起义后，“我”如何带着西原和湖南同乡士兵 150 多人逃离西藏取道东归，却误入沙漠。第三节回到了第三人称视角，叙述沈从文和陈渠珍对于古董文物的沉迷，以及他们惺惺相惜的情谊。需要指出的是，这一节在第三人称之外，还出现了第一人称“我”。不过这个“我”不是作者虚构出来的叙述者，而是等同于作者本人的“我”。这也许是散文和小说的不同之处。第四节又跳回湘西王的第一人称视角，十分具体详细地描述“我”和西原如何断粮近 7 个月，忍饥挨饿，茹毛饮血，最后终于脱离沙漠绝境回到现实人间的惨酷过程。第五节再次采用第三人称视角叙述沈从文为寻找爱情和梦想而决心离开湘西王的痛苦抉择。第六节又换成湘西王的第一人称叙述，写“我”与西原来到古城西安，特别是写了西原的死。最后一节再回到第三人称，叙述 1936 年失去实权的陈渠珍寓居长沙，用浅近文言写了一本叫《艽野尘梦》的书，讲述他早年与西原的爱情经历，而这一年，沈从文则在北平家中的枣树下完成了他的《边城》和《八骏图》。至于西原，则已在雁塔寺沉睡了 24 个年头。笔者之所以不厌其烦地罗列这篇作品是如何变换叙述的视角，是因为此文在叙述上的确有不同于传统叙述的独到之处。它在叙述上的独到之处主要有以下几点：一是在传统的散文中，叙述人称一般是不变的，不管是第一人称、第三人称还是第二人称，往往是一叙到底。而《一个军阀的早年爱情》的叙述却打破了单一封闭的叙述方式，呈现出丰富性和多元性的叙述特征。二是传统散文中的“我”几乎都是作者自己，而此文中除了第三节的“我”是作者自己外，其他的“我”都是叙述者陈渠珍。事实上，这里的“我”已转换成了第三者的视角，这就给散文的叙述者“我”赋予了一种新的内涵。三是此文虽属散文，但由于作者跳出了“纪实”的书写模式，充分地调动了艺术想象力，巧妙地运用虚构和叙述视角转换的方式来经营文本，这样便有效地拓展了散文叙述的空间，使散文的叙述变得既具灵动性又具开放性。除了祝勇，张锐锋、周晓枫、格致等散文家在散文叙述上也做了不少有意义的探索。

散文叙述视角的多元化，不但打破了以往散文创作中单一僵硬的叙事格局，也改变了真实的作者和叙述者的关系。长久以来，散文的真实作者即作者本人和叙述者常常被混淆为一体，即真实作者是叙述者，叙述者也是真实作者。由于没有严格区分真实作者和叙述者的不同，于是不管是抒情性散文、纪实性散文还是议论性散文，都笼而统之地以“我”来进行叙述。而正是这种对散文叙述的简单化处理，影响了散文的竞争力，使得散文不能和小说、诗歌一样成为一种富于现代感的文类。事实上，散文的叙述尽管较之小说的叙述要简单得多，但这简单中同样有着丰富的内涵，就拿上面分析过的祝勇的《一个军阀的早年爱情》来说，它的叙述便十分丰富多彩。这里既有真实作者的“我”，又有作为叙述者的“我”和“他”，而在叙述的字里行间，我们还隐隐约约可以感受到隐藏在叙述者背后的“隐含的作者”。正是真实作者、叙述者和隐含作者的分离，使得这篇作品的叙述呈现出一种多声部的声音和叙述节奏，为读者提供了多重层面的阅读视野。

此外，还应看到，叙述视角的多元化和叙述者位置的转换，还可以使散文作者从“共时态”的视角来经营文本。如南妮的《串味》，表现的是现代都市男女的爱情，但作者没有设定特定的叙述对象和叙述视角，而是让阿痴、阿林、阿花、阿才、阿朗、阿木这六个角色随意客串，让他们共同完成一种“共时的叙述”。再如桑桑的《旗语》，作品主要采用第一人称的叙述视角，但在“我”之外，又有“女主人公”“男主人公”和“你”的叙述视角的重叠。这样的“共时态”叙述方式，固然会给作品带来某种不确定性，有时甚至会造成散文文体的混乱，同时也给读者的阅读带来一些困难，不过从长远看，笔者认为多元化的叙述有利于打破散文画地为牢的局限，从而推动散文的叙述革命，使散文逐渐脱离次要文类而步入主要文类的行列。

四、概括型叙述与呈现型叙述

20 世纪 90 年代散文叙述方式的另一个变化，是从以往的概括型叙述演变为呈现型叙述。概括型叙述与呈现型叙述是小说家控制小说中的人物、情节以及与读者的距离的两种艺术手段。前者重讲述交代和主观抽象性，主要介绍故事的背景、人物的生平经历和事件的经过；后者倾向于描写想象和客观形象性，主要是通过自然的描绘、生活细节和事件的呈现，将读者带入到某个特定的情景中。

就中国现代的散文创作来说，20 世纪 90 年代以前的主导叙述方式主要是概括型叙述。这种叙述方式一般表现为两种形态：其一是新闻报道型叙述。这主要是指从 30 年代末期到五六十年代这段时间的一种散文叙述方式。由于这一阶段的散文以叙述性散文为主流，同时将散文视为“轻骑兵”，要求散文及时地对现实生活进行“朴素”而“逼真”的再现。如此一来，这一时期的散文基本上是以单一的事件和人物为叙议的对象，叙述的方式也高度一致，即首先推出人与事或景物，然后介绍背景，讲述人物事迹，总之按时间顺序交代事件的来龙去脉。虽然这一类叙述也尽量避免对生活做流水账式的实录，许多作家在叙述时也注意突出事件和人物的特征，提炼能够体现人物精神境界的生活细节（如魏巍的《谁是最可爱的人》中的三个生活细节），但从总体看，这一阶段散文的叙述方式是僵硬的、线性的，散文的结构、艺术手法也较为单调，因而整体的艺术水准并不高。

其二是追忆式叙述。这一叙述方式集中体现于“四人帮”被打倒后到20世纪80年代初期的散文创作中。由于就文体的性质而言，散文这一文体与小说和诗歌相比更属于“过去时态”的文体，所以自“五四”以来，许多散文都是以第一人称“我”作为叙述视角，追忆童年的生活和故乡的趣事。然而，像70年代末到80年代初那样集中地以“追忆”为叙述特征的创作现象，在古今中外的散文史上并不多见。之所以出现如此的散文“奇观”，盖因长达10年的“文化大革命”为散文家提供了大量可歌可泣的创作题材，尤其是唤醒了他们的生命和心理体验，开启了他们的“记忆之河”。我们看到，这一阶段，不论是歌颂、缅怀老一辈革命家丰功伟绩的散文，如何为的《临江楼记》，毛岸青、邵华的《我们爱韶山的红杜鹃》，巴金的《望着总理的遗像》，陶斯亮的《一封终于发出的信》，还是控诉“四人帮”对知识分子的迫害，颂扬知识分子抗争精神的作品，如丁宁的《幽燕诗魂》、黄宗江的《海默难默》、黄秋耘的《往事与哀思》等散文，均采用了“追忆式”的叙述方式。这些散文在叙述视角上与以前的传统散文并无二致：一般都是采用第一人称的叙述视角，在叙述时间上则是按照作者与叙述对象认识的先后，或是遵循所追忆“往事”发生的时间顺序来叙述。不过，与“十七年”间那种纯客观报道式、创作主体被完全“虚化”的“外向型”叙述方式相比，“追忆式”叙述应该说多少渗透进了一些作家的主体意识，不仅有“内向型”的心理体验和生命灌注，也更注重细节的筛选与提炼。因此与“十七年”的叙述方式相比较，“追忆式”叙述在中国现代散文的文体演变中仍有着不可忽视的意义。

中国现代散文在叙述方式上的真正进步，在笔者看来是从大量呈现型叙述散文的出现才开始的。如果说，追忆型散文是20世纪90年代散文叙述革命的中介和桥梁，具有承前启后的作用的话；那么，是否可以这样说：只有当呈现型的叙述成为散文创作的一种普遍性倾向，现代的散文创作才实现了散文叙述上的凤凰涅槃。我们看到，进入90年代以后，不少作家在解放散文，在艺术创新的旗帜下，加强了散文的表现功能，以呈现型叙述代替概括型叙述，让展示成为散文叙述的主体。关于这方面的演变，在“新散文”“在场主义散文”“原散文”的创作中表现得特别突出。比如在格致的《转身》中，作者叙述了一个强奸未遂的故事。作品分三条线索展开叙述：一是“我”与企图强奸者在楼梯转弯处的相逢、对峙到最后说服作案者放弃犯罪的过程；二是20世纪40年代中叶“我”母亲在乡村路上遇到一名苏联红军，当这名红军战士对母亲发生兴趣并将母亲衣服拽开时，战马受惊飞奔起来将他拖走，母亲因此得以虎口逃生化险为夷；三是因陌生男子拥抱而联想到若干年前在松花江边男友拥抱她时的感觉。尽管《转身》在现在与过去、真实与虚构间恣意穿梭，同时作者巧妙地运用了叙述视角的转换，展现了散文叙述观点的灵活性和开放性，但作品更为吸引读者，更为成功的地方，笔者认为是那些呈现式的叙述。举例来说，当那个陌生男子在楼梯转弯处从背后将“我”抱住时，作品将叙述的笔墨定格于“我”手中抱着的一包衣服上。先是写衣服“砰的一声落到了地上，溅起的灰尘像水波一样荡开又如花朵一样开放”。接下来描写声音：“这是一声闷响，地面给予包裹的反弹力如一片细嫩的禾苗被重重地压在一块石头下面，发不出一丝声音。”再接下来写味道：“它们被洗了又洗，纵横的纤维里充满了洗涤剂的香味。它们是不能接近灰尘和泥土的。灰尘是它们的敌人。”最后再写“我”的感觉：“此刻，它掉到了地上，在它们湿漉漉的时候，掉到了可怕的尘土里。我觉得是自己砰的一声滚了下去，顷刻间被尘土包裹。”① 在《转身》中，像这样呈现型的叙述可说是随处可见。作品以楼梯为场景，以“转身”为化解矛盾的聚焦点，以客观真实性和“我”的感受为前提，敏锐地捕捉住了生活的细节和人物的表情、动作及心理活动，并加以精细确切地描写。其间有说明，有叙述，有联想，有议论，有评价，

① 格致．金字塔［M］．呼伦贝尔：内蒙古文化出版社，2014：86.

有比喻和反讽，但这一切都服从于呈现或展示。这是 90 年代以后许多有志于散文革命的年轻散文家的一种艺术选择和创作倾向。当然，不只是新派散文家迷恋于呈现型叙述，即便是王安忆这样不算是新派的散文家，她的散文叙述也完全不同于“十七年”散文的叙述。如《死生契阔，与子相悦》这篇散文，叙述上海这座城市在新旧交替中的种种人情世态。作品分为五个部分，既没有传统散文的说明交代，也极少抒情和发表议论。作品只是抓住西餐社、上海弄堂等场景进行描述。这样，一方面是自由、散漫、舒缓的叙述；另一方面是对环境、人物和大量生活细节的真实呈现。于是，读者便在这种呈现型叙述中接近了生活的原生态，窥见了新旧交替时期上海普通人的生存状态和精神风貌，而这正是王安忆散文叙述的特点，也是她的高明之处。事实上，这种叙述风格的演变，在铁凝、张抗抗、阿来、余华等小说家的散文中也有明显的表现。

从叙述的声音来考察，中国散文的叙述声音也是随着时代的不同、社会环境的或严酷或宽松自由而呈现出不同的风采和韵致。“五四”时期是一个自由开放、众声喧哗的时代，因此这时期的散文迁流蔓衍，极其灿烂，既有名士风、隐士风、绅士风，又有绮丽、有劲健、有缜密、有含蓄的各种表现，而散文的叙述声音更是多姿多彩，其间有庄严的论说，有激愤的呐喊，有尖锐的抨击，亦有柔弱的咏叹、婉约的抒情，但其主导的叙述声音，却是闲谈或叫闲聊的语调。这种闲谈的叙述方式和语调，反映出了其时相对自由宽松的环境氛围，不仅拉近了叙述者与读者之间的距离，且十分贴近散文的本质。30 年代中期，散文主导叙述语调是强悍辛辣的“鲁迅风”和以林语堂、梁实秋为代表的“娓语风”，以及以何其芳为代表的“独语体”。30 年代后期到新中国成立后的“十七年”，由于社会矛盾的尖锐激烈、生活环境的严酷逼仄、意识形态的钳制，加之这时期散文领域里基本上是通讯、报告文学一统天下，这样一来，这时期散文的叙述语调从总体上看是高昂热烈、节奏明快的。这种叙述语调和节奏正好体现了这时期的时代精神，也能够满足散文的宣传需要。90 年代以后，由于文学生态环境的相对自由宽松，此时再也没有一个高高在上的意识形态强制散文作家只能“这样写”而不能“那样写”。于是散文的写作也就较为自由自在，作家的心态也较为平和放松，而放松了心态之后，散文的叙述声音也就像“五四”时期那样风采纷然、韵味各异了。

如果粗略地做些划分，笔者认为自 20 世纪 90 年代以来散文的叙述语调主要有如下三种。

其一，是以张中行、季羡林、金克木、汪曾祺、杨绛为代表的“学者散文”。这一路的散文继承了“五四”时期周作人及后来林语堂、梁实秋“闲聊风”的叙述语调，他们的散文在取材上相当随便，在结构上不拘一格，在语调上自由自在、平实自然，就像老朋友那样与你谈家常、谈童年、谈故乡、谈读书的经验体会。因为话题的随意性和谈话姿态的平等，这样读者就很容易受到感染，并进而认同他们的生活经验和思想观点。在笔者看来，这正是学者散文广受读者欢迎，并成为 90 年代以来散文的主流话语方式的重要原因。

其二，是以曹明华、赵玫、张立勤等为代表的倾诉式叙述语调。这一路的散文可能受到鲁迅《野草》的暗示，也可能受到 30 年代何其芳的“独语散文”以及萧红散文的影响，当然，更主要的是女性的天性使然。总之，她们的散文表现出了一种内倾性的私人写作倾向，而这种内倾性的写作体现于叙述语调上，便具有情绪化、感性化、心灵化和诗性的特点。这些女性散文家的叙述语调有的含蓄而朦胧，有的内敛而蕴藉，有的在倾诉情愫时带着温馨之味，有的在淡淡的感伤中透出韵律之美……她们散文中的句式和节奏，甚至断句的方式和标点符号的使用，都有别于学者的散文。正是这样的叙述语调和话语表达方式，营造出一种独特的语境，传达出女性作者敏感而丰富的主体感情和内心体验，并以一种感性的形式诉诸读者的心灵。

其三，是幽默与调侃相交织的叙述语调。这一路以王小波、韩少功、于坚、孙绍振、南帆、方方、叶延滨、方希等为代表。他们承接了梁实秋、林语堂、钱锺书、王了一的幽默传统而又有所发扬。即是说，他们的语言在幽默调侃的基调上又增加了反讽和智性的成分，因而他们的叙述语调具有更大的艺术张力，也更具现代感。在这方面，王小波、韩少功、于坚、孙绍振、南帆等颇具“黑色幽默”色彩的叙述语调自不必说，即便名气较小的方希，她的《轮回之所》《美臀》《关于坐怀不乱的三种假设》《青春期的典型事件》等散文，其叙述的语调客观冷静，从容老练中透出机智俏皮，且与特定的生活情景水乳相融。而她的反讽更是如南帆所说的“有些刁钻古怪。某些介于刻薄与幽默之间的句子隐含了令人生畏的锋刃”①。像这样的叙述语调，我们在“十七年”的散文中，甚至在林语堂、梁实秋那里也是极少见到的。事实上，“新散文”中的不少散文的叙述语调，也都具有这样的特点。

以上是从叙述方式和叙述语调两个维度来考察中国现代散文的文体演变。当然，20 世纪 90 年代以来散文叙述中的现代性还不止这些，下面笔者将进一步展开分析。

五、比喻性与跳跃断裂式叙述

评论家李书磊曾在一篇题为《散文作为一个问题》的文章中指出：“20 世纪以来各种文体都变化得近于变幻，五花八门地直令人眼晕；而散文却仍然保持着它几百年前的样子：一种高度的简单。所以可以说散文是现代文学中唯一存活着的古典。”② 的确，与现代小说、现代诗和现代戏剧的崇尚变革创新，“各领风骚三五天”相比较，散文明显地保存着较多的古典趣

---

① 南帆．散文：向各个角度敞开（代序）［M］//南帆，周晓枫．七个人的背叛：冲击传统散文的声音．北京：人民文学出版社，2004：代序 3.

② 李书磊．散文作为一个问题［M］//李书磊．文学的文化含义．上海：上海远东出版社，1998：78.

味。散文无论在观念、体式和创作手法上，都显得较为封闭和保守。正是这种古典趣味和理论上的故步自封，导致了散文一直在文学的边缘地带徘徊。所以，在21世纪，在振兴散文、建构散文理论的诉求下，散文有必要改变以往那种保守平稳、温文尔雅的形象，在内容题材等方面要“野”一些，要“杂”一些，在艺术经营上则要敢于“越轨”和“出格”。而在叙述中应敢于大胆引进现代主义的表现手法，保持一种先锋的姿态。在笔者看来，这就是散文“越轨”和“出格”的一种体现。

散文叙述中的现代主义因素，在创作上主要体现在以下两个方面。

其一，比喻性叙述。在文学创作中，为了使作品更具形象性和可感性，作家往往借助形象化的手段，如借助比喻、意象、象征等来叙事。散文的创作自然也不例外。但是应看到，自20世纪30年代中期到80年代，我国散文创作中的形象化叙述基本上是象征式或转喻式的叙述。前者如茅盾的《白杨礼赞》，郭沫若的《银杏》，杨朔的《香山红叶》《茶花赋》《雪浪花》等一类作品，这类作品一般以某个象征性意象作为全篇的核心进行叙述，但由于这些作品过于偏爱传统象征或曰公共象征，相对来说忽略了个体化的象征和想象力，这就大大削弱了叙述的神秘性和诗性。后者虽没有用一个总体性象征涵盖全篇，却喜欢采用比喻的修辞手法来叙述，不过这类作品的比喻性叙述也往往是一些带着装饰性的明喻，比如：“迷蒙云雾之中，忽然出现一团红雾。……就象那深谷之中反射出红色宝石的闪光，令人仿佛进入了神话世界。”（刘白羽《长江三峡》）或者：“绿，是播种者的颜色，是开拓者的颜色。”（袁鹰《枫叶如丹》）上面的叙述，作者采用的是雅各布森所说的以相邻性为原则的“转喻”式叙述，即将两个性质相近而又有想象价值的词语并置在一起。在这里，红雾、红色宝石、绿都具有光明、绚丽、充满生命活力的共同性质，它们都是美好的物象。作家之所以由它们联想到神话的世界、播种者的颜色和开拓者的颜色，并不是由于它们的形状、结构上的相似，而是它们在价值上的“邻近”连接。这种建立在简单的价值判断上的比喻，其特点是结构单一、内涵明晰简单，一般的读者都能理解喻体和喻本的关系，因此从某种意义上说，这种建立在转喻式的平面上向前发展的叙述一般是属于现实主义的。而隐喻式的叙述，一般来说更倾向于现代主义，它体现出一种鲜明的先锋姿态。

比喻式叙述是一种联想式的多元选择的叙述。它以主体和比喻式的代用词之间的相似性为基础，而它的叙述呈现出垂直的关系和潜沉式的特征。所谓垂直关系，指它不是一种横向的、在一个平面上的词与词的组合，而是句子中的每一个成分都存在着某种替换的可能性。所谓潜沉式叙述，是指这些隐喻大都潜沉于文字底下，它诉诸人的感官，却不做明确的投射和清楚的呈现。因而，它的隐喻意义既模糊又综合，为读者提供了多种解释的可能性。举例来说，在台湾散文家杨牧笔下，就有许多隐喻式的叙述。在《年轮》这篇探讨人的表里差异的长篇散文中，他大量使用了象征、寓言特别是隐喻的叙述。首先，题目“年轮”就是一个巨大的隐喻，它暗示着作者求新求变，不断否定自我，并要求自己时时保持表里如一的一种人生态度。而在具体叙述中，作者还插进了诸如“针叶林雨”“鲑鱼”“温暖的黑夜”之类的隐喻，这些隐喻都有它们的特指，又与全篇寓言抽象的形式互为照应，从而形成了对传统散文的叙事模式的跨越。类似杨牧的《年轮》这样以隐喻为主要叙述模式的散文，在我国台湾还可以举出不少，甚至在晚近的马华散文中，我们也看到了这种书写模式。比如在林幸谦的《狂欢与破碎》里，我们看到的“原乡”已不是黄河浪《故乡的榕树》里的原乡，也不是余光中笔下的原乡。由于作者采用了原乡神话的叙述，并在叙述中穿插进“飘零落叶”“晚城灯火”“灿烂烟花”“残破城堡”等隐喻，并让其不断重叠，若隐若现，这样，我们看到的原乡世界便不仅仅是吊诡的，而且是狂欢与破碎相交织的神话。

相较而言，大陆散文的艺术创新意识不及台湾，所以在采用隐喻叙述这方面起步较晚，敢于尝试的作家也不是很多，但不多并不意味着空白，比如钟鸣、刘烨园的一些散文，就运用了隐喻叙述的书写模式，收到了较好的艺术效果。

其二，跳跃断裂式的叙述。与比喻式叙述相比，这类叙述的姿态更具先锋的意味。它不但打乱叙述的时间，将过去、现在和未来糅合在一起进行大跨度叙事，而且打破时空界限，无视思维逻辑，在真实与虚构、寓言与纪实之间任意穿梭，从而达到对传统的叙述模式的颠覆。在这方面，台湾散文家杨牧的《年轮》《山风海雨》，余光中的《听听那冷雨》《蒲公英的岁月》等散文都有过出色的探索。在大陆的散文作家中，较早采用跳跃断裂式或叫“意识流叙述”的是张承志。他的《离别西海固》《静夜功课》等散文就没有简单地根据顺叙、倒叙、插叙进行时间顺序叙述，而是伴随着意识流动，让时空切换、场景重叠，现在、过去和未来交错。再如刘烨园的《自己的夜晚》也是一篇运用跳跃断裂式的意识流手法进行叙述的佳作。作者由“夜色一般潮湿”的“地气”，联想到多年以前在南国山坳的知青茅屋里读法捷耶夫致友人的信，以及如何在长沙街头风尘仆仆打听黄兴墓的情景；又联想到第一次读《广岛之恋》《巴黎对话录》时的场面；而后意识流动又像蒙太奇般闪现转换，回到现实中“我”在暮色笼罩的产楼前等待着儿子的降临。《自己的夜晚》正是借助于“夜”的意象和意识的流动，从更深层次上表达了“人”与“人”、“人”与“世界”之间的疏离，以及对于生存的惆怅而焦灼的痛感。这样的题材选择和思考意向，倘若用传统的叙述、议论和抒情的手法来表达，其思想的深度和艺术效果将大打折扣，而采用跳跃断裂式的意识流叙述则相得益彰、恰到好处。不过我们也注意到，也许由于更倾向于内心、受理性的约束较少的缘故，女性散文家在运用跳跃断裂式的意识流叙述这一点上较男性作家更为普遍，也更为出色。像周佩红的《偶然进入的空间》《一抹心痕》，斯妤的《心灵速写》，马莉的《黑色虫子及其事件》，蝌蚪的《家·夜·太阳》，黑孩的《醉寨》等作品，几乎都是以情绪的奔涌加以随意拼贴连接；或者捕捉偶然浮现的情绪、感觉乃至幻觉、潜意识，将散文写得既虚幻又真切，呈现一种灵动朦胧且不确定的意蕴。当然，这方面走得更远的是一批更为年轻，被有的批评家称为“新生代”的作者，比如胡晓梦、于君、曹晓冬、黄一莺等，她们的散文不仅在思想内容方面向传统发起了大胆和直率的挑战，在艺术方面，则是抛弃线性的叙述模式，增加虚构和想象的成分，让一个个意象，一系列的动作、感觉、潜意识纷至沓来，它们像一连串大幅度游移跳跃的音符，构成了散文的叙述进展状态和内在的律动。

跳跃断裂式或意识流叙述在散文中的广泛运用，是散文变革和创新的另一个重要生长点。尽管有些“新潮散文”描写的生活过于琐碎乃至无聊，传达的意绪过于玄奥晦涩，有些作品的结构过于支离破碎，因此现在为其鼓掌还为时尚早。但应当看到，当代散文向着感觉开放，向着人的心理意识掘进的努力，在散文创作中具有不容忽视的革新意义。

除了上述几方面的叙述革命，散文叙述中的现代主义因素还表现在有一些散文采用了反讽戏谑叙述，而另一些散文于叙述中穿插进诗歌的因素，比如采用诗句与散文句式交错混杂的书写方式等，更有的散文将随笔、小说、文论、传记、新闻、摄影融于一体，如杨牧的《年轮》、钟鸣的《旁观者》就是如此。也许，这些探索不一定能够成功，或者读者不一定能接受这样的散文。不过有一点可以肯定，这样大胆的探索对过于成熟、过于老成持重的散文是大有益处的。起码，它拓展了散文的叙述空间，给了我们某种艺术革命的新启示。

第八章 ◆

意象的文体意味

散文的意象，是文体研究在形式上需要重新探讨的另一个焦点。如果说叙述是散文文体革命的一个突破口，那么对散文意象的研究则是这种革命的深化。诚如大家所知，散文是最少约束，题材又最为广泛的一种文学体裁。大凡我们在日常生活中接触到的一切事物，大到宇宙之大，小到苍蝇之微，无一不可进入散文作家的眼底笔下。然而，散文题材的广泛和大小并不一定重要，重要的是如何将生活素材和人生经验转化为富于艺术质感，使之成为既具情采理趣又充满鲜活灵动的形象的“美文”。这其中，既需要作家具备非凡的理解生活、感悟生活的能力，需要巧妙的立意构思、谋篇布局，更需要作家具备发现和捕捉生活中的形象，并将这些形象按照审美诗性的要求巧妙娴熟地结合在一起的艺术技巧。笔者将散文作家的这种能力称为散文诗性意象的组构能力。

一、作为文体要素的意象

毫无疑问，审美意象的组构是抵达诗性散文的重要环节，但正如散文的诗性、精神性、生命本体、文化本体性等过去常常被人们忽略一样，散文的意象过去也极少受到散文研究者的关注。由于“五四”以来，我国的文学理论和批评一直处于西方文学理论的笼罩之下，而在西方的文学理论传统中，意象一般被视为诗歌的专利，这样一来，意象自然便成了散文的奢侈品，甚至有人认为意象根本上就与散文无涉。事实上，这对于散文是未必公平的。因为第一，意象不仅仅是诗歌的专有符号，它是一切文学作品的美感和意义的重要构成元素，当然它也属于散文，是构成散文的诗性不可或缺的要素；第二，在我国散文的历史长河中，早就有大量意象的浪花在翻腾闪跃，特别是古代的《庄子》，现代的何其芳、余光中等散文家的散文中，意象不仅丰富绵密，而且这些散文家组合建构意象的能力绝不逊色于诗人；第三，在我国古典散文理论中，虽也涉及意象这一概念，只不过“古典散文理论强调造意，而忽略造境；讲究文章平面的谋篇布局，而忽略立体的时空设计；强调笔法的翻新立奇，而不在乎意象的经营”①。所以当我们在探讨散文的诗性时，有必要借鉴我国古代和西方的意象理论，并结合散文的创作实际对意象这一概念进行新的整合。因为，意象就是“散文的诗学”，研究意象之于散文的功用和价值，必能“刺激散文新生命的发展”②。

那么，意象这一概念是如何形成的呢？如众所知，意象从先秦起就是我国古代散文美学的内核。尽管我国古代没有系统的意象理论，但对“意”和“象”这一术语的论述却是早已有之。比如我国古老的哲学典籍《周易》就有“圣人立象以尽意”（《易·系辞上传》）的记载，到了晋代的王弼，则有对意、象、言三者关系的精彩论述：“夫象者，出意者也；言者，明象者也。尽意莫若象，尽象莫若言。言生于象，故可寻言以观象；象生于意，故可寻象以观意。意以象尽，象以言著。”（王弼《周易略例·明象》）王弼

①② 郑明娳．现代散文构成论［M］．台北：大安出版社，1989：282.

在前人“意”与“象”的基础上，进一步阐述了意、象、言三者之间的因因相长、相递派生的内在联系。尽管王弼关于意、象、言的论述主要属于哲学范畴的辨析，而非关于美学方面的传达，但他对意、象、言的辨析无疑为“意象”这一概念的诞生奠定了认识论的基础。当然，在建构“意象”的过程中，功劳最著的当推南北朝的刘勰。在《文心雕龙·神思》篇中，刘勰这样阐释意象：“使元解之宰，寻声律而定墨；独照之匠，窥意象而运斤。”刘勰不仅创造性地将“意”与“象”组合成一个词语，从而结束了“意”与“象”分离的历史，使其成为一个整体的概念；更主要的是，他将“意象”从哲学的范畴引进到审美的领域，并特别强调创作主体在熔铸意象中的作用，这就使得意象在文学创作和欣赏中的价值大大地突出了，同时这种意象观的确立对散文文体的觉醒也有着重要的意义。不过也应当看到，由于中国古典文论的含蓄玄妙、空灵飘忽，强调“象外之象”“言外之意”，这样一来，古典文论中的术语便不可避免地带有含糊、多义和不确定的特征。大致来说，古代文论中的“意象”概念涵盖了诸如“比兴”“隐秀”“喻巧”“文思”“气象”“兴象”“境象”等方面的内涵，因此严格来说，我国古代文论中的“意象”，与我们今天所理解的现代意义上的意象还有较大的距离。

现代意义上的意象内涵的体认，很大程度上得益于20世纪初美国意象派诗人庞德。庞德不仅对意象概念做出了有别于传统的界定：意象不是一种图像式的重现，而是“一种在瞬间呈现的理智与感情的复杂经验”，是一种“各种根本不同的观念的联合”。① 他同时还通过具体的创作实践来印证他的理论，那首著名的短诗《在一个地铁车站》就是他的意象理论的最好注脚。当人们的审美眼光从幽灵般的黑黝黝的“面孔”滑向“湿漉漉”的“黑色枝条”，再滑向充满生机的“花瓣”时，人们感受到的难道仅仅是一

① 韦勒克，沃伦．文学理论［M］．刘象愚，刑培明，陈圣生，等译．北京：生活·读书·新知三联书店，1984：202.

种鲜明可感的形象吗？不，那是一种理智与感情交织着的复杂的经验。这短短的两句诗，包含着庞德多少内在的、深邃的、难以言说的意念啊！所以，颇具洞察力的韦勒克和沃伦在《文学理论》中认为："意象是一个既属于心理学，又属于文学研究的题目。在心理学中，'意象'一词表示有关过去的感受上、知觉上的经验在心中的重现或回忆，而这种重现和回忆未必一定是视觉上的。"① 也就是说，作为文学作品意义构成的基本要素之一，意象是一个复杂多义的概念，从一般的层面上理解，它不单是诗人或作家"心物交融"的产物，更是"人心营构之象"，即意象首先是一种心理的表象，是诗人或作家在内心对过去生活经验进行回忆与重现，而后再融进客观的景物构成形象。换言之，意象是经作者的心理、情感和意识多重综合而构成的一个或多个词象组合，是心和概念表象与现实意蕴的统一。同时，它也是一个充分生命化了的具有质感的词语，它飘浮于感性与理性、形态与意义之间。从意象的类型来看，有视觉意象、触觉意象、嗅觉意象、味觉意象、听觉意象等，此外，还有静态意象和动态意象。就意象的构成而言，则有单一意象（或叫"单象意象"）、组合意象、意象群乃至系统意象等等。由于上述意象的分类和构成是针对一般的文学特别是诗歌而言，加之这些问题在韦勒克、沃伦和郑明娳等人的论著中都有详细的分析，② 故而在这里笔者不准备对意象的一般化类型和构成展开进一步的探讨，而是侧重于考察散文意象的类型及构成因素，以及20世纪的某个时期散文意象的发展流变。

---

① 韦勒克，沃伦．文学理论［M］．刘象愚，刑培明，陈圣生，等译．北京：生活·读书·新知三联书店，1984：201.

② 顺便指出，郑明娳教授对散文意象的论述有许多精彩之处，但她只是一般地对意象的类型和构成进行分析（这些分类和构成事实上也适用于诗歌），而未分辨出散文意象与诗歌意象有什么区别，以及散文意象的独特之处，这是令人遗憾的。

二、散文意象的主要类型

作为文体的基本元素，散文的意象与其他文学体裁的意象有相同之处，同时它又有着自己独特的表现形态。从总体来说，诗歌的意象比较单纯凝练、峭拔新尖，其跳跃性要大一些；散文的意象则往往借助于虚实结合的记叙与描写，构成一种虽零散，却是多重组合的画面，其思路的推进也较为平缓和连贯。而且，诗歌意象较含蓄朦胧、缥缈玄妙，散文的意象虽也有象征、通感和隐喻之类，不过与诗歌相比还是要明确浅显一点。根据散文意象的概念内涵和审美特性，笔者认为散文的意象主要有如下几种类型。

第一，精致的或繁富的意象。韦勒克和沃伦在讨论文学作品的意象时，引用了威尔斯的意象类型学的理论。威尔斯将意象分为七种类型，精致意象和繁富意象是其中的两类。不过按笔者的理解，精致意象与繁富意象归为一类更为合适。它们的特点都是一种整齐划一的视角意象，而且往往总是与节日庆典或明丽欢快的意境结合在一起。这一类型意象不但精致，装饰意味较浓，而且意蕴较单纯浅显。“它把‘两个含义宽阔而具有想象价值的词语’并置在一起，两个宽阔、光滑的平面以面贴面的形式接触。”① 换言之，这类意象的构成是建立在简单的价值判断之上的。比如艳丽的玫瑰之于漂亮的女人，和谐的乐曲之于美丽的心灵，等等。尽管韦勒克和沃伦在印证这类意象时选取了彭斯的诗作为例子，但在笔者看来，精致或繁富的意象更是属于散文。我们只要略为考察20世纪的中国散文，就可轻而易举地找到大量以精致或繁富的意象入文的例子。比如冰心的散文就是如此。在《笑》这篇较能体现冰心散文审美风格的作品里，作者逆时序叙写了三个不同人物对“我”微笑的情景：先是在“雨后”“清光”“光云”的背景下的安琪儿“抱着花，扬着翅儿，向着我微微的笑”。接下来是五年前的古

① 韦勒克，沃伦. 文学理论［M］. 刘象愚，刑培明，陈圣生，等译. 北京：生活·读书·新知三联书店，1984：220.

道边，“流水和新月”里的农村小孩的“微笑”。最后是十年前，在“麦陇和葡萄架”下，抱花倚门的老妇人对“我”的微笑。在这里，“雨后”“清光”“光云”“流水”“新月”“麦陇”“葡萄架”以及对“我”微笑的人物手中抱着的花，这些意象都是美的、善的和欢乐的象征，它们之所以反复在作品中出现，不仅是因为可以给读者造成视觉上的美感，更主要的是这些精致或繁富的意象外表上的“美”与作品主题的“爱”在价值上是一致的。正是这种“美”与“爱”的融合，构成了冰心散文纯洁、清丽和脱俗空灵的艺术境界。明白了这一点，我们就不难理解为什么冰心的散文中有这么多的星、光、云、霞、月、影、风、雪等意象，因为这些意象在价值上吻合了冰心那颗冰清玉洁的“散文心”。借助这些美好的物象，冰心获得了对大自然的独特的感悟。在当代的散文作家中，郭风的散文中也有着大量的精致或繁富的意象。只要翻开他那些颇具诗情画意的散文，触目可及的皆是大自然中的美好事物：会跳舞的树叶、会唱歌的小草、会互相祝福的花儿……此外，还有在岩石之间飞翔的蜻蜓，在草叶上爬行的蜗牛，沿着吊篮的花穗攀上池岸的小螃蟹……这些都是单纯美好、天真烂漫的意象。不仅如此，郭风笔下还常常展现出自然界中美丽快乐的色彩：杜鹃花是红的，辛夷花是雪白的，蔷薇是黄色的，太阳花是深紫色的，还有黄、红、白相间的玫瑰花等意象。也许，我们可以说冰心、郭风等散文家笔下的精致或繁富的意象过于浅显明晰，缺少一种深刻含蓄的意蕴，甚至我们还可以苛刻地指出这类意象由于有一套固定的“套语”，因而多少带有一些装饰性的意味，不过我们在指出这类意象不足的同时也应看到，冰心特别是郭风执着于这种意象的经营，其实传达出了他们对生活的独特思考和把握，这就是通过精致或繁富的意象营造一个快乐单纯和美丽的童话世界，以此来抗拒现实生活中的种种丑恶，并使美得以升华。

第二，象征性意象。象征和意象由于都是通过形象来表达作家的思想或观念，因此常常被研究者混为一谈。其实，象征和意象是既有联系又有区别的。它们的联系在于都具有寓一般于特殊、化抽象为具象的特征。它们的区别在于意象重“瞬间感受”的“呈现”，且以“心象”为基础，而象征作为“托物寄兴”的一种诗学手段，它更依仗于修辞上的比喻或“暗示”，即以甲事物来暗示乙事物。此外，意象概念的内涵相对较小，而象征的内涵则要大一些，也稳定牢固一些。按韦勒克、沃伦的说法，象征“具有重复与持续的意义。一个‘意象’可以被转换成一个隐喻一次，但如果它作为呈现与再现不断重复，那就变成了一个象征，甚至是一个象征（或者神话）系统的一部分”①。亦即，任何象征都是建立在意象之上的，没有意象，也就谈不上有象征。不过就散文创作来说，象征与意象在很多时候都是结合在一起的，所以笔者将其称为象征性意象。以茅盾的《白杨礼赞》为例，白杨本是一个意象，但经过作者的不断描写和反复呈现，它便有了持续的意义，变成了一个象征，即以白杨正直质朴严肃的形象，象征着质朴刚强的北方农民。这一类的象征性意象，在20世纪40年代至新中国成立后17年间的散文中特别多见。如杨朔的《雪浪花》，以海边冲击礁石的“雪浪花”这一象征性意象，象征老泰山打江山、建江山的革命精神。《海市》则以海上出现的幻景——海市，象征欣欣向荣的社会主义新渔村。《香山红花》以“经过风吹雨打的红叶，越到老秋，越红得可爱”的“红叶”意象，象征老向导的人老心红。《茶花赋》以早春二月的童子脸茶花，象征社会主义祖国的青春面貌。再如陶铸的《松树的风格》，以松树象征共产党人高风亮节、无私奉献的品格。杨石的《山颂》，以大山的意象象征老区人民的坚忍和伟大。以上这些散文都是以象征性意象来建构散文艺术的名篇。需要指出的是，上述的象征性意象虽能加强散文的形象感和诗意，但由于这些作者在运用象征性意象来表达主题时，过于偏爱传统象征或曰公共象征，而相对来说忽略了对个人象征的营构，这就在很大程度上削弱了象征

① 韦勒克，沃伦. 文学理论［M］. 刘象愚，刑培明，陈圣生，等译. 北京：生活·读书·新知三联书店，1984：204.

性意象的神秘感和含蓄蕴藉的意味。相较来说，同是运用象征性意象，何其芳《画梦录》中的“墓”“古宅”“楼”，刘成章散文中反复出现的“羊”以及叶梦散文中的“女山”这一类象征性意象，无论是从传达作者的主观情意，还是从审美的效果来看，都要远胜于前一类的象征性意象。

第三，叠合式意象。这类意象组构不同于并置式组接的手法，后者一般是将两个意象不加评论地并置在一起，由此产生一种陌生化的审美效果，如庞德《在一个地铁车站》中的“脸孔”和“花瓣”的意象，就是一个典型的并置式意象。再如温庭筠的诗句：“鸡声茅店月，人迹板桥霜。”这里的“鸡声”“茅店”“月”“人迹”“板桥”“霜”六个意象，都是并置式的组合。像这样的例子在诗歌中还有很多，因此能否这样说，并置式意象组合更多地见诸诗歌的创作中，而散文作家则更乐意于叠合式意象组构？所谓叠合式组构，是散文作家根据主题表达的需要，对某一物象进行不同层面、不同时空的累积性描述，即将一个意象叠加在另一个意象上，使作品由单调渐成丰富，由平面而趋于立体。以王充闾的《小楼一夜听春雨》为例，作品的中心意象是“听雨”，为了突出听雨的效果，作品先写梦中听雨的情景，再回忆童年对雨的印象，而后借助回忆与联想，写了杜甫诗中的“苦雨”、宋代诗人曾几“梦回凉冷润衣襟”的“喜雨”，以及陆放翁“忽闻雨掠蓬窗过”的“豪雨”，正是通过对“雨”这一中心意象的层层叠加，大大丰富了雨的寓意，使雨既成为表现主体的对象，又成为负载散文情怀和对古人思念的情感符号。郁达夫的《故都的秋》也是运用叠合式意象的典范。这篇散文的中心意象是“故都的秋味”，还有“秋的色，秋的意境与姿态”。作者巧妙地避开了对人们熟悉的北京那些名胜古迹的叙写，把视角对准京城普通人家的庭前院后，特别是存在于北京人感觉上和心灵上的浓郁秋意，并在“故都的秋”这一总体意象的统率下，逐次写了小院品茗及静观白光和牵牛花、槐树落蕊及清扫的感觉，以及“秋蝉的衰弱的残声”“北国秋雨所带来的秋凉”“北方的枣树及清秋的佳日”等五个画面，这五景如果单独分开，自然显得较为平淡一般化，但若叠合在一起，就构成了北京秋天特有的那种来得清、来得静、来得悲凉的秋味。其意象的意蕴也就由单薄变为丰富，由平淡变为浓郁了。类似《故都的秋》这样围绕一个中心累积叠加意象的作品，还可以举出刘白羽的《日出》、黄河浪的《故乡的榕树》、朱自清的《冬天》等，此处不做详细分析。

第四，潜沉或扩张式意象。与上述三种意象组构相比，这是一种较为复杂和多义，相对来说也较为高级的意象组合。潜沉，也就是潜沉在“全部视觉之下”①。它诉诸感官以形象性、可感性，但不是简单地将两个有价值的词语并列在一起，更不会明确清晰地予以呈现。因此，潜沉的意象接近于隐喻意象。而扩张意象，则是发散式的富于想象力和创造性的意象组构。它往往以一个意象为基点，而后辐射开来，呈丰富纷纭、绵延不断的发散状态。下面我们先来看潜沉的意象。就散文来说，潜沉的意象在台湾的散文中较为普遍。如王鼎钧的《那树》，其主旨是批判工业社会的发展对生态自然的破坏，但作者没有将这种批判浅表化，而是极力渲染老树悲壮苍凉的生命历程、它的奉献精神，以及人们对老树的怀恋。至于老树的名字叫什么，老树具有什么品格，甚至老树象征着什么人，这些在作者看来都不重要，重要的是作者对老树的生命感受和体验以及老树这一潜沉意象最深层的隐喻意义——不仅有对当前社会中工业文明对传统文化蚕食的担忧，也有苦涩心境的揭示、无私奉献的无奈、自我选择的自豪。由于作者采用隐喻的形式，在潜沉的层面上，对老树进行多层次、多侧面的描写，于是，《那树》也就不同于茅盾笔下的白杨或黄河浪散文中的故乡榕树，而有着一种更为深邃、更为隐蔽多义的思想意蕴。这样的散文，在台湾还可举出杨牧的《年轮》、冯青的《消失的街道》、林耀德的《地图思考》等等。以上分析的是台湾的散文创作，就大陆的散文创作来说，潜沉式意象

① 韦勒克，沃伦．文学理论［M］．刘象愚，刑培明，陈圣生，等译．北京：生活·读书·新知三联书店，1984：201.

受到青睐应该是20世纪90年代以后的事情。由于一批被称为“新生代”散文作家的涌现，他们不再满足于五六十年代甚至80年代初期那种结构单一、内涵明确的明喻式意象组构，而倾向于营造晦涩含糊、具有多义性的潜沉式意象，这样，在90年代的新生代散文创作，比如在《上升》等集子中，我们接触到了大量这样的句子：“只看见风的线条，它是飘扬的旗帜是纷飞的树叶是荡漾的黑发是我手中燃着的香烟”；“炫目的阳光呼啸而来，洒了我一脸一身，我跳起来冲它招招手，更多的阳光扑过来，弄得我鼻子痒痒的”。这里的意象，无一例外都是隐喻潜沉的，因而也是既多义又综合的。它为读者提供了多种解释的可能性，并激起读者丰富的联想，给他们以新奇感。

扩张式的意象，主要以台湾散文家余光中的散文创作为代表。余光中在《剪掉散文的辫子》中一再强调现代散文的弹性和密度。在他看来，这种弹性和密度不应仅仅指语言的锤炼加工，还应包括意象的组合创设，即在散文中增加意象的宽度和辐射力，使其更加奇警新尖，更具艺术的冲击力。于是，我们看到，当他开车在南基岛上奔驰时，他的眼前出现了这样的意象：

> 在纯然的蓝里浸了好久。天蓝蓝，海蓝蓝，发蓝蓝，眼蓝蓝，记忆亦蓝蓝乡愁亦蓝蓝复蓝蓝。天是一个珐琅盖子，海是一个瓷釉盒子，将我盖在里面，要将我咒成一个蓝疯子，青其面而蓝其牙，再掀开盖子时，连我的母亲也认不出是我了。我的心因荒凉而颤抖。台湾的太阳在水陆球的反面，等他来救我时，恐怕已经蓝入膏肓，且蓝发而死，连蓝遗嘱也未及留下。①

这篇散文由视觉意象“蓝色”写起，先是自然的蓝而后扩张到人身上的蓝。接下来连用两个譬喻性意象，进一步扩张这种蓝的感觉。不仅如此，

---

① 余光中．南太基［M］//余光中．余光中散文选集：第2辑．长春：时代文艺出版社，1997：27.

蓝的意象中又夹进青蓝，而且用极度夸张的手法，写这蓝将“我”“咒成一个疯子”，使我“蓝入膏肓”“蓝发而死”。长短参差、叠字与排句式行文交替运用，再加上丰富的想象、密集复叠的意象，读之不仅使人满眼皆蓝，而且感受到一种不同凡响的蓝的压力。余光中的其他散文，也大抵以一个意象为基点，而后一层一层扩张，大面积辐射过来。如《蒲公英的岁月》写蒲公英的被放逐：“蒲公英的岁月，一吹，便散落在四方，散落在湄公河和密西西比的水浒……蒲公英的岁月，流浪的一代飞扬在风中，风自西来，愈吹离旧大陆愈远。他是最轻最薄的一片，一直吹落到落矶山的另一面，落进一英里高的丹佛城。”由蒲公英的飞向四方，到“我”的灵魂被放逐，“我”的远游，“我”的胃交给冰牛奶和草莓酱，“我”的脸交给新大陆的秋天，发交给“落矶山”的秋天，茫茫双眼交给青翠的风景。用借代的手法，不断地将意象扩张，从而产生一种特殊的艺术效果。当然，最能体现余光中这种营构意象特色的，是他的名篇《听听那冷雨》，这篇散文的意象可谓五彩缤纷、丰富繁复，其意象的密度就像春草那样茂盛。然而《听听那冷雨》的扩张式意象又有其特点：一是它的隐喻性象征随处可见，而且常常将比喻和联想、烘托等手法一并运用。二是它的通感意象的运用。在作品中，雨既可视，又可听可触可嗅。听本应侧重雨的听觉意象，但作者却用触觉意象“冷”来形容，使听觉向触觉、味觉移动，从而打通各个感官的通道，多视角、多层次地渲染了“雨”这一意象。三是《听听那冷雨》中既善于化解古典文学或古籍典故为鲜活的意象，又善于将自我的意境与眼前的景物融为一体。此外，作品中既有杏花、春雨、江南，“整个中国整部中国的历史无非是一部黑白的片子，片头到片尾，一直是这样下着雨的”这样宏大的意象，又有“古老的琴，那细细密密的节奏，单调里自有一种柔婉与亲切，滴滴点点滴滴，似幻似真”这样细小的意象。正是历史与现实的穿插，大小意象的映照，激发起读者无尽的遐想。很显然，余光中笔下的“雨”意象与王充闾笔下的“雨”意象是不同的。王充闾的《小楼一夜听春雨》，是在“雨”这一中心意象统率之下，将有关“雨”的诗词和记忆叠合组构在一起，其逻辑线索较为清晰，层次的递进较为有序；余光中的《听听那冷雨》则是将雨编织进一个庞大的整体审美意象系统中，他的思绪是放射性、跳跃性的，所以他散文中的意象也就成了扩张性的意象。

从以上对意象类型的分析，可以获得这样的认识：散文的意象有浅层和深层、低级和高级的区别。大体来说，精致或繁富的意象由于较简单清晰，又多少有装饰意味，因而是属于较低级和浅层的意象范畴；象征性意象中的公共象征因缺乏独创性而流于浅显和落套，个人象征由于作者对生活的独特理解和感受，因而是深层和多样的；叠合式意象组合，可以认为是意象序列中的中间状态；至于潜沉或扩张式意象，无疑是深层的、高级的意象组合甚或意象系统。如果当代的散文作家在此类意象的经营中多花些力气，则当代的散文创作就有可能获得更丰富多样的诗性。这也是笔者之所以用了这么多篇幅来分析潜沉或扩张意象的原因。

三、意象的组构创造

意象的组构创造是一项十分复杂的审美意识活动，同时也是散文必须面对的一个课题。现代的散文要从一览无余的抒情到节制的抒写，从直白说明到间接呈现，从模仿现实到超越现实，就必须重视对散文意象的组构创造。当然，相较于叙述、描写和议论，一般修饰手法的运用以及意境的营造，意象的组构创造无疑是最为复杂、最为艰难的。所以在组构创造意象时，必须遵循如下的美学原则。

其一，意象的组构创造忌单一、直白和落套。意象作为一种瞬间呈现的理智与感情的复杂经验，是一种视觉、听觉、触觉以及各种观念的聚合，它实际上深含着作者许多内在的、不可言说的理念。我们知道，意象可以作为一种“描述”，一种形象存在，也可以作为一种隐喻给读者以暗示。从这个意义上说，意象是反映的，又是呈现的；是直接的，又是间接的；是写实的，又是想象的；是确定的，又是流动的……总之，意象的最美妙的存在状态，应是它的暗示性、模糊性、多义性和超越性。令人遗憾的是，20世纪的很多散文作家，甚至包括一些散文名家并没有真正意识到意象的这一特性。他们的散文中不是没有意象的组合，但总是失之于太浅、太白、太简单化。明显的例子是20世纪三四十年代以后的一些散文，如茅盾的《白杨礼赞》，此文采用了传统的比兴手法，用白杨的外貌和性格比喻北方的农民的外貌和性格，不但意象的组构较单一，内在的意蕴也太明确浅显。而郭沫若的名篇《银杏》，意象更是单薄浅显："银杏，我思念你……你这东方的圣者，你这中国人文的有生命的纪念塔，……我是喜欢你，我特别地喜欢你……是因为你美，你真，你善……你的株干是多么的端直，你的枝条是多么的蓬勃，你那折扇形的叶片是多么的青翠，多么的莹洁，多么的精巧呀！"有激情、有形象、有联想，语言也瑰丽畅达，但此文的致命处在于作者在创造意象时，只注意外在的渲染而不注意对意象的内在意蕴的发掘，加上感情上的一泻无余，表达上的毫无节制，这样，"银杏"的意象塑造总体来看是失败的。及至杨朔散文中的那些意象，似乎又失之于老套，所以也就难以引起今天读者的激动。相反，鲁迅、沈从文、何其芳、冯至、钱锺书等的散文中的意象由于有个人的创造，加之其意象较为丰富、多义和深邃，因而即使在今天，仍然能引起读者阅读的兴趣。至于以余光中为代表的台湾散文家，因其散文之中的意象化程度更高，其意象的组构创造更为巧妙纯熟，故而他们的散文更能获得大陆读者的喜爱。

其二，意象与语境的整合。意象建构的意识流动过程，呈现的是一种整体的活动图式。即是说，意象个体的生成不能离开整体的意象体系而独立存在。正如完型心理学的代表人物考夫卡所指出的那样："假使有一种经验的现象，他（它）的每一成分都牵连到其他成分；而且每一成分之所以有其特性，即因为它和其他部分具有关系。”① 这表明，意象个体的生成和功能都受到整体的制约，只有在整体，在整个意象语境的流程中，个体的意象才能显示其意义。比如说“枯藤”“老树”“昏鸦”……若单独挑出一词，它只是一个孤立的意象，并不具备审美的意义。而倘若我们将“枯藤”“老树”“昏鸦”……放置进特殊的语境中，让这些意象个体与整体发生联系并由此构成一幅画，这样，这些个体意象就进入了特定的审美情境，激发起读者欣赏的想象空间。散文的创作也是如此。如果余光中只是孤立地呈现“雨”的意象，而没有调动听、视、触、嗅等种种感受，将“冷雨”与游子的思乡之情、少年生活的回忆、古诗画的意境和现实的观感聚合成一个整体，那么可以肯定，余光中的“冷雨”或“鬼雨”绝没有如此大的艺术魅力。同理，何其芳早期散文中经常出现的“黄昏”“迟暮”“秋天”“白霜”“冷雾”“荒野”“沙漠”“冷泪”“坟”“古宅”“梦”等意象能够产生一种挥之不去的孤独的凄美，是因为这些意象与何其芳那时的苦闷寂寥的心境，和作品的整个“独语”的语境是相生相长、互为联系的。于是，在个体意象的腾涌和整体意境的相互作用下，何其芳早期的散文便弥漫着悲愁、忧伤而又轻柔曼妙的氛围。可见，个体的意象必须作为文学作品整体中的一个要素组合于语境中，意象才能产生它的审美意义。

其三，时空设计与逻辑思维。散文作家在创造意象时，不能只停留在一个点，即单象意象上，而是要让意识不断向前延伸、扩张，将几个意象连接起来，构成一个相对完整独立的多重意义空间甚至意象体系。此外，还应看到，在建构意象过程中，各个意象的状态并不是线性平面的，而是呈现一种立体的结构，就像大海中的浪花一簇一簇向前奔涌一样。正由于意象的建构有这样的特征，所以，我们将意象的建构称为时空的建构。这个时空的设计既是物质的，也是虚拟的，甚至是梦幻的。我们看到，凡是

① 高觉敷．西方近代心理学史［M］．2版．北京：人民教育出版社，2001：324.

优秀的散文在意象的时空设计上都有着流动性、开阔性和立体性的特点。以余光中的《听听那冷雨》为例，作者以意象线索为艺术结构，由台北的厦门街到内地的厦门、江南、常州、南京，再由眼前的雨引出对少年时代江南杏花春雨的回忆，再联想到古诗中的雨趣，作品的时间交错、空间跨度相当大，但这篇作品真正的妙处却在于通过视觉、听觉、嗅觉、触觉等感官意象的综合建构了一个立体的叙事空间。正是这个叙事空间，形成了一种独特的艺术氛围，它涌动着、回旋着、弥漫着，幻化出各种美妙的图案和色彩，传达出各种声响和气味，使读者回味无穷。自然，在建构意象的空间层面时，不能够违背正常的逻辑思维，以及生活的真实性和心理的真实性。只有符合生活、心理和情感的真实性，意象的建构才有坚实的依托，才经得住读者反复品味。此外，散文中的意象化固然要大力提倡，但如果意象过于密集，满纸都是密密麻麻的意象，也未必是好事。过于密集的意象有时会抵消作品的美学效果，甚至会造成文意的阻塞。所以，一方面要求散文意象化；另一方面又要从善如流，有所节制，这样才不至于适得其反。

意象的类型和构成还不止这些，这里只是从散文的创作和欣赏的角度对意象做一粗略的探讨。这些探讨其实都是基于这样的前提：意象不仅是诗性散文特有的凝聚物，是构成散文美的一个重要组成部分，还是文学的一种内在形式，是文学获得现代品格的一种重要方法和手段。因此研究意象，既能更好地帮助我们认识文学的内在形式和本质，又可以促进当代散文在现代化的语境中茁壮成长起来，并日益显示其艺术上自由创造的本质，以期获得它应有的地位和尊严。

第九章 | ◆

散文文体与散文意境

尽管意境是文学研究中一个古老的话题，却是一个值得反复探问的问题，特别是对于现代散文文体研究来说，绕开“意境”这一诗学的概念简直是难以想象的。这里的原因有三：一是作为中国古典文论的核心范畴，意境本身就是一种文体元素的呈现，或者说是文体研究的题中之意；二是在过去，一般人都认为意境是诗歌的专利，至于散文中的意境，充其量也只是一种附属物或点缀，因此很有重新确认的必要；三是以往的散文研究者谈意境，极少将散文的意境和诗歌的意境区别开来，更没有归纳、概括出散文意境的文体特征。因此，本章拟就上述问题展开探讨。

一、诗境与文境

探讨散文的意境，首先要看到，散文意境和诗歌意境在本质上是一致的。即是说，散文作家和诗人一样，都是以审美的理想和审美的方式探讨散文的意境，而散文意境和诗歌意境在本质上是用来观照自然、社会和人生；且他们都在追求唐代诗人王昌龄所说的物境、情境和意境的结合，并尽量使主观之内情和客观之外境达到交融。但是，倘若细加体察，我们又可发现因文类的不同，散文的意境即“文境”与诗歌的意境即“诗境”又存在着不容忽视的差异。这种差异，主要表现在以下三个方面。

第一，造境与写境。王国维在《人间词话》中说：“有造境，有写境，此理想与写实两派之所由分。”王国维在这里指的是诗词的造境与写境，他认为造境是理想的，而写境则倾向于写实的笔调。笔者认为，如果我们循此思路，以造境与写境来区别诗歌和散文的意境营造，也许对这两种文类的艺术特征和审美方式会有新的认识。因为诗歌文类的独特性和规定性，决定了诗歌更趋向于“造境”。即是说，由于诗歌是一种高度集中凝练且悬浮于“日常生活”之上的文类，所以诗人在创造意境时，更喜欢借助想象、象征或幻想，营造出一个个飘忽空灵、可感而不可触的虚化的理想境界。所以，司空图早就在《与极浦书》中指出：“诗家之景，如蓝田日暖，良玉生烟，可望而不可置于眉睫之前也。”“诗境”之妙处，正在于其既不脱离现实，又不黏合于现实，即所谓不即不离，似与不似之间。对于诗来说，写得太实、太细、太具体，可能会使意境顿失，更不可能产生什么“言外之味，弦外之响”。而与诗歌的造境不同，散文更侧重于“写境”。它偏重于实情实境的叙述，特别是对生活场景和生活细节的描绘。虽然散文也需要想象联想，也有意象的营造以及借助外景来抒发感情等，但这所有的一切都发端于“实境”，都是透过具体真实和确定性的描述，而后才形成一种情与景汇、意与象通的艺术境界。

关于诗歌与散文在创造意境上的差异，文学史上有大量的例子可资证明。比如李白的诗《月下独酌》和台湾散文家张秀亚的散文《杏黄月》，两者都是以月亮作为书写对象，都有着极冷清宁静的意境，但两者的意境构成，又有很大的不同。读李白的诗，我们首先感受到的是诗人洒脱不羁的浪漫情怀和超拔的想象力：

花间一壶酒，独酌无相亲。
举杯邀明月，对影成三人。
月既不解饮，影徒随我身。
暂伴月将影，行乐须及春。
我歌月徘徊，我舞影零乱。
醒时同交欢，醉后各分散。
永结无情游，相期邈云汉。

在诗中，孤独的诗人无亲无友，于是举杯邀请天上的明月到凡间与“我”一同饮酒。尽管月亮、影子与“我”做伴的时间很短，但“月既不解饮，影徒随我身”“我歌月徘徊，我舞影零乱”。你看，“我”、明月和月光下“我”的影子是多么地相融相偕忘情啊！以至于月亦忘了月，“我”亦忘了是“我”，影子也不再是影子。不仅如此，“我”和月亮与影子还约定：下次再到“云汉”上痛饮。诗的意境十分诡异、飘忽和空灵，它不仅流露出了“诗仙”企望脱离现实生活乘风而去的理想，而且它的“造境”高度凝练概括，思绪呈跳跃状态，而时空则相互交错，总之其意境是“抽象虚化”的。而张秀亚的《杏黄月》虽然也有丰富的想象，比如由“鱼鳞上的银光，在暮色中闪闪明灭”，想象到“那不是人生的希望吗？闪烁一阵子，然后黯然了，接着又是一阵闪光”。还有由“杏黄色”的月光，想象到她当年那件杏黄的衫子。此外，还有大量的意象的描写，如“水草，是的，她觉得心上在生出丛密的水草”等，同时作者还运用了通感手法来缘情赋景。但我们更应注意的一点是，张秀亚在营构散文的意境时，融进了许多写实的因素。或者说，她是以日常生活为基础来展开她的艺术想象和“写境”的。具体的例子是作者用大量的笔墨来描写门外街上“开始嘈杂”的人声和乘凉的人们，描写女孩和老人关于月光的对话和箫声，特别是由“杏黄月”联想到年轻时校园的浪漫岁月。这些都是基于作者的个体经验，而且都十分具体可感。很显然，它们是《杏黄月》的意境不可分割的一部分。

可见，散文的意境一般是由“写境”构成的。当然，无论是诗还是散文，在创造意境时常常采用虚实结合的手法，既不存在绝对的“写实”，也不存在绝对的“写虚”。因此，所谓的“造境”与“写境”之说，也只能是相对而言。

第二，凝练集中与松散随意。这是诗歌与散文在创设意境过程中的第二个区别。如众所知，诗歌的特点是在表现生活时要求做到高度的浓缩集中和概括。为了用最少的字、最节约的诗行表达最丰富的感情和生活内容，它的用词造句极为简洁凝练，意境的展开较为迅速，且从意象的组合到意境的拓展存在着较大的跳跃性和断裂性，远远超出了一般逻辑思维的轨道。而与之相比，散文由于本质上的自由散淡，不修边幅，这样散文的意境也就较为疏散和随意。它的意境的展开较平实舒缓，从意境初展到拓展到层深有着明显的铺排和渲染的过程。而且它还特别注意细节、物象、意象的相互照应和连接的绵密。以上文引用的李白的诗为例，此诗的主旨是“行乐及春”和“永结无情”，描状的是“醒”和“醉”两种人生情态。为了达到这一境界，诗人先写孤独的“我”，再写“我”、明月和影子“三人”对饮的情景。在造境上，这一层次是从“花”联想到“春”，从“酌”联想到“歌舞”；同时，这一段的描写都是围绕着“我、月、影”三者展开。第二段的“饮”是“酌”的延伸照应，并由月和花发出“行乐及春”的议论。第三段紧接上段，从“行乐”联想到“我歌”与“我舞”，以及“醒时”和“醉后”的两种人生情形。最后落笔于“云汉”，寄望于无情的明月和影子，与“我”能再次在月下做有情的交换。全诗想象峭拔，神思飞动，意境既摇曳多姿、交互综错，又高度凝练集中。这样的造境，的确唯有李白这样的“诗仙”才能做到。再看《杏黄月》，作者一开篇便写眼中景：“杏黄色的月亮在天边努力地爬行着，企望着攀登树梢，有着孩童般的可爱的神情。”接下来写炎热的空气，写“桌上玻璃缸中的热带鱼，活泼轻盈地穿行于纤细碧绿的水藻间，鳞片上闪着耀目的银光”。而后笔调又收回来，描写“杏黄月渐渐地爬到墙上尺许之处了，淡淡的光辉照进了屋子，屋子中的暗影挪移开一些，使那冷冷的月光进来”。① 而当作品中的“她”在月光下读着老同学“画有星芒”的信时，淡淡的忧郁感不期然地袭上心头：“也许……也许……”她脸上的笑容，只一现就闪过去了，像那热带鱼的鳞片，倏然一忽，就被水草遮掩住了。有景，有情，有飘忽的意象，有人生哲理的沉思，以及由这一切构成的怡静、温馨和笼罩着淡淡愁绪的意境。但这意境并不是高度集中凝练，也不是跳跃和断裂的，而是随着行文的逐渐展开，由一个个优美的画面构成的。它们之间虽有内在的逻辑联系，但在结构上，画面与画面之间的关系呈松散随意的状态。而这，正是散文描情绘景的特点。所以，欣赏散文的意境，有时就如走在山阴道上，你可以悠闲随意地欣赏自然界的一幅幅丹青，没有喧嚣浮躁，没有任何功利之心，这样自然就能进入散文意境的堂奥。

第三，单维视角与多维视角。诗由于受到篇幅、句式、韵律等的限制，在造境时，一般采用的是单视角、短镜头的展示方式。尤其是那些古典诗词，展示的往往是一些片断景色，有时一首诗甚至一句诗便是一幅画。而散文因为不受篇幅长短的制约，不受句式、韵律、节奏等的束缚，加之表达上极其丰富、自由、灵动，这样散文在写境时，往往采用“多角度、长镜头地摄入，展示宽广的、立体的表现空间”②。而且其意境往往由多幅色彩各异、景深不一的画面构成。最明显的例子莫过于写雨境。孟浩然的《春晓》、杜甫的《春夜喜雨》、杜牧的《清明》，或从听觉，或从视觉，或从雨的形态来写雨境，尽管这些诗语浅情深、意境感人，但若从表现手法上看，它们所切入的视角都较为单一，所展示的画面的层深也不是十分丰富多样。而台湾散文家余光中的名篇《听听那冷雨》，不但从视角，还从听

---

① 张秀亚．杏黄月［M］//廖久明．人间名家经典散文书系：月．济南：山东文艺出版社，2013：143.

② 祝德纯．散文创作与鉴赏［M］．北京：中国社会科学出版社，2002：99.

觉、触角、嗅觉、味觉等方面来写雨。因此余光中所创造的雨境既是多维视角，也是长镜头和全方位的展示。再如同写岳阳楼，杜甫的《登岳阳楼》里虽有“吴楚东南坼，乾坤日夜浮”的名句，境界开阔雄浑，展示了诗人阔大的气度胸襟，但由于杜甫的诗只是单维视角地展现登上岳阳楼所见到的洞庭湖景色，所以它的意境虽高度浓缩却不够丰富多样。而范仲淹的名文《岳阳楼记》所展示的意境虽分散却更有层次感。其间既有“衔远山，吞长江，浩浩汤汤，横无际涯”的雄浑壮阔，又有“淫雨霏霏，连月不开，阴风怒号，浊浪排空”的阴冷灰暗；既有“春和景明，波澜不惊，上下天光，一碧万顷，沙鸥翔集，锦鳞游泳，岸芷汀兰，郁郁青青”的澄明鲜亮和充满生机，又有“长烟一空，皓月千里，浮光跃金，静影沉璧”的空灵寂静的夜景，此外还有渔歌的对答等，正是这些色彩各异、纷缤多姿的画面，构成了散文《岳阳楼记》层次丰富、内涵深邃的意境。

在中国现当代散文中，类似《岳阳楼记》这样运用多维的长镜头，通过几个画面的叠合构成意境的作品并不少见。如冰心的《笑》，展示了三个微笑的画面：一是在雨后的“清光”的背景下，安琪儿向着我“微微的笑”；二是五年前，在古道边偶遇的孩子“抱着花，赤着脚，向着我微微的笑”；三是十年前，在茅舍中抱花倚门的老妇人对我的“微笑”。三次微笑、三个画面、三个情景叠合在一起，便构成一个“光明澄静，如登仙界，如归故乡”的散文艺术境界，表达出了一个深挚的“爱”的主题。再如朱自清的《冬天》，叙写发生在“冬天”里的三个生活情景：父子四人围着“小洋锅吃白水豆腐”；朋友三人月下泛舟游荡西湖；妻儿四人在台州过冬的经历。初看所叙三件往事，并没有什么联系。到了结尾，作者才点明了文章的线索和主旨：“无论怎么冷，大风大雪，想到这些，我心上总是温暖的。”三段往事，三个生活情景，在“温暖”这一感情线索的贯穿下，叠合构成了一个与自然界的“冬天”有着巨大反差的人类情感的温馨散文境界。这样的营造意境的方法，的确与诗歌大异其趣。

散文意境可以说是散文作家把握自然和社会人生，并将主观内情与客观物境交织渗透而构成的艺术境界。在审美形态上，如果说“诗境”更侧重于造境，它以浓缩集中为要旨，以深藏含蓄为诗味浓醇之所在，以追求韵外之致、象外之象、言外之味、弦外之响为高格，那么，“文境”更偏向于写境，它性喜随意散淡自由，不曲意追求含蓄深藏，却更乐于自然平实和酣畅淋漓。它的基本特点在于以求“实”之境，传融“情”之“理”，使人如入真景，如临实境，继而获得美的享受和生活的启迪。自然，以上的区分只是从相对、大体方面而言，其旨在提供一种思路、一种框架，使人们对“究竟什么是散文的意境”“散文的意境有什么样的美学特征”有一个基本的认识。

二、现代散文造境的途径

王国维在《人间词话》中说：“尼采谓：‘一切文学，余爱以血书者。’后主之词，真所谓以血书者也。”又说：“故能写真景物、真感情者，谓之有境界，否则谓之无境界。”王国维在此处所说的真景物、真感情主要是就诗歌而言。其实，散文作为偏重于自我表现，特别强调个性的文体，它的意境更要求有真情和真景的融入。不但要有真情真景，而且要真实与真诚。散文的意境创造，要尽量避免两端：一是浮情和矫情；二是内容上的虚假苍白。杨朔的《雪浪花》，过去一直被当作吸收传统散文的触景生情、情景交融的手法，营造出如诗如画的散文意境的典范。现在看来，杨朔散文在营造意境方面的致命伤，就在于内容上的虚假、感情上的矫情。比如《雪浪花》结尾对“老泰山”退场的意境渲染，便很能说明问题：

> 西天上正铺着一片金光灿灿的晚霞，把老泰山的脸映得红彤彤的。老人收起磨刀石，放到独轮车上，跟我道了别，推起小车走了几步，又停下，弯腰从路边掐了一枝野菊花，插到车上，才又推着车慢慢走了，一直走到火红的霞光里。

不可否认，杨朔是一个写作态度十分认真严肃的散文家。他对于散文的诗的意境的孜孜不倦的寻求也并非毫无意义。但由于时代的局限和对散文意境认识的偏差，杨朔不幸掉进了“虚假”和“矫情”的陷阱里。请看：在满天霞光映照下，老泰山的脸是“红彤彤”的。他停车、弯腰、掐花，将花插到车上，而后是悠然自得地走进霞光里。也许有人会说这是天真烂漫，说明“老泰山”有一颗爱美的童心。但若从文学的真实性的原则来考量，将一个大字不识的老渔民写得像城市里的儿童和姑娘一样，试问这样的天真烂漫能站得住脚吗？如果再联系杨朔写作此文时的社会和时代背景，这样的描写就更显得虚假和矫情。因而尽管表面上“看起来很美”，其实是“谓之无意境”。诚如王国维所言：“词以境界为最上。有境界则自成高格，自有名句。”而所谓的高格在笔者看来就是高尚的人格，是创造意境时的真实与真诚。杨朔的《雪浪花》一类的散文由于充满着浮情和矫情，自然也就谈不上有什么“高格”，有真正的“境界”。由此可见，从创造真正具备诗性的散文意境的角度来看，杨朔式的营造散文意境的方法是失败的，也是今天的散文作者要尽量回避的。

相比较而言，香港散文家黄河浪的《故乡的榕树》在创设意境时就要真实和真诚得多。该作品以故乡的榕树为中心意象，由眼前“住所左近的土坡上，有两棵苍老蓊郁的榕树”起笔，先以“铅灰色的水泥楼房”与“摇曳赏心悦目的青翠”做对比，这一方面表明了作者对纷乱嘈杂的现代都市的厌倦，另一方面又流露出作者对大自然的向往和对质朴温馨的故乡的思念。转入正题后，作者更是运用融情入景的写法，层次清晰地展示了故乡的风情景物：“流过榕树旁的清澈的小溪，溪水中彩色的鹅卵石，到溪畔洗衣和汲水的少女，在水面嘎嘎嘎地追逐欢笑的鸭子”，以及“榕树下洁白的石桥”。① 作品还特意描述了桥头那棵“驼背”的老榕树，追忆童年与小

---

① 黄河浪．故乡的榕树［M］//吴鸿．听到了永恒：台湾名家散文极品．成都：成都出版社，1993：147－148．

伙伴爬上榕树玩“划船”的情形。至于故乡的风俗民情，比如关于老榕树的传说，女人们在榕树下烧香求神，村民在榕树下乘凉、闲谈、弹唱。这所有的一切描述，可以说都是“真景物、真感情”的融入与流露。因此这样的作品“谓之有境界”。它一方面牵动着游子的心弦；另一方面又仿佛自然流淌的山涧泉水沁人肺腑，使人心旷神怡。在笔者看来，《故乡的榕树》在创设意境方面的成功，有三个方面的原因：一是以“故乡的榕树”为中心意象，作品中的所有描述和意境渲染均是围绕这一中心意象展开；二是采用“同体分解式叠合”的写境法，即在总体意象范围中选取几个小的生活景观和画面叠合组构成一个大的整体审美意境；三是更为重要的，作品不仅文思流畅，自然优美，结构上玲珑剔透，而且描述真切动人，感情真挚温醇。如此，榕树静默、草木无语、大地无言；而乡音、乡愁、未泯的童心，还有大自然，却奇妙地水乳交汇、融为一体了。

如果说真实与真诚是营造散文意境不可或缺的重要因素，那么，生命情调的灌注则是散文意境显示出蓬勃生机，具有一种“飞动之美”的根源之所在。这是由于，艺术的“真”，既是生活的真，也是生命力的高扬。关于这一点，我国一代美学宗师宗白华先生曾有过精辟的论述，他认为当意境中“物象呈现着生命灵魂的时候，也是美感诞生的时候”①，又说：“中国人抚爱万物，与万物同其节奏：‘静而与阴同德，动而与阳同波’（‘庄子’语）。我们宇宙既是一阴一阳、一虚一实的生命节奏，所以它根本上是虚灵的时空合一体，是流荡着的生动气韵。”② 在这里，宗白华将文学的意境与中华民族的审美心理结构，与中国人特有的诗化宇宙观、哲学观联系了起来。其实，在中国哲学中，生命现象与宇宙的变化流迁从来就密不可分。老子说：“道生一，一生二，二生三，三生万物。”（《老子》）庄子说：

---

① 宗白华. 论文艺的空灵与充实［M］//宗白华全集：第2卷. 合肥：安徽教育出版社，1994：349.

② 宗白华. 中国诗画中所表现的空间意识［M］//宗白华全集：第2卷. 合肥：安徽教育出版社，1994：441.

“生之气也，气之聚也，聚则为生，散而为死。”（《知北游》）老子的“道生”说和庄子的“气聚”说，都说明了生命的本源来自于宇宙的变化流迁。也正因如此，钱穆在《中国文化特质》一文中指出，宇宙即“天地和合是一大生命”，而人则是由“此大生命而行之传之”形成的“小生命”。而每一个“小生命”，同时便是那个“大生命”的象征。正由于意识到人的“小生命”与“大生命”的同构关系，所以在中国的古代文学艺术中，无论是文学、舞蹈、绘画还是雕刻，无一不呈现出一种“飞动之美”的生命形态，无一不体现出一种个体精神的超越，体现出中国人对于生命过程生生不息的恒久信念。

由此可见，生命的律动和灌注，是中国文学艺术的一大特征，当然也是创造文学意境的重要元素，是文学意境的本质特征之一。而散文作为中国文学的“正宗”，作为一种历史悠久的文学样式，它更不应该忽视生命的灌注，更应在创造意境时注进一种跃动蓬勃的生命感。事实上，散文史上已有大量的例子表明，只有充满鲜活的生命力的情景世界，才可能有意境，否则就是无意境。张岱的名文《湖心亭看雪》，写“湖心亭一点，与余舟一芥，舟中人两三粒而已”，可谓有生命灌注。沈从文的“湘西”系列散文，状物写景中处处透出一种生命的大悲悯，于是他的散文的意境富于艺术的质感和弹性。“文化散文”的代表作家王充闾的《读三峡》，也同样是意境创造中跃动着生命情调的佳构。作家这样来感受三峡：

> 始读之，止于心灵对自然美的直接感悟，目注神驰，怦然心动。……再读之，就会感到主观的生命情调与客观景物交融互渗，物我融成了一体。……卒读之，则身入化境，浓酣忘我，“冲然而澹，翛然而远”，进入《易经》上讲的那种“天地氤氲，万物化醇”的灵境，此刻该是“此中有真意，欲辨已忘言”了。①

① 王充闾．读三峡［M］//王充闾．用破一生心．沈阳：万卷出版公司，2016：84－85.

这里所展示的，是观照三峡的三种境界：一是“心灵对自然美的直接感悟”；二是“生命情调与客观景物交融互渗”；三是“身入化境，浓酣忘我”。虽然这三重意境的体验化用了王国维的大学问者必须具有的“三种之境界”说，也类于禅门公案的“见山是山，见水是水”，“见山不是山，见水不是水”的自然观照过程，但更重要的是，在《读三峡》的意境中，有着作者独到的人生体验，并处处荡漾着生命的情调和心灵的感悟。这样《读三峡》所展示的意境，便不仅仅是人的自然化，或是自然的人化和社会化。事实上，它是自然与人同一，人之生命即自然之生命。也正因如此，比之于同类散文，它的内涵更丰富，空间更广阔，给人的想象更深远，自然也更富于灵气与韵味。

散文创作中的意境创造，除了要真实与真诚，要有生命的灌注外，笔者认为还必须注意一点，即散文意境要有灵趣。诗歌意境当然也讲究灵趣。比如唐代皎然在《诗议》中，就提出诗的意境要“采奇于象外，状飞动之趣”。严沧浪也在《诗话》中谓：“盛唐诸人，唯在兴趣。”但若从文体的本质来考虑，则灵与趣更应属于散文。如众所知，散文是一种最具个人性、心灵性和自由性的文学样式，因而它特别推崇心灵，也因此才有袁宏道的“独抒性灵，不拘格套，非从自己胸臆中流出，不肯下笔”（《叙小修诗》）之论，但对散文意境之创造而言，单有性灵还不够，还必须有“趣”。“趣”是什么？按袁宏道的理解：“趣如山上之色，水中之味，花中之光，女中之态，虽善说者不能下一语，唯会心者知之。”（《叙陈正甫会心集》）也就是说，“趣”是一种“羚羊挂角，无迹可寻”的朦胧的艺术美感或美质。更具体来说，趣既是艺术的审美趣味，是人心的自然要求，更是一种自然而然、无拘无束的心境和浑然天成的艺术境界。从这一角度看，趣与灵是相通的；或者说趣是灵的一种表现，它们共同构成了散文意境那种既自然随意而又生机盎然的难以言说的美感。比如我们在前面提到的张岱的《湖心亭看雪》，其意境就充满灵趣。在该文中，张岱先是从大处着笔，渲染出一片广漠空旷的湖山雪境："大雪三日，湖中人鸟声俱绝。"这里展示的是一个"千山鸟飞绝，万径人踪灭"的意境。正是在这样静寂荒寒的大背景下，"余拏一小舟，拥毳衣炉火，独往湖心亭看雪"。而这时，"湖上影子，惟长堤一痕，湖心亭一点，与余舟一芥，舟中人两三粒而已"。作者用"一痕""一点""一芥""两三粒"几个数量词，点染出了一个空灵静谧的意境。然而，文章并未到此为止，"我"到了亭中，突然发现竟有人像"我"一样喜欢野趣。在这大雪天的夜晚，跑到亭中来喝酒。于是大惊且大喜："湖中焉得更有此人！"于是同饮而别。归来途中，舟子喃喃曰："莫说相公痴，更有痴似相公者。"很显然，这里的"痴"不是一般的痴情，而是渗透进一种灵性，有一种快乐的生活情趣在里头。由于有湖心亭喝酒的镜头，再加上这"痴"，于是原先静止的画面便"动"了起来，其意境不但不像柳宗元《江雪》那般孤寂，而且有一种味外之趣，一种贴近日常生活的温暖之感。由此可见，优秀散文的写境，总是率情任性、清新空灵、神韵飘举，且常常是兼雅趣与谐趣于一身。张岱的散文如此，明清大多数"性灵小品"也概莫能外。

以上是就古代的散文而论，在现当代散文创作中，在写境方面洋溢着灵趣的作品也不在少数。如《故乡的榕树》中就有这样富于童心灵趣的描写：

> 我从榕树枝上摘下一片绿叶，卷制成一支小小的哨笛，放在口边，吹出单调而淳朴的哨音。小儿子欢跳着抢过去，使劲吹着，引得谁家的一只小黑狗循声跑来，摇动毛茸茸的尾巴，抬起乌溜溜的眼睛望他。……
>
> 而我的心却像一只小鸟，从哨音里展翅飞出去，飞过迷濛的烟水、苍茫的群山，停落在故乡熟悉的大榕树上。①

---

① 黄河浪．故乡的榕树［M］//吴鸿．听到了永恒：台湾名家散文极品．成都：成都出版社，1993：147.

如此的童心，如此富于生活情趣的画面，再伴之缱绻深长的乡思、飘逸的想象，以及别具韵味的故乡风情景物，这样自然就构成了一个趣味盎然的意境。与黄河浪相比，台湾散文家张晓风在筑构“灵趣”意境方面做得更为出色。张晓风天生感觉灵敏，对自然景物体察入微，尤其是想象力极为丰富，善于将日常生活中的灵趣凝于笔端，并经过心灵的吐纳，幻化为一个个色彩纷缤、诗意葱茏的灵趣意境，在《山水的圣谕》中，她这样写道：

> 剪水为衣，抟山为钵，山水之衣钵可授之何人？叩山为钟鸣，抚水成琴弦，山水的清音谁是知者？山是千绕百折的璇玑图，水是逆流而读或顺流而读都美丽的回文诗，山水的诗情谁来领管？
>
> 俯视脚下的深涧，浪花翻涌，一直，我以为浪是水的一种偶然，一种偶然搅起的激情。但行到此处，我忽竟发现不然。应该说水是浪的一种偶然。平流的水是浪花偶尔憩息时的宁静。①

“剪水为衣，抟山为钵”，“叩山为钟鸣，抚水成琴弦”，山是“千绕百折的璇玑图”，水是“美丽的回文诗”，这样经由想象与智慧而熔铸的意象，都表达出作者对大自然的真爱，折射出她对人生万物的灵性，而且都饱含着生活的趣味。如她笔下的春天便与众不同：曾经是白雪皑皑的山头，不经意间就遭到花草树木的暗袭，于是，“扑哧的一声”，雪终于被撑破，含苞待放的花儿迫不及待地探出小脑袋。一阵春雪像一首山歌“从云端唱到山麓，从山麓唱到低低的荒村”。最后“唱入篱落，唱入一只小鸭的黄蹼，唱入软溶溶的春泥——软如一床新翻的棉被的春泥”。② 这样的境界，有景有物，有人有事，有趣有味，而且静中见动，虚实相生。它体现出了张晓风深厚的古典文学素养和超强的感悟自然山水的能力，这其实也是广大读

---

① 张晓风．山水的圣谕［M］//张晓风．孤意与深情：张晓风散文精选．桂林：广西师范大学出版社，2017：94.

② 张晓风．春之怀古［M］//张晓风．孤意与深情：张晓风散文精选．桂林：广西师范大学出版社，2017：261.

者喜爱她的散文的一个重要原因。

散文的意境创造，途径是多种多样的，但主要之点在于要真实与真诚，要有生命灌注和灵趣，并善于处理景、物、我三者的关系。同时还要看到，散文意境作为抒情型作品的独特审美形态，它是一个多层次、多维度的复杂结构。这正如宗白华先生所说的："意境不是一个单层的平面的自然的再现，而是一个境界层深的创构。从直观感相的模写，活跃生命的传达，到最高灵境的启示，可以有三层次。"① 笔者在上面关于散文意境的探讨，其实便是循着宗白华先生指引的"三层次"说逐渐推进的。当然，由于散文意境的丰富性和复杂性，上述的探讨难免有片面和不够清晰准确的地方，但笔者认为从这样的视点来把握散文的意境，比泛泛且陈陈相因地用诸如"借景抒情""托物寄情""情景交融"等术语来概括，要更贴近散文的本性，对于散文的创作也更有价值和意义。

三、散文意境的误读

以往对散文意境的研究，除了没有认真区分散文意境与诗歌意境的差异，未能紧扣散文意境的特征进行探讨外，还普遍存在着对散文意境的误读。这种"误读"主要表现在两方面：一是强调散文应以追求意境为上；二是认为只有借景抒情的作品才有意境。下面拟就上述两个问题谈点看法。

散文应以追求意境为上，其源可追溯到唐宋八大家散文，中经"五四"时期朱自清的《荷塘月色》一类作品的强化，在 20 世纪 60 年代杨朔的笔下达到顶峰。新时期以来，尽管杨朔的散文遭到了诸多指责，不过他关于追求和创造散文的诗的意境的主张，还是得到了大多数散文研究者和散文写作者的认同。笔者在这里指出这个问题，并非反对散文需要有诗的意境，而旨在表达这样的意思：并不是所有的散文都需要诗的意境；同时，散文

① 宗白华. 中国艺术意境之诞生［M］//宗白华. 美学散步. 上海：上海人民出版社，1981：63.

的意境也不是评判一篇散文优劣的唯一标准。20 世纪 90 年代以来，有不少“学者散文”如张中行、金克木等的散文并没有刻意去追求诗的意境，但他们却拥有大量的读者。再比如王小波的《一只特立独行的猪》《沉默的大多数》，韩少功的《夜行者梦语》等一类倾向于精神思考的散文，也与诗的意境无缘，但它们却成为这一时期散文园地中的精品。正是考虑到当代散文创作的这种现实，笔者十分赞同散文家梁衡的观点。他在一篇谈散文的文章中这样说：“有一种理论，认为散文必须创造出一个美好的意境才称得上好散文。许多评论大谈意境，我觉得这可能是画地为牢，人为地束缚了散文的手脚。”在笔者看来，议论类、幽默类，以及倾向于介绍知识和文化反思的“学者散文”与“文化散文”一般不需要诗的意境。即便是记叙类和抒情类的散文，也不一定非要去托物言志、借景抒情，更不需要借助夸张的浪漫的修辞手段或意象来强化感情，营造一个“情景交融”的意境。其实，散文的意境，应是水到渠成、自然而然形成的。刻意地追求诗的意境难免会导致虚假和做作；而将意境无限地泛化，甚至认为没有意境就没有散文，没有散文的发展，则明显是过分扩大了意境的作用，其结果必将是“人为地束缚了散文的手脚”。

如果说，以追求意境为上的观点在一定程度上泛化了散文意境，则只有借景抒情才有意境的观点却正好相反，是窄化了散文的意境。诚然，那些采用借景抒情或融情于景、情景交融的作品一般来说都具有诗的意境。但不可否认，有一些散文没有采用借景抒情的表现手法，也没有十分浪漫的想象和奇特的意象组合，但它同样具有催人泪下的意境。最明显的例子是朱自清的《背影》，朱自清曾自谦地说这篇作品“只是写实，似乎说不到意境上去”①。不错，《背影》没有刻意去营造意境，作者没有渲染车站周围的风景，也没有让父亲去买一束花，而是写父亲“蹒跚地走到铁道边，

① 朱自清．关于散文写作［M］//俞元桂，等．中国现代散文理论．南宁：广西人民出版社，1984：158.

慢慢探身下去”，而后又穿过铁道，爬到那边月台。“他用两手攀着上面，两脚再向上缩；他肥胖的身子向左微倾，显出努力的样子，这时我看见他的背影，我的泪很快地流下来了。”诚如梁衡所说：“这个意境大概不美，但却催人泪下。”这里涉及两个问题：其一，是散文的意境，并非一定要借助美的景物和美的形象描写才能完成，有时，表面上不美的景物和形象也能产生艺术上的美感，并最终形成美好的散文意境。其二，衡量一篇散文有没有散文意境，关键是要有来自于肺腑的真感情。感情越真切，感情的内涵越深广厚重，它营构出来的散文意境就越能打动人心，它就能达到“看似无境胜有境”的境界。这方面的例子，除了朱自清的《背影》，我们还可以在巴金、孙犁、宗璞等人的散文中感受到。

总体而言，意境是构成诗性散文的一个重要方面，我们应给予足够的重视。但在具体研究散文的意境时，又要具备一种科学客观的态度：既要肯定意境对于散文创作的功用和价值，也要看到这个在20世纪60年代曾一度大红大紫的散文范畴毕竟有其消极陈腐的一面。我们特别要清醒地认识到：散文的本质是自由随意、无拘无束的，是以心会心，为情而造文。如果为了追求诗的意境而刻意求之，则是为文而造情，那无异于画地为牢，将美好的意境的营造变为散文创作的桎梏。在笔者看来，假如我们能以辩证的态度来看待散文的意境，则对散文意境的创造不但可以使当代散文变得更加优美动人，也可以丰富诗性散文的外延和内蕴，使诗性散文真正达到一种既飘忽空灵、流动摇曳，又坚实、深邃且充满活力的文学境界。

第十章 ◆

常规与偏离：现代散文语言的转向

海德格尔曾说过：语言是存在的家。所谓“存在的家”的语言，显然不是传统的语言学家所认可的那种语言，也不是我们经常说的作为日常生活的“交际工具”的语言。海德格尔所说的“语言”，乃是一种将语言提升到本体存在，提升到人的生命本真和心灵深处的语言。即是说，“存在的家”的语言，是一种真正的诗性的语言，它是人的本性、人的生命活动与心灵活动的呈现，它一头扎根于人类古老传统的岩层，一头连接着现代人的生存状态和精神生活。也许正是意识到这一点，维柯说：诗性即人性。

是的，诗性即人性；而人性必然是含蕴着诗性的语言。诗性的语言，将引领着现代人在语言的虹桥上迈进诗意的人生。那么，作为一种古典、优雅的文学的代表，散文的语言毫无疑问也应是诗性的。但是，我们的散文做到这一点了吗？

让我们来看看。

一、语言是存在的家园

以海德格尔的诗性语言观来考量过去的大量散文创作和散文研究，应该说，我们的失望远远大于期待。过去的许多散文写作者一般都缺乏使自己的语言成为诗性语言的艺术自觉，而我们的散文研究者，对散文语言的诗性特征更是缺乏应有的敏感和认识；或者更准确地说，传统的散文研究者根本就否认语言具有存在意义上和作为有意味的符号系统的诗性。不错，过去的散文理论家也反复地告诫作家们说散文应是“美文”，应讲究文采和炼字炼词。不过，他们强调散文语言的优美性，主要是从语言作为表达思想的一种工具，即从修辞的层面上来理解语言。所以，他们要求散文语言要做到准确生动、朴素优美、简洁形象，正是遵循着这样的文学标准化的美学原则，他们特别推崇这样的散文语言：

这些青翠的竹子，沿着细长的滑道，穿云钻雾，呼啸而来……

竹子是“青翠的”，滑道是“细长的”，再加上动词“穿”“钻”，形容词“呼啸”，这样的散文语言确实既准确生动、简洁形象，又富于语言的气势，把竹子下山的情状绘声绘色地表达出来，因此，这一类的散文受到了一些散文研究者的高度评价。但是，倘若从诗性语言的角度来考察，我们又感到这样的散文语言似乎缺了一点什么东西，这一点东西是什么呢？在笔者看来，就是语言作为存在的本质，作为人类文化活动的最为基本的表现。由于缺少了最为本源性的东西，加之一味顺从标准语的原则，所以上述的散文语言固然优美却是浅表和单调的，是一种非诗性的语言。

如果说，上面的例子虽然表明人们对散文的诗性语言存在着诸多的误解，但多少还对散文的诗性语言保留着一点幻想和敬意的话，那么在大量的文论或创作谈中，我们看到的是对散文语言的不敬和贬抑。比如台湾诗人覃子豪就这样认为：“散文的句子累赘，诗的句子简练；散文的句子长短不一，诗的句子有均衡之美；散文的句子时而简单，时而复杂，而诗的句子有其一致性的调和；散文的句子是说明，诗的句子即是表现；散文的句子是叙述，诗的句子是抒情；散文的句子是直陈，故缺少变化，诗的句子是表现，故有变化之巧妙。”① 类似这样扬诗歌语言而贬散文语言的例子，还可以举出许多，甚至即便像郑明娳这样对散文有着较深入理解的学者，也认为散文的语言是一种接近实际的语言，它的特点是文字平稳、落实、流利和连贯，而且以“合律为多”。② 但是散文的语言真的就是一种远离诗性，没有跳跃激荡，没有节奏韵律，也没有“破体”的循规蹈矩的平淡世俗化的语言吗？如果我们回到古典、回到传统并结合现代哲学和现代语言学的特殊语境来考察中国散文的语言，我们会发现事实并非如此。

如众所知，中华民族的文明体系和思维结构与西方有着极大的不同。西方主要以逻辑思维为基点构成人类的文明历史，而中华民族则是以诗性智慧为中心构成独具特色的中华文明，以及由此形成的诗性文化。这种诗性文化的特色是重体验和感悟，讲究生命气韵的流动贯通，注重以心去统摄、去体味天地间的万物万象。而与这种诗性文化相对应，汉语作为“储蓄传统的水库”（伽达默尔语），它与重在认知的科学语言相比，似乎蕴含着更多的“诗性资质”。也就是说，由表意性、象征文字构成的汉字，更侧重于情绪、直觉、想象和隐喻暗示，因而是一种更贴近人的心灵，更具意象化和审美性的诗的语言。而这种诗性的语言，不仅仅存在于那些家喻户晓的唐诗宋词中，事实上，从我国第一部散文总集《尚书》开始，就已经有了诗的萌芽。《尚书》的语言虽然佶屈聱牙、古奥难懂，但透过那些简单质朴的语言，我们仍然能感受到一种诗性。那是一种源于人类童年的心智，是建立于感性基础上的形象思维，一种既粗糙笨拙但又体现出广阔的想象力，并凝结着先民的诗性智慧的散文语言。当然，真正开创我国诗性散文先河的，应推庄子的《逍遥游》。虽然《逍遥游》并不是诗，却比许多冠之

---

① 覃子豪．诗的表现方法［M］．台中：普天出版社，1969：52.

② 郑明娳．现代散文构成论［M］．台北：大安出版社，1984：3，6.

以诗名的作品更具诗味："北冥有鱼，其名为鲲。鲲之大，不知其几千里也；化而为鸟，其名为鹏。鹏之背，不知其几千里也；怒而飞，其翼若垂天之云。"这不正是所谓的"无韵之诗"吗？而《逍遥游》的这种诗性，既来自于作者超拔的想象力，也来自于他那或笨拙，或犀利，或汪洋恣肆，又极富节奏感的语言。及至唐宋散文，诗性散文更成为当时散文的主要审美形态。我们在韩愈的《祭十二郎文》、欧阳修的《秋声赋》、苏轼的《赤壁赋》等作品中，一方面可以领略到如诗如画的诗的意蕴和诗的境界；另一方面又可以感受到仪态万方、朗朗上口的诗的语言。这些例子都表明：无视我国古代散文的优秀传统，无视传统散文的语言中包含着极浓的诗性，自然只能得出散文缺少抒情变化，只是对日常生活的叙述的结论。这不但与我国散文的实际情况相去甚远，而且将对散文造成极大的伤害，影响我国当代散文的发展。

传统散文理论在语言研究方面的缺失，不仅在于忽略了汉语具有的"诗性资质"，而且没有意识到语言是人类文化活动的最为基本的表现，是一种如苏珊·朗格所说的符号化了的人类情感形式的创造和凝结。尤其是，没有意识到语言是人的存在的家园。事实上，散文的语言不仅仅只有"世俗语言"的一面，更多的时候，散文的语言呈现的是一种"诗歌的语言"。也就是说，在许多优秀的散文中，我们感受到的语言是一种来自于存在的本源，来自于人的内在根性的本真语言，它是人的存在与语言的遭遇，是诗与思的交融与凝结，也是活泼泼的生命对于世界的体验与自由自在的创造。因此，这样的诗性语言就如海德格尔所阐释的农鞋，它不仅仅是概念、工具，而且是"回响着人地无声的召唤，显耀着大地对成熟的谷物的宁静的馈赠"（《艺术作品的本源》）。它包含着无限的流动性和可能性，召唤着读者共同进入一种存在的澄明。正是在这个意义上，我们说语言成为存在的家，而人就居住在语言中。由于看不到散文语言的这一根本性的特点，所以传统的散文研究自然只能从现实生活中既定的权威和准则，或从普遍性、大众化的公共通用的标准来要求和评价散文的语言。殊不知，这种“世俗语言”虽简单浅白和符合规范，却是一种失去了生命本真，一种缺乏创造力、想象力和诗性的语言。因此，毫无疑问，我们所要研究和倡扬的散文诗性语言，是一种不同于传统的散文观的语言。换言之，这是一种建立在人的存在和生命的本真的基础之上，同时又吸收了汉语的“诗性资质”的散文语言。这种散文语言是对以往的文学标准语的偏移、扭曲、变形和陌生化，所以从某种意义上来说，这也是一种颠覆了以往的散文话语的“革命性”的语言。

二、语言的感性与理性

当我们从人的本性出发，以诗性智慧作为原点，将语言看作人的存在的家园，看作生命与心灵的对话时，事实上，我们已进入了散文诗性语言的第一个层面——语言的感性化。

是的，感性是构成散文诗性语言的第一个要素。这是因为：第一，美是感性的完善。审美的对象不是别的，只是灿烂的感性。艺术的特点就在于把它的意义全部投入到感性之中。先贤们对于感性之于审美和艺术的重要性还有诸多论述，在这里无须一一罗列。第二，感性源于生命。它是一切生命主体的本质力量，又是人类生命健全存活的“最美丽的花朵”①。散文既然以表现生命为其主要的思想指向，那么它自然就不能拒绝感性的语言。第三，也是最主要的一点，由于科学技术日新月异地发展，现代人越来越沦为科学技术的奴隶：电脑代替了人的活动和感觉，电视机使人与人之间的交流日益减少，而长期沉溺于感官方面的物质享受，又使人的审美感受变得越来越粗糙。总之，信息时代导致了人类生命的萎缩和感性生活大面积的流失，以及文学语言的干涸。所以，强调散文的诗性语言，首先

---

① 阿恩海姆. 视角思维：审美直觉心理学［M］. 北京：光明日报出版社，1986：341.

就是要解放现代人在现代文明中那些被压抑的感情，同时要反对人工的语言、计算机的语言以及过于理性的标准语言，并通过强调作家在创作活动中那种天然的、直觉的、个体化的密切介入，使散文的语言成为既具艺术的理性，又有充满着生命的激情的温暖可感的语言。比如余光中的《听听那冷雨》：

听听，那冷雨。看看，那冷雨。闻闻嗅嗅，那冷雨。舔舔吧那冷雨。

雨气空濛而迷幻，细细嗅嗅，清清爽爽新新，有一点点薄荷的香味……

雨天的屋瓦，浮漾湿湿的流光，灰而温柔……至于雨敲在鳞鳞千瓣的瓦上，由远而近，轻轻重重轻轻，夹着一股股的细流沿瓦槽与屋檐潺潺泻下，各种敲击音与滑音密织成网……①

冷雨可以听、看、嗅、舔，这便是散文的感觉化的语言。当然，散文的诗性语言不似诗歌的语言那样天马行空，高度概括凝练。散文的诗性语言是建立“在常轨感情以内的感知知觉为基础的”②，它强调感觉的细腻、准确和生动，所以，在余光中的《听听那冷雨》中，我们看到的雨不仅“空濛而迷幻”，而且浮漾着“流光”，同时还是“灰”色的；我们感到的雨是“湿湿”且“温柔”的；我们还闻到了雨的“清清爽爽新新”的“薄荷的香味”，听到雨“轻轻重重轻轻”敲击屋瓦的声音，而且，“各种敲击音与滑音密织成网”，而正是这种统摄视觉、触觉、嗅觉、听觉，既写实又虚拟，既在常轨之内又超越常轨的感觉化语言，给读者的感官形成了极大的冲击。

在当代的散文作家中，刘亮程的散文感觉和余光中一样也特别出色。刘亮程的散文吸引读者的，首先是他对大自然的那种细腻、具象和个性化

① 余光中．黄绳系腕［M］．南京：译林出版社，2012：88－92．
② 孙绍振．审美形象的创造［M］．福州：海峡文艺出版社，2000：535．

的感觉，而读者正是通过他的感性化语言领悟到他对严峻生命的深沉思考。比如在他的《寒风吹彻》中：

> 寒风正从我看不见的一道门缝吹进来。冬天又一次来到村里，来到我的家。我把怕冻的东西一一搬进屋子，糊好窗户，挂上去年冬天的棉门帘，寒风还是进来了。它比我更熟悉墙上的每一道细微裂缝……
>
> 冬天，有多少人放下一年的事情，像我一样用自己那只冰手，从头到尾地抚摸自己的一生。
>
> …………
>
> 我再不像以往，每逢第一场雪，都会怀着莫名的兴奋，站在屋檐下观看好一阵，或光着头钻进大雪中，好像有意要让雪知道世上有我这样一个人，却不知道寒冷早已盯住了自己活蹦乱跳的年轻生命。
>
> …………
>
> 冬天总是一年一年地弄冷一个人，先是一条腿、一块骨头、一副表情、一种心境……而后整个人生。①

刘亮程的散文语言干净平淡、自然质朴，他没有为了使语言生动形象而大量堆砌形容词和动词，也没有费尽心机锤炼某个“文眼”，但我们却实实在在被他的语言所震撼、所征服。这里的根本原因，在于他的心灵的丰富性，特别在于他是用整个生命来感受体验大自然和日常生活中的细节。在他的笔下，“寒风”同样是有生命和感性的：它比“我”更熟悉墙上的每一道裂缝，它还盯住“我”活蹦乱跳的年轻生命，并且随时准备弄冷一个人，先是一条腿、一块骨头，而后是整个人生……正是借助于感性的力量，我们才在他那不动声色的叙述中，在平静如水的文字背后感受到一种透骨的寒气，同时也领略到什么才是真正的散文诗性语言。

倘若说，刘亮程的散文是借助感性的生命体验和冷静纯净的表达来构

① 刘亮程．树会记住很多事［M］．上海：东方出版中心，2017：204－208．

成散文的诗性语言，那么在赵玫、蝌蚪等女性作者那里，这种感性的诗性语言又呈现出不同的情采和韵味：

每一个黄昏都总是如期地抵达，而我们已相距遥远。在那个清晨，他或许又独自爬上那片荒草滩，去赴我们神圣的誓言。他说黄昏，他说黄昏已经是他生命中的永恒，他把枯草带回来，他说他坚信那样就是拥有了我。

——赵玫《草篮中的野花》①

如此听着你的歌。如此得知你并不遥远。哪怕天边。哪怕尽头。哪怕隔世哪怕你的倾诉是从那寂静的暗夜里传来。而我听到你。时时刻刻。我听到你，听到你如歌的慢板，和你永恒的长笛。我与你相伴。我们信任黄昏。我们相伴走在近夜的黄昏中，看升起的星月。

——赵玫《黄昏的原则》②

厚厚的绒布窗帘微微在动。窗户缝很大，风总在钻。你看着颤动的绒布，总觉得那双手就在后面。你想保留这种感觉，不去把窗户糊严。

…………

那儿有一只眼，茫无所见。它看的是另一个世界，它看的是自己的心。

一只小狗冰凉的鼻子。

月亮很淡，若有若无，像梦。

你起身倒水的时候，觉得脸盆那儿有一张嘴唇，很厚道。

——蝌蚪《家·夜·太阳》③

赵玫的散文语言，十分典型地体现出其散文创作的审美情趣及其诗性

① 红孩．致爱人［M］．上海：学林出版社，2006：208.

② 赵玫．一本打开的书［M］．沈阳：春风文艺出版社，1994：185.

③ 冯媛．围城沧桑：家庭与人生［M］．北京：东方出版社，1996：190－194.

的追求，那便是以十足感性的文字，通过一种浓得化不开的自我倾诉，反复地渲染因离别、思念或期待而引起的痛苦、孤独、哀怨的情绪，并由此构筑了一种独特的语感和氛围。也许读赵玫的散文，你会觉得她的语言不够简洁凝练，甚至觉得她的情感宣泄缺少必要的节制，但你却不得不承认她的散文语言有一种别人所不具备的诗的魅力，而这，正是她推崇直觉，注重感性的情绪流动的结果。与赵玫相比，蝌蚪的散文语言不似赵玫那样朦胧而抒情，但她对窗帘、对小狗的鼻子和一张嘴唇的感觉，都是新鲜而独特的。而所有的这些感觉，都传达出年轻作者那种躁动不安的生命律动，并以一种相当感性的形式直接诉诸读者的心灵。

就语言的感性层面来说，强调在场感和视角与意识的对位也十分重要。因为在场感便是共时、是体验，它意味着作者已进入了某种状态，抵达了某种形式，并在内心寻找一种与事物融为一体的语言。这种语言与回忆、交代、说明的语言是完全不同的，而视角与意识的对位，则可以使这种在场感显得更真实和丰富。比如有一篇叫《藏歌》的散文开头就颇具在场感：

> 寂寞的原野是可以聆听的，唯其寂静才可聆听。一条弯曲的河流，同样是一支优美的歌，倘河上有成群的野鸭子，河水就会变成竖琴。牧场和村庄也一样，并不需风的传送，空气中便会波动着某种遥远的、类似伴唱的和声。因为遥远，你听到的可能已是回声，你很可能弄错方向，特别当你一个人在旷野上。
>
> …………
>
> 你走着，在陌生的旷野上。那些个白天和黑夜，那些个野湖和草坡，灌木丛像你一样荒凉，冰山反射出无数个太阳。你走着，或者在某个只生长石头的村子住下，两天，两年，这都有可能。有些人就是这样，他尽可以非常荒凉，但却永远不会感到孤独，因为他在聆听大自然的同时，他的生命已经无限扩展开去，从原野到原野，从河流到村庄。他看到许多石头，以及石头砌成的小窗——地堡一样的小窗。

> 他住下来，他的心总是一半醒着，另一半睡着，每个夜晚都如此。这并非出于恐惧，仅仅出于习惯。①

这样的语言，与我们熟悉的那种散文语言应该是不同的。它与传统散文语言的区别主要有两点：其一，是渗透进了生命的情调和心灵的体验。它的精神是在场的，而生命却是无限地扩张的。其二，这是一种由内视角展开的叙述与描写，也就是从事物的内部而不是外部展开的叙述与描写，这样它的叙述、描写便与小说一样灵动且自由，每一个视点都是开放的，都包含着各种可能性。而这样的语言效果，显然是那些注重于炼词炼句的传统散文语言所不能达到的。

当然，就散文的诗性语言来说，仅仅有天然的、本能的、个体密切介入的感性活动还是不够的。艺术之所以被称为艺术，就在于它既是感性的，又是理性的；既是自我的，又是社会和整个人类的。所以，马尔库塞在反对语言中的“理性专制”，号召在审美活动中艺术家要“解放在文明中被压抑的感性”的同时，又不遗余力创建了一种“艺术理性”。马尔库塞的理论对于我们建构散文的诗性语言无疑具有启示性的意义。即是说，一切的艺术活动包括散文的创作必须具有一种“艺术理性”，但艺术理性又必须以感性为客体对象，艺术理性离不开创作主体的直觉、感知和体验，这样，艺术理性才能闪射出想象、幻想和激情的光芒。我们高兴地看到，自20世纪90年代以来，我国的散文创作中这种既具感性又兼备理性的散文诗性语言日渐增多。比如，在史铁生、张炜的散文中，随处可以见到这样的文字：

> 要是以这园子里的声响来对应四季呢？那么，春天是祭坛上空飘浮着的鸽子的哨音，夏天是冗长的蝉歌和杨树叶子哗啦啦地对蝉歌的取笑，秋天是古殿檐头的风铃响，冬天是啄木鸟随意而空旷的啄木声。

---

① 宁肯．藏歌［M］//宁肯．说吧，西藏．北京：北京十月文艺出版社，2013：12－13.

以园中的景物对应四季，春天是一径时而苍白时而黑润的小路，时而明朗时而阴晦的天上摇荡着串串杨花；夏天是一条条耀眼而灼人的石凳，或阴凉而爬满了青苔的石阶，阶下有果皮，阶上有半张被坐皱的报纸；秋天是一座青铜的大钟，……冬天，是林中空地上几只羽毛蓬松的老麻雀。

——史铁生《我与地坛》①

城市是一片被肆意修饰过的野地，我最终将告别它。我想寻找一个原来，一个真实。这纯稚的想念如同一首热烈的歌谣，在那儿引诱我。市声如潮，淹没了一切，我想浮出来看一眼原野、山峦，看一眼丛林、青纱帐。我寻找了，看到了，换回的只是没完没了的默想。辽阔的大地，大地的边缘是海洋。无数的生命在腾跃、繁衍生长，升起的太阳一次次把它们照亮……

——张炜《融入野地》②

同样有许多感性的生活细节的把握，同样闪烁着诗性的光辉，然而史铁生、张炜的诗性语言与赵玫、蝌蚪的诗性语言却有着极大的不同。史铁生的诗性语言是在从容舒缓的行文中，让个体生命直接去面对生与死、苦难与困境、卑琐与崇高，它在感性细腻的叙事，在生命的梦想和幻想中，展开对人类的困境和命运的理性思考。而张炜则是将情感和生命放回到朴素的大地，让词语在大地，在与本源性的事物的联结中获得新生。因此，张炜的散文语言有自己的生命质地和色彩，它是生命在作品中活跃的闪跳，是幻化了的精气，更是作家心血斑斑的披沥。当然，它不仅仅是感性的抒写，它有强大的精神理性做支撑，这就是对某种原初的、本原的事物的执着探寻。张炜的散文，正是因了这种源于大地的诗性语言而获得了某种神秘感和圣洁感，而读者也是在这种语言的牵引下融入了“野地”，甚至成为

① 周悦. 大学语文［M］. 长沙：湖南师范大学出版社，2015：186.

② 范钦林. 中国现当代文学作品精品导读：下［M］. 上海：上海教育出版社，2016：335.

野地的一部分。

史铁生、张炜的散文语言实践给了我们某种有益的启示：散文语言的功能，绝不仅仅具有工具的作用；散文语言的锤炼，也不是无休无止的“造句活动”。散文的语言既是形式也是内容，是作家的个性气质、生命情调的显现，也是传统文化的凝结。散文的语言要活跃、纯真、朴素自然和浑然一体，关键是要寻找到一个产生语言的原初性背景，并将生活深处的原生美，将那些最美丽又最杂乱无章的潜在语言结构或语言氛围呈示出来，这样的散文语言才有可能既获得感性的美，并达到真正审美意义上的“真”的境界。

三、隐喻性和陌生化

散文的诗性语言，在很大程度上是对于语言“异质层面”的认同，同时也是对文学标准语的背叛。即是说，诗性语言之于散文，就如同巴赫金的复调对话和狂欢化语言之于小说一样，它们追求的都是一种特殊的言语行为和语义逻辑，是不能用传统的散文理论来进行分析的语言异质面。当然，就散文来说，作家似乎不太热衷于运用种种语言策略，破坏既有的语言秩序、规则和逻辑。相对于小说和诗歌，散文的语言革命是较为温和的。因此，很多作家喜欢用暗示性的表达，使语言回到它的原初状态，回到那种既生气勃发、充满激情，又含蓄潜沉，具有多义性和不确定性的感性神秘的状态。

我们知道，文学作品的内容有显在结构和潜在结构两个系统，同理，文学作品的语言也有显与隐的双重美学特征。“显”指的是文学语言的表层的词汇和句法，它是语言的指涉与社会交际层面，一般来说呈现出确定性、封闭性和单一性的形态。“隐”是语言的深层表征，它包括隐喻、意象、象征、陌生化等语言因素，隐的语言呈现出暗示性、未完成性、开放性和多义性的特征。我们所指的散文诗性语言，主要的研究对象是语言的隐性状态，而在这其中，又特别强调隐喻性语言。

雅各布森在他的经典论文《隐喻和转喻的两极》中，对隐喻和转喻有过深入的探讨。在雅各布森看来，隐喻和转喻虽然都是一种表达的替换方式，但隐喻选择的是暗示替代的相似性原则，而转喻则“遵循相邻关系的原则”，即不直接描述事物，而是描述与这个事物相邻近的事物。举个简单的例子：“太阳是红的”，是转喻性的比喻，它是基于太阳与现实生活中某种事物的相邻属性派生出来的，并不含隐喻的成分；而“血淋淋的太阳”，则不仅描绘出了太阳的颜色——红色，并且给人一种心理上的暗示，使人联想到某个可怕的时代，这样便有了隐喻的意味。过去的散文理论一直认为，隐喻属于诗歌的专利，而散文与小说更多地采用转喻性的修辞。事实上，在新中国成立以后很长一段时间里，我国的散文创作的确极少采用隐喻来表情达意。然而，自 20 世纪 90 年代以后，情况就很不同了。在许多作家尤其是年轻作家的散文中，我们除了可以读到以往常见的转喻性的语言修辞外，还可以接触到大量的隐喻性语言。比如，“他穿着一件绿色的运动衣，正如一棵年轻的树”，而且这“年轻的树向我跑来”。用借代来替代喻体，于是明喻便成了隐喻。这样，树的比喻也就有了许多的可能性。这是一种情况。另一种情况，是以几个提喻性的隐喻贯穿全篇，形成一种特殊的诗的语言氛围。马莉的许多散文就是如此：

在南方的一年四季里几乎都可以听到使我们时而不安时而惊恐时而撼人心扉的雷声。雷声仿佛是天空对大地仁爱的表达，它向所有生长着的事物诉说，也向所有热爱劳动的人们诉说。这种来自于天上的声音仿佛是瞬间就可以穿透人心灵的风景，轻而易举地就可以把我们带到一次冒险的边缘。一只蝙蝠，一只又一只美丽的黑色的蝙蝠，就这样在雷声响彻的夜晚开始出没，它们没有影子，也没有声音，只有天边的雷声轰鸣着无穷无尽的危险的快乐。……

此刻，我对你的叙述将伴随着轰鸣的雷声与一只小小幽灵的飞翔。

这是一次黑色的飞翔。在一个伴随湿潮的天空底下那沉闷阴暗的夏天傍晚，远道而来的雷声的轰鸣是一种让你立刻就想投身到另一个人的怀抱中去的渴望。

——马莉《蝙蝠在雷声响彻的夜晚出没》①

“轰鸣的雷声”“美丽的黑色的蝙蝠”“黑色的飞翔”“沉闷阴暗的夏天傍晚”，所有这些都是雅各布森所说的“提喻性”隐喻语言，它不仅营造了一个撼人心扉的南方雨天的独特语境，渲染了一种幽暗神秘的氛围，而且，这雷声和蝙蝠也是一种心理暗示，一种渴望冒险的冲动。你看，“那些黑色的生命倒立在炎热的天空之下，像被悬置的命运带着冰冷的死亡诗意在祈祷另一个明亮的夜晚的来临。是的，这种黑色的小动物只在夜间展示它生命的价值与活力，而白天，它们则生活在迷惘的静止与记忆之中”②。由雷声，到蝙蝠，到黑色的飞翔，再到蝙蝠夜间倒立的姿态，于是，我们触摸到了生命，感受到了死亡的诗意和语言的魅力。于是，当雷声响彻的夜晚再度降临，当看到“一只蝙蝠的死亡伴随而来的是花朵疯狂地开放然后安静地枯萎，是一首诗歌的诞生，是一片树叶跌落在芬芳的空气中并且小心地漫舞着，是一对情人在河流边草丛中的呻吟和一个孩子的将要诞生……”③ 是的，当看到这一切的时候，我们的确感到了蝙蝠的坚忍无畏、生命的绚烂和辉煌，以及人的生存的严峻和记忆的美丽。而这些感悟和人生的启示皆来自于那些隐喻性语言。从这个意义上来说，隐喻绝不仅仅属于一种修辞技巧，不仅仅是一个语言问题，而是一个诗学问题。隐喻不属于日常生活的维度，它是对于世界本体的言说，它隐藏着内在的心灵和生命的体验，同时离不开超拔的想象和幻想。此外，隐喻还常常和意象、象征、通感互相渗透，互为转化，并共同构筑了一种超越理性语言的诗性语言。

①② 马莉．蝙蝠在雷声响彻的夜晚出没［M］//马莉．怀念的立场．昆明：云南人民出版社，2000：106－108.

③ 马莉．蝙蝠在雷声响彻的夜晚出没［M］//马莉．怀念的立场．昆明：云南人民出版社，2000：110.

要是说，隐喻是诗性语言的一种心灵性展示，是诗性语言的潜在性结构的呈现，则陌生化是构成散文诗性语言的另一个重要方面。陌生化，指文学语言组织的新奇性和反常态性，它主要是从读者的阅读效果方面来说的。根据俄罗斯形式主义理论家什克洛夫斯基的说法，陌生化是与“自动化”相对立的一种语言创新。自动化的语言是那种由于长久使用而形成了“习惯”的语言。这种语言缺乏新鲜感和原创性，所以散文作家在创作时要用全新的眼光来观察世界，要通过语言的变形或重新组装使语言变得新奇和陌生。比如：“只看见风的线条，它是飘扬的旗帜是纷飞的树叶是荡漾的黑发是我手中燃着的香烟”；“炫目的阳光呼啸而来，洒了我一脸一身，我跳起来冲它招招手，更多的阳光扑过来，弄得我鼻子痒痒的”。“风”是有线条的，而且各种各样的事物都有各种各样的形体；“阳光”则会打招呼，会跳跃，有个性和生命。这是通过极个体化的方式，借助通感、意象、错觉、幻梦等表现手法和新尖的语言，传达出了年轻作者对于人生和大自然的微妙感受。如果按“习惯”语言的标准来衡量，这样的语言是不合逻辑的，但正是这些新鲜和奇特的语言，刺激了读者在“习惯”语的氛围中漠然和麻木了的神经。再如，“那些淡到几乎没有细节的下午”，“慢慢地墙壁和松板松软地变成了一块饼干我想在水里用不了多时就淡化了”，以及“于是这个夏天我一帆风顺的瘦下去”，“肥沃的手”等，这些语言，或者运用语言的指代，或者在宾语之前插进“我想”，或者借助语言的特殊搭配组成句子，总之，正是这种反常规、反逻辑、反习惯的语言组合，使语言产生了一种陌生化的效果。同时由于陌生化的过程中有感觉的弥漫、意象的跳跃，以及鲜活生命的渗透，因而这样的语言自然也是一种诗性的语言。

台湾的著名诗人和散文家余光中十分重视散文的诗性语言，并在《剪掉散文的辫子》一文中提出了“弹性”“密度”“质料”三条散文的语言准则，虽然余光中没有从语言的隐喻性、陌生化方面展开阐述，但他的三条要求，特别是“弹性”和“密度”其实包含了“隐喻”和“陌生”的内容，我们只要看看他的《听听那冷雨》《丹佛城》《蒲公英的岁月》《南太基》等散文，就可以感受到他的散文语言的诗性力量。余光中的散文语言，不但锤炼个别的字和词，讲究文体的多姿多彩，而且他的散文中有大量的隐喻性和陌生化的语言，余光中之所以能成为一流的文体家，成为“语言的魔术师”，其中一个主要的原因，就是他的语言是由感觉性、隐喻性和陌生化构成的诗性语言。

隐喻性和陌生化的语言是一种极具张力的诗性语言，但它的本质并不是以极度的夸张悖论和破坏旧的语言法则为目的，而是以高度的具体性和意味性来激发读者的联想，进而理解词语在语义场内所产生的作用。从这个角度看，隐喻性和陌生化的这种“具体性和意味性”在文学特别是散文中更具有本体的意义，它是散文的诗性来源和主要的载体。在20世纪90年代以后，隐喻性和陌生化语言在我国的散文随笔中大量涌现，这表明当代散文的语言已突破传统散文语言的“明”和“实”的限制，而具备了诗的纯粹性和审美性。

四、音乐性：语体文体之化境

“每一件文学作品首先是一个声音的系列，从这个声音的系列再生出意义。”① 韦勒克的这句话，虽然主要是针对诗歌而言，不过在笔者看来，这句话同样适用于散文的语言。

音乐性在散文语言中具有重要的作用，这是不言而喻的。不过自“五四”以降，诗歌的音乐性一直都受到人们的高度重视，而散文尤其是散文语言的音乐性却一直被人们所忽略，以至于叶圣陶老先生在致王力的信中也表示忧虑：声音之美不只及于诗，也当及于文；不只及于古文，更当及于今文。他还批评当下一些文章“仅供目治，违于口耳”，缺乏音乐之美，

① 韦勒克，沃伦．文学理论［M］．刘象愚，邢培明，陈圣生，等译．北京：生活·读书·新知三联书店，1984：166.

而究其原因，皆因“今人为文，大多数说出算数，完篇以后，惮于讽诵一二遍”①。

其实，古代的文论家是相当重视文章的声音节奏的，这可拿朱光潜的话做证。朱光潜在《散文的声音节奏》一文中这样写道：

> 从前人做古文，对声音节奏却也很讲究。朱子说：“韩退之、苏明允作文，敝一生之精力，皆从古人声响处学。”韩退之自己也说：“气盛则言之短长，声之高下，皆宜。”清朝桐城派文家学古文，特重朗诵，用意就在揣摩声音节奏。刘海峰谈文，说：“学者求神气而得之音节，求音节而得之字句，思过半矣。”姚姬传甚至谓：“文章之精妙不出字句声色之间，舍此便无可窥寻。”②

为什么古人那么讲究文章的声音节奏？这是因为汉语文学语言的音乐性具有其他语种的文学语言的音乐性所不能比拟的艺术魅力。比如丰富的乐音、整齐的音节、不同的声调、多样的押韵方式等，这些都可将汉语言独特奇妙的乐感体现出来，特别是“文气”和“单音节性”，更是汉语言文学的特产。关于“文气”，我们姑且不论，而就“单音节性”来说，林语堂曾有过十分精彩的阐述：

> 这种极端的单音节性造就了极为凝炼的风格，在口语中很难模仿，因为那要冒不被理解的危险，但它却造就了中国文学的美。于是我们有了每行七个音节的标准诗律，每一行即可包括英语白韵诗两行的内容，这种效果在英语或任何一种口语中都是绝难想象的。无论是在诗歌里还是散文中，这种词语的凝炼造就了一种特别的风格，其中每个字、每个音节都经过反复斟酌，体现了最微妙的语音价值，且意味无穷。③

---

① 王力．略论语言形式美［M］//王力．龙虫并雕斋文集：第一册．北京：中华书局，1980：477.

② 朱光潜．谈写作［M］．北京：北京教育出版社，2014：49－50.

③ 林语堂．中国人：全译本［M］．郝志东，沈益洪，译．上海：学林出版社，1994：222.

林语堂从汉语的“单音节性”入手，探讨了中国文学的美在语言层面上的体现，而且认为这种语言的音乐美在别的语种中是“绝难想象的”。不仅如此，林语堂还将中国散文作家的讲究词法，追求汉语的“语音价值”与社会传统和中国人的心理习惯联系起来：“先是在文学传统上青睐文绉绉的词语，而后成为一种社会传统，最后变成中国人的心理习惯。”① 由此可见，林语堂并没有就语言谈语言，而是将汉语语音节奏和韵律的美与中国文化的根性结合起来，这是他的高明之处。

既然汉语言的音乐性是别的语种难以比拟的，那么，落实到散文创作上，这种语言的音乐性又是如何体现出来的呢？

首先，应该看到，讲究散文的音乐性，是中国散文的一个优良传统。我们看韩愈、欧阳修、苏轼、袁宏道、张岱等的散文语言，均表现出抑扬顿挫、音节变化、语调流转、优美和谐的音乐美，只可惜新中国成立后的内地散文家没有很好地继承这一优良传统，这就不可避免地造成了散文语言诗性的流失。其次，还应看到，散文语言的音乐性虽包含排比、对偶但不等于排比、对偶，就现代散文的语言来说，音乐性更在于长短参差、可伸可缩、形神兼备、生气灌注、流转自如，试看庄子《齐物论》中南郭子綦说的一段话：

> 子綦曰：夫大块噫气，其名为风。是唯无作，作则万窍怒呺。而独不闻之翏翏乎？山林之畏佳，大木百围之窍穴，似鼻、似口、似耳，似枅，似圈，似臼，似洼者，似污者；激者、謞者、叱者、吸者、叫者、譹者、宎者、咬者。前者唱于而随者唱喁；泠风则小和，飘风则大和，厉风济则众窍为虚。而独不见之调调之刁刁乎？

庄子的散文语言，之所以是诗性语言的典范，不仅在于他极尽描写之能事，综合地运用了比喻、拟人、排比等修辞手法，诉诸读者的听觉、视

① 林语堂．中国人：全译本［M］．郝志东，沈益洪，译．上海：学林出版社，1994：223.

觉、触觉，把无形无状的风声写得有声有色，可触可摸；更在于他以非凡超拔的想象力和对节奏、韵律的精妙体悟，描状出了风的高低、粗细、徐疾的各种声调，并汇合成了一曲美妙绝伦、荡气回肠的天籁。这天籁既如千军万马奔腾，“鼓气以势为美”，又似千万管弦繁奏中，最后归于“希声窈渺处”（刘大槐《论文偶记》）。这样富于音乐感的诗性语言，实在值得现当代散文作家认真学习。

在学习和继承古典散文表情达意的优良传统这一点上，余光中是做得相当出色的一位散文家。余光中的散文十分讲究语言的质料、密度和弹性，他乐于且善于将中国的文字压缩、锤扁、拉长、磨利，将其拆散又合拢；同时，他还特别注重文字的节奏和韵律，他的散文语言，有的采用对偶、排比，句式整齐、语调均衡，给人一种气势旺盛、典雅华丽的感觉。如“他乡生白发，旧国见青山。可爱的旧国的山不改其青，可悲的是异乡人的发不能长保其不白”①。有时，他采用长短参差、奇偶交错的句式，调配出一种特别的声律。如“白。白。白。白外仍然是白外仍然是不分郡界不分州界无疵的白”②；“雨是一种单调而耐听的音乐是室内乐是室外乐，户内听听，户外听听，冷冷，那音乐”③。当然，余光中更喜欢通过同音字的重复或双声叠韵来强化散文语言的音乐效果。如“留下他，留下塔，留下塔和他”④；“今夜的雨里充满了鬼魂。湿漓漓，阴沉沉，黑淋淋，冷冷清清，惨惨凄凄切切”⑤；“听听，那冷雨。看看，那冷雨。嗅嗅闻闻，那冷雨，舔舔吧那冷雨”⑥。此外，他还注意通过平仄、押韵使语言读来朗朗上口，悦耳动听，有一种“可吟唱性”。

与余光中一样，贾平凹的散文语言也讲究音乐的美。同时，贾平凹也

---

① 余光中．蒲公英的岁月［M］//余光中．光中心音．桂林：漓江出版社，1999：77.
② 余光中．丹佛城［M］//余光中．黄绳系腕．南京：译林出版社，2012：70.
③⑥ 余光中．听听那冷雨［M］//余光中．黄绳系腕．南京：译林出版社，2012：89－93.
④ 余光中．塔［M］//余光中．桥跨黄金城．北京：人民日报出版社，2007：30.
⑤ 余光中．鬼雨［M］//余光中．黄绳系腕．南京：译林出版社，2012：11.

喜欢用叠韵叠字和同音重复来创造语言的音乐形象。不过，贾平凹语言中的音乐性又有别于余光中语言中的音乐性。余光中喜欢像一个魔术师那样来摆布他笔下的文字，他的音乐性中时常穿插进现代诗的笔法。而贾平凹却是为了情绪而追求旋律，他的语言中有野性与淳厚的韵致，甚至还有一种憨憨暮暮的大智若愚般的感觉：

> 我们看时，那竹窗帘儿里，果然有了月亮，款款地，悄没声儿地溜进来，出现在窗前的穿衣镜上了：原来月亮是长了腿，爬着那竹帘格儿，先是一个白道儿，再是半圆，渐渐那爬得高了，穿衣镜上的圆便满盈了。
>
> ——《月迹》①

> 沟是不深的，也不会有着水流；缓缓地涌上来了，缓缓地又伏了下去：群山像无数偌大的蒙古包，呆呆地在排列。八月天里，秋收过了种麦，每一座山都被犁过了，犁沟随着山势往上旋转，愈旋愈小，愈旋愈圆。天上是指纹形的云，地上是指纹形的田，它们平行着，中间是一轮太阳；光芒把任何地方也照得见了，一切都亮亮堂堂。……路如绳一般地缠起来了：山垭上，热热闹闹的人群曾走去赶过庙会。路却永远不能踏出一条大道来，凌乱的一堆细绳突然地扔了过来，立即就分散开去，在洼底的草皮地上纵纵横横了。
>
> ——《黄土高原》②

这样的散文语言，在余光中那里是极难见到的。它的特点是既着力于动词的锤炼，又注意形容词和虚词的配搭，再加上双声叠韵的反复运用，于是，就形成了一种可称之为发纤浓于古朴、寄至味于野趣的特殊的语言旋律。这种语言表面上看起来模模糊糊，而其内里却很“秀”，并有极强的

---

① 贾平凹. 月迹［M］//范培松. 贾平凹散文选集. 3版. 天津：百花文艺出版社，2009：11.

② 贾平凹. 黄土高原［M］//范培松. 贾平凹散文选集. 3版. 天津：百花文艺出版社，2009：56－57.

节奏感和韵律感。正是上述诸多因素，构成了贾平凹淡而有味的诗性散文语言。

余秋雨的散文语言又有别于余光中与贾平凹的语言。他是在生命的乐章、在线条织成的华彩中体现出音乐的节奏和韵律：

> 白天看了些什么，还是记不大清。只记得开头看到的是青褐浑厚的色流，那应该是北魏的遗存。色泽浓厚沉着得如同立体，笔触奔放豪迈得如同剑戟。那个年代故事频繁，驰骋沙场的又多北方骠壮之士，强悍与苦难汇合，流泻到了石窟的洞壁。当工匠们正在这些洞窟描绘的时候，南方的陶渊明，在破残的家园里喝着闷酒。陶渊明喝的不知是什么酒，这里流荡着的无疑是烈酒，没有什么芬芳的香味，只是一派力，一股劲，能让人疯了一般，拔剑而起。这里有点冷，有点野，甚至有点残忍。
>
> 色流开始畅快柔美了，那一定是到了隋文帝统一中国之后。衣服和图案都变得华丽，有了香气，有了暖意，有了笑声。这是自然的，隋炀帝正乐呵呵地坐在御船中南下，新竣的运河碧波荡漾，通向扬州名贵的奇花。隋炀帝太凶狠，工匠们不会去追随他的笑声，但他们已经变得大气、精细，处处预示着，他们手下将会奔泻出一些更惊人的东西。
>
> 色流猛地一下漩涡卷涌，当然是到了唐代。人世间能有的色彩都喷射出来，但又喷得一点儿也不野，舒舒展展地纳入细密，流利的线条，幻化为壮丽无比的交响乐章。这里不再仅仅是初春的气温，而已是春风浩荡，万物苏醒，人们的每一缕筋肉都想跳腾。这里连禽鸟都在歌舞，连繁花都裹卷成图案，为这个天地欢呼。这里的雕塑都有脉搏和呼吸，挂着千年不枯的吟笑和娇嗔。这里的每一个场面，都非双眼能够看尽，而每一个角落，都够你留连长久。……
>
> 色彩更趋精细，这应是五代。唐代的雄风余威未息，只是由炽热

走向温煦，由狂放渐趋沉着。头顶的蓝天好像小了一点，野外的清风也不再鼓荡胸襟。①

从个人气质来说，余秋雨是一个情感型、才子型的散文家，所以他的散文语言既是文化诗性的，又是历史诗性和哲理诗性的。他借助着超拔的文化想象力，通过色彩的流动和颜色的变化，复活了壁画上的人物和历史，并赋予这些人物和历史以鲜活灵动的生命；而余秋雨散文语言的音乐感，便产生于这些华彩的语言乐章，产生于生命、色彩和线条组成的语言激流中。

上面列举的是当代散文家对于语言的音乐性的追求，在现代散文家中，在语言的音乐性方面用力较多的是徐志摩。徐志摩的散文之所以具有鲜明的诗性特征，其中一个原因就是他特别注重散文语言的音乐美，并将其视为构成诗性散文不可或缺的重要因素。比如，在《北戴河海滨的幻想》中，他一口气用了 17 个“忘却”的排比句，以近似于诗句的连绵不绝的语调造成了一种音乐性。在《巴黎的鳞爪》里，他的语言同样有很强的节奏感：

香草在你的脚下，春风在你的脸上，微笑在你的周遭。不拘束你，不责备你，不督饬你，不窘你，不恼你，不揉你。它搂着你，可不缚住你：是一条温存的臂膀，不是根绳子。它不是不让你跑，但它那招逗的指尖却永远在你的记忆里晃着。多轻盈的步履，罗袜的丝光随时可以沾上你记忆的颜色。

但巴黎却不是单调的喜剧。赛因河的柔波里掩映着罗浮宫的倩影，它也收藏着不少失意人最后的呼吸。流着，温驯的水波；流着，缠绵的恩怨。咖啡馆：和着交颈的软语，开怀的笑响，有踞坐在屋隅里蓬头少年计较自毁的哀思。跳舞场：和着翻飞的乐调，迷醇的酒香，有独自支颐的少妇思量着往迹的怆心。浮动在上一层的许是光明，是欢

① 余秋雨．莫高窟［M］//李晓虹，温文认．三十年散文观止．广州：花城出版社，2009：394－395．

畅，是快乐，是甜蜜，是和谐……①

尽管有点浓得化不开，但由于大量运用比喻、对偶、排比等修辞手法，加之长句与短语的搭配，音调的高低起伏，因而读起来疾徐有致，朗朗上口，有一种内在的韵律节奏，一种“音节的韵称与流动”。也正因如此，沈从文认为徐志摩的散文创作是把“属于诗所专有，而又为当时新诗所缺乏的音乐韵律的流动，加入于散文内”②。自然，不独徐志摩如此，在现代的散文家中，朱自清、沈从文、何其芳、柯灵等散文家也都十分重视散文语言的音乐性。这些作家在创作上的可贵之处，就是把追求散文语言的音乐美视为构成诗性散文的一个重要方面。这样，他们的散文语言也就超越了那些既不讲究语言的“质料”，又不善于调配语言声调的“大白话”语言，而具备了某种诗性。也是因为如此，他们才告别了粗糙平庸，成为优秀的散文家。

总而言之，音乐是一切艺术的灵魂，而一切艺术又以逼近音乐为旨归。美学家克罗齐说：一切艺术都是音乐。因为音乐不但表现了作家的内心生活，而且它凭借其优美悦耳的旋律直接渗透到鉴赏者内心。所以，无论是诗歌、戏剧、小说或散文，均与音乐有密切的联系，均应以音乐的境界为最高境界。而就散文来说，强调语言的音乐性，一方面可以使散文语言更具弹性和质感，更加优美精致；另一方面还可加强散文语言的可吟咏性和耐读性，使散文更容易为广大读者所接受。从这个角度上说，语言的音乐性的确是构成诗性散文的一个不可或缺的环节，同时也是提高当代散文质量一个至关重要的方面。

---

① 徐志摩. 巴黎的鳞爪［M］//徐志摩. 徐志摩经典. 北京：当代世界出版社，2016：109.

② 沈从文. 论徐志摩的诗［J］. 现代学生，1933，2（2）.

第十一章

主体与文体的深度交融

在本书第二章中，笔者将文体分为五个层次。第一层次即文类文体，这是文体的外在形态；第二层次体式文体和第三层次语体文体是文体的重点，其阐释的理路是以我国传统的文体论为纵向坐标，以西方现代语言学为横向参照系，并以中国现代散文作为研究对象展开详细的分析。而本章要探讨的主体文体是文体的第四个层次，它既是文体系统中一种“深层结构”的文体形式，也是文体的外化。主体文体作为作家的人生经历、文化修养、审美趣味和个性气质、人格结构、心理及情感形式的整体性显现，它集中地体现了人的主体意识的觉醒以及文体对于个体生命的体验，特别是对精神性的追求和对人格的丰富与提升。

一、个人化与独创性

从主体文体的角度看，一篇散文要获得成功，要想对读者的心灵造成震撼并在读者的审美经验中造成“陌生化”的艺术效果，很重要的一点就是散文作家在创作时要充分发挥主体的创造功能和个性力量。因为个性既是主体的一个重要组成部分，同时个性又从人格的方面决定了作品的质量。由于个性是从主体的创造性、能动性方面来确定散文的本体，因而个性具有共性所无法达到的深度和独特性。当然，作为作家主观与客观相统一的产物，任何形式的文学作品都强调个人化的表达，但因艺术形式的不同，有的表现现实生活时主观色彩淡薄、隐蔽一些，有的则主观色彩浓烈、外露一些。比如小说、戏剧主要通过虚构的情节、故事、戏剧冲突的设置，尤其是典型的环境描写和塑造人物的方法，来再现客观的现实，表达作家的审美艺术理想，它是以外在事物体现思想的认识，以明确具体的形象组成精神的；而散文则是主观的王国，这是一个内在的世界，一个孕育着的并且保持其孕育状态而不外显的世界。在这里，散文家的个性占主要地位，我们只能通过散文家的个性去感受和理解一切。也就是说，散文家在表现生活时，他不用对现实生活中的人和事、场景做太多的典型化加工，他的个性没有被虚构的帷幕隔开，因而他的主观感情表达最为直接，个性流露也最为鲜明。也正因如此，日本的厨川白村说过："在 Essay，比什么都紧要的要件，就是作者将自己的个人底人格的色彩，浓厚地表现出来……"① 郁达夫也说："现代的散文之最大特征，是每一个作家的每一篇散文里所表现的个性，比从前的任何散文都来得强。"② 在这里，厨川白村和郁达夫都以是否有鲜明个性作为衡量一篇散文优劣的重要标准。我们看 20 世纪那些优秀的散文，比如鲁迅、周作人、梁实秋、沈从文、张中行、史铁生、贾平凹、张承志、韩少功、王小波等作家的作品，无不是以自觉或非自觉的创造性以及由此形成的主体个性化而获得读者的喜爱。

不过，如果从主体文体的高度来要求，散文作家在创作时，仅仅注意到创作主体的个人化还不够。主体性作为历史性和社会性的范畴，作为认识论与价值论统一的实践性的产物，尤其是如果我们将主体性当作是一种

---

① 厨川白村．苦闷的象征；出了象牙之塔［M］．鲁迅，译．北京：人民文学出版社，1988：113.

② 郁达夫．中国新文学大系：散文二集［M］．上海：上海文艺出版社，2003：导言 5.

对自我和现实的超越性规定，那么，这种主体性便不仅是带有个体特征的，而且应是建立在不同的个体上的人类精神的存在。刘再复在他那篇著名的《论文学的主体性》中，就将人的主体性分为实践主体和精神主体："所谓实践主体，指的是人在实践过程中，与实践对象建立主客体的关系，人作为主体而存在，是按照自己的方式去行动的，这时人是实践的主体；所谓精神的主体，指的是在认识过程中与认识对象建立客体关系，人作为主体而存在，是按照自己的方式去思考、去认识的，这时人是精神主体。"① 应该说，刘再复关于作家精神主体性的论述，对于笔者思考散文创作中的主体文体问题有着极大的启示。因为在笔者看来，一篇散文是否有独特的内涵和真正的价值，是否能给读者以强烈的心灵和思想的震撼，最关键的是看这篇散文具不具备精神的主体性。所谓精神的主体性，"是指作家内在精神世界的能动性，也就是作家实践主体获得实现的内在机制"②，它不仅强调人在文学活动中，要以人为中心、为主体，突出人的作用和价值，以人的方式去思考和认识客观世界；而且，它还特别强调作家主体性的最高层次，即精神方面的自我完善和自我实现。因为精神属于内宇宙、内自然的范畴，它具有追求自由和反抗束缚的特征。精神是作家的意志、能力、创造力的凝聚，是作家整个人格和心灵的表现。一个散文作家，如果他意识到精神主体性并为实现这种主体性而努力，那么，他的创造就有可能"视通万里，思接千载"，使内宇宙与外宇宙相通，让第一自然与第二自然融汇，从而使散文产生质的飞跃。为什么现在的读者不喜欢读杨朔和秦牧的散文，这其中的一个重要原因，就在于他们的散文缺乏对精神主体性的追求。在精神主体性被强大的意识形态阉割得千疮百孔，在共性淹没了个性的社会氛围中，尽管他们的作品不乏诗的意境和知识性及趣味性，但在价值多元、个性凸显的今天，他们的作品无论如何也引不起读者的激动了。相反，鲁迅的散文小品由于充溢着强大的精神主体性，所以即便过去了近

①② 刘再复. 论文学的主体性［J］. 文学评论，1985（6）：11－26.

一个世纪，仍然能引发我们绵绵不断的思索和震动。可见，有没有精神主体性，或作品中主体性的强弱，其阅读效果和影响是大不一样的。

文体与个性的关系，首先体现在精神的独创性方面。散文作为文学的代表和最高范本，作为文学种类中最自然朴素的“存在”，它不仅要求散文作家在创作中体现出精神性的倾向，而且要求这种精神必须是独特的。因为散文不似小说那样有人物、情节可以依傍，也不像诗歌那样以跳跃的节奏、奇特的意象组合来打动读者。散文是以自然的形态呈现生活的片段，以“零散”的方式对抗现实世界的集中性和完整性，以“边缘”的姿态表达对社会和历史的臧否，所以散文作家的精神性追求必须与众不同，而且是犀利深刻和富于批判性的，这样散文才有可能让人读后精神为之一振。比如王小波的《沉默的大多数》中的不少思想随笔，就体现出了强烈的精神独创性的创作倾向。王小波十分推崇西方以罗素为代表的“健全的理性”精神，认为“低智、偏执、思想贫乏是最大的邪恶”。不仅如此，他还认为“愚蠢是一种极大的痛苦；降低人类的智能，乃是一种最大的罪孽”。而“以愚蠢教人，那是善良的人们所能犯下的最严重的罪孽”。为了让读者进一步认识到愚蠢和偏执的可恶和缺乏理性精神的可悲，在《智慧与国学》中，王小波讲述了一个关于傻大姐的故事。傻大姐因智力出现了故障，于是每当她缝完一个扣子，总要对“我”狂嚎一声：“我会缝扣子!”并且她还要“我”向她学缝扣子。作者由此想到，假如傻大姐学了一点西洋几何学，一定会跳起来大叫道：“人所以异于禽兽者，几稀!”进而想到傻大姐理解中的这种“超级智慧”，即便是罗素和苏格拉底恐怕也学不会。不仅如此，王小波还从傻大姐“这个知识的放大器”，联系到国人对待国学的态度与傻大姐亦十分相近：中国的人文学者弄点学问，就如拉封丹寓言《大山临盆》中的“大山临盆一样壮烈”。这样，就不单批判了迷恋国学者的偏执、盲目和自大，也充满了戏剧性的幽默效果。

就作家精神主体性这一层面而言，有独创性和原创性的作家当然不止王小波一位，特别在20世纪90年代的散文随笔热潮中，类似王小波这样坚守精神视域、充满人文情怀的散文作家还可举出好几位，比如张承志、韩少功、张炜、周涛等人均在探索精神的独特性方面做过努力。张承志始终在追寻充满阳刚之气的主体人格与宽阔粗犷的客观世界的契合，因此，在《禁锢的火焰色》中，他以近乎宗教的狂热，以强烈的平民意识和民族情绪表达了对现代工业文明的愤怒和批判，以及对自诩为“精灵”，具有“健全的精神”的凡·高的崇拜。在《天道立秋》中，他更以立秋日午后“瞬间”的一丝清凉证明“天理的真实”和“天道的存在”。这种对美丽“瞬间”的沉迷，以及由此而获得的启示、激发、感悟、超越，无不烙印着张承志的思维方式和精神气质：他一方面是凌厉逼人、孤独高傲的；另一方面又是躁急不安和狭隘的。韩少功与张承志一样执着于人文理想的坚守和人类精神家园的探索，但由于韩少功是一位有着古典人道主义情怀，同时又是一位既入世又出世的智慧型作家，所以他的散文一方面毫不留情、一针见血地针砭时下的社会状况和文化状况；另一方面他又杜绝了极端和偏执的倾向，也不像张承志那样以绝对的宗教信仰为匡时救世之道。这一切均源于韩少功对知识、文化、人类乃至自我都保持着足够的警觉和怀疑，因而他的散文的精神探求无不透出达观大度和成熟智慧的思辨魅力。而张炜的精神追求又有别于韩少功，他一般是借助“野地”来表达他对人生、社会和世界的认识。在他的作品中，野地象征着某种原初的、自然的、本源性的事物，但张炜显然没有在存在论的层面上做大段的抽象演绎，他只是用感性的语言描绘出一个个生动的意象，并把它们呈现于读者面前；而他那种心血斑斑的倾诉，那种唯有“融入”野地他的语言和灵魂才得以安顿的炽热之情，又使他的精神性蒙上了一层诗意和人道主义的光辉，这就是张炜精神探求的独特性。至于周涛，他主要从边地的独特视角来进行精神反思，他的主体人格力量的获得，往往得益于边疆大漠荒凉严酷的自然环境，这使他的散文的理性反思具有一种狂放、强悍、气度恢宏的精神气质。正因为上述作家不仅具有鲜明的个性，而且他们的精神是充盈的、独创的，这样他们的文体创造也就特别地有力，特别地迷人。

二、生命的本真

主体文体不但要求创作主体必须具备鲜明的个性和精神的独创性，它还要求作家在创作时要投进真感情、真生命，即达到生命的本真。

生命的本真，这是散文真实的内核，但过去的散文研究对这一层面的“真”明显重视不够。事实上，我们说散文是率性之作也好，说它是表现“自我”的艺术也好，其间也就昭示着散文作家不仅要无中介地面对读者，而且要使生命本真任情任性地呈现。我们经常读到一些矫情滥情的散文，作者不是在那里无病呻吟，就是说一些不着边际的废话假话。之所以如此，是因为这些作者失去了生命的本真。他们不是以整个的生命，以赤裸诚挚的心灵去感知事物，去拥抱世界，而后自自然然、老老实实地写出自己对于这个世界的真实感受，而是将“自我”包裹起来，以伪装的满身披挂代替对生命的全部理解。这样的散文是虚假肤浅的，同时也是令人厌恶的，因为它失去了生命的本真，也就意味着失去了文体最为可贵的品格。

毫无疑问，生命的本真是一种更深层、更内在的真，因而也是一种真正贴近了主体性的真。因为生命不仅是人的本能、意志的集中体现，生命还具有无限开发的可能性，它是超个人、超主体的充满原始激情的实在。此外，如果按照德国近代生命哲学的理解，生命力本体本身还是诗，是美，是对抗现代工业文明的内在之源。因此，在散文创作中高扬生命的旗帜，或者说，把散文生命化，把生命化为诗——这应是一切散文家追求的目标。事实上，我们看到，在散文创作中，哪一位作家的生命主体意识愈强大，他的生命力在作品中渗透得愈深广、愈彻底，他的文体也就愈有力量。比如史铁生的《我与地坛》，这篇作品的内涵十分丰富：有关于人类困境的描写，关于母爱的赞歌，关于写作意义的探寻，关于文学与自然、与宗教的关系，关于“差别”问题与宿命问题的思考，但作品最具魅力的地方，还是对于生命的十足个人化的体验和梦想——作家静静地坐在轮椅上，从地坛的一角，从古园中的老树、荒草、青苔、颓墙，以及蝉歌、鸽音和古殿檐头的风铃声，“专心致志地想关于死的事，也以同样的耐心和方式想过我为什么要生”。于是，透过那一个又一个的场景，透过那荒凉静寂的古园和自然朴素的文字，我们感受到了汩汩涌动的生命热流，体会到了生命的纯美与辉煌。在这里，没有任何人间的喧哗和功利的算计，没有刻意为之的“抒阶级之情”或“代人民立言”，有的只是人与自然的和谐、心与上苍的交流，以及对于人性的荒凉和苦涩的展示。史铁生的意义，在于他以个体的生命为路标，以不动声色的描写和诉说，由自身的苦难推及人类的苦难，并对其做出迥异于世俗的理解，因而，他对生命的垂询，便超越了个体的悲欢而具备了普遍的价值。

在表达生命的本真方面值得一提的还有新近才被注意到的刘亮程。刘亮程是新疆的一位农民，他写散文也是近几年的事情。但他的起点很高，出手不凡。他的散文创作为当代散文注进了一股自然朴素之风，也为散文研究提供了一些新的材料。就生命体验这一层次来说，他的散文是朴素、自然、真切而又丰富博大的。请看《寒风吹彻》①：“雪落在那些年雪落过的地方，我已经不注意它们了。比落雪更重要的事情开始降临到生活中。”于是，“我静坐在屋子里，火炉上烤着几片馍馍，一小碟咸菜放在炉旁的木凳上”，“我”想着一些人和事情，想得深远而入神。“我”首先想起 14 岁那年，一个人赶着牛车去沙滩拾柴禾，结果被寒风冻坏了一条腿。“我”又想起一个“我”曾经给他温暖，但他终于还是被寒风冻僵在路边的上了年纪的人，“我”还想起一直盼望着春天的姑妈，但她还是被冬天留住了。作者平静而冷漠地叙述着发生在身边，发生在冬天里的一些事。他反复地渲染着生命的无奈：“生命本身有一个冬天，它已经来临。”“落在一个人一生中的雪，我们不能全部看见。每个人都在自己的生命中，孤独地过冬。”然而，尽管“我”和“我”的亲人们的岁月被“寒风吹彻”，但我们仍在期盼春天，尤其是生命的隐蔽处正储藏一点温暖，这仅有的温暖随时准备“全给了你们”。这实在是一种植根于大

① 刘亮程．树会记住很多事［M］．上海：东方出版中心，2017：204－211.

漠旷野中的生命，感受着这样顽强而赤裸的生命，不由人不想起那里的白杨树和梭梭树。是的，刘亮程就是这样：他的散文从不“摆谱”或故作高深，他只是用朴朴素素的笔调写了农村中的一些生活细节，并在一棵树、一片落叶、一朵花、一头牛、一只鸟、一只小蚂蚁乃至寒风中，倾注进他对生命的全部理解。于是，你触到一个感性的世界。你在麦地边、旷野中，在昏暗的屋子里感受到了生命的顽强和尊严。

从史铁生、刘亮程等优秀散文作家的作品中，我们可以感受到：文体不是写出来的，而是流出来的。散文文体是作家的人格和气质在作品中的投影：你可以在其他体裁中掩盖自己，却无法在散文中将自己的灵魂掩藏。从这个意义上说，“散文是与人的心性距离最近的一种文体”①。也就是说，散文不仅是创作主体的精神个体和人格智慧的艺术体现，同时也是作家的生命个体——个人性情、艺术感悟、审美性灵到文化素养的全貌写真。如果只有精神的独创性而没有生命电光火石的碰撞，则散文难免流于抽象和冷硬，作家唯有在散文中注入生命的热力，使理性的思辨带着生命的体温，即余光中所说的“知性”和“感悟”的统一，如果散文家能够做到这一点，那么丰盈饱满的主体性自然也就凸显出来，散文文体也就更加富于弹性和质感了。

三、人格智慧与散文格调

按照人格心理学的解释，“人格”一词来源于拉丁文“面具”（persona），它包含着两层意思：一是指一个人在生活舞台上演出的种种行为；二是指一个人真实的自我。按荣格的观点，文化要求人在社会中所扮演的角色就是人格；也就是说，人格包括外部的自我和内部的自我。后来，在心理学、社会学、法学等著作中，人格又被引申为个体行为的全部品质，人的特质的独特模式，一个人不同于他人的所有的主要心路历程，等等。而就散文

① 雷达. 雷达散文［M］. 杭州：浙江文艺出版社，1999：445.

创作来说，人格主要体现为作家的生活经历、文化修养、个性气质、心理特征、审美情趣等多层面的综合，它是作家的社会历史角色和地位在文化上的自我确认，这种人格的特点是性格加智慧再加上气质。因此，在笔者看来，就“人格”这一层面来说，主体文体性主要是研究作家的主体人格智慧在艺术上的表述，以及散文作家的经历、修养、趣味和气质如何氤氲成了文学作品独有的格调。

如众所知，散文特别是其中的随笔小品不但需要思想，而且需要人格的智慧。有智慧的散文启人心智，既传达了真理，激发起读者的理性认识活动，又带给他们阅读的轻松与愉悦；没有智慧的散文一般来说都显得干巴枯燥、呆板滞重，而且往往伴随着思想的苍白和艺术上的平庸，这样的散文就如大锅清水汤一样寡淡乏味。所以，文学史上那些优秀散文作家，一般来说都具备较为出色的主体人格智慧。比如，现代文学中的林语堂、梁实秋、王力，当代文学中的王小波、韩少功、孙绍振、南帆等均是如此。当然，由于每个散文家主体人格构成的不同，故而他们作品中的智慧表达又各有千秋。如同属“论语派”的作家，林语堂的人格智慧就不同于梁实秋的人格智慧。林语堂和梁实秋都提倡“幽默”和“闲适”，但由于林语堂更崇尚中国传统文化中的智慧和“士大夫式”的自适生活，加之他遍览欧美的幽默理论，这样他散文中的人格智慧便既有知识之博，“左右逢源，涉笔成趣”的特点，又带着较浓的书卷气和欧美的“牛油味”。而梁实秋的主体人格更倾向于现实和世俗，他一方面认为“有个性就可爱”；另一方面又善于“化俗为雅”，“把生活当作艺术来享受”。于是，梁实秋由日常生活入手又曲尽了社会世态和人性之妙；同时，他的细致入微的洞察，特别是他的那种幽默调侃的轻松笔调，以及看似平实质朴实则其味无穷的生活化语言，又处处折射出梁实秋“这一个”作家的主体人格智慧。类似这样的例子，还可以在钱锺书与王力的散文中看到。钱锺书的《写在人生边上》集子中的散文和王力《龙虫并雕斋琐语》集里的散文都以幽默著称。然则因钱锺书生性尖刻，兼之心高气傲和机警过人，而王力性格较宽和，对人对事均抱着相对中庸理解的态度，于是他们笔下的幽默也就大异其趣。例如在王力的《劝菜》中，他写主人用沾满了自己唾液的筷子轮番给客人劝菜："有时候，一块'好菜'被十双筷子传观，周游列国之后，却又物归原主!"① 王力将这个"劝菜"的过程比喻为"津液交流"。为了加强幽默的效果，他又特意再加上一段："主人是一个津液丰富的人。他说话除了喷出若干吐沫之外，上齿和下齿之间常有津液像蜘蛛网般弥缝着。入席以后，主人的一双筷子就在这蜘蛛网里冲进冲出……"② 在这篇作品里，作者通过"劝菜"这一日常现象，批评了国人因极端好客而带来的极不卫生的陋习，他的那些精彩的比喻式幽默充分显示出他的人格智慧，不过他的幽默虽夸张滑稽却是宽容善意的，这为他的作品增添了不少情趣。而钱锺书的幽默便不是这样。他有一篇散文叫《窗》，先写门和窗的"不同意义"和作用，在这一部分作者有意混淆门和窗的功用和界限。接下来，作者进而由建筑物的特征引申出对某种生活现象的讽喻：

> 缪塞（Musset）在《少女做的是什么梦》那首诗剧里，有句妙语，略谓父亲开了门，请进了物质上的丈夫（materiel epoux），但是理想的爱人（ideal），总是从窗子出进的。换句话说，从前门进来的，只是形式上的女婿，虽然经丈人看中，还待博取小姐自己的欢心；要是从后窗进来的，才是女郎们把灵魂肉体完全交托的真正情人。③

借门和窗的功用引进了女婿、情人并做了一番机智的阐释后，作者转而嘲讽了某些同行做学问和教书的投机取巧，又引用了刘熙的《释名》、梅特林克戏剧里情人接吻的场面来证明"眼睛是灵魂的窗户"，并顺笔将女性挖苦了一番。所有这一切的连类比喻、典故引论，一方面体现出钱锺书过人的机智和广博的知识；另一方面又显示出他的幽默特色，即将正常与反常、严肃与俏皮、崇高与滑稽拉扯到一起，再用机智尖刻的语言将幽默和

---

①② 王力. 劝菜［M］//王力. 龙虫并雕斋琐语. 北京：北京联合出版公司，2012：60-61.

③ 钱锺书. 窗［M］//丰子恺，等. 到山中去. 北京：北京联合出版公司，2016：86-87.

讽刺推到极致。而这种犀利的幽默和尖刻的挖苦无不渗透着钱锺书的主体人格智慧。从林语堂、梁实秋、钱锺书、王力等人的散文中可以看到，智慧的确是散文树上诱人的花朵和果实，它能给散文尤其是随笔增添无限的生机和情趣。但有一点要明确：智慧不是聪明的滑头和取巧，不是知识的炫耀和卖弄。智慧从根本上来说是一种生活态度，一种精神境界，一种心血的燃烧。在这方面，王小波、韩少功的随笔体现出来的人格智慧为我们进一步的分析提供了绝佳的例子。王小波的散文的基本格调就是幽默调侃，但他的幽默调侃融进了他作为一个平民知识分子的日常生存体验，特别是融进了他"上山下乡"当知青那些岁月的记忆和心血，因而他的幽默调侃便有一种别样的思想力量。韩少功的散文更多的是"智者的独语"。他的人格智慧更多的是体现为既出世又入世，既冷峻又宽容，既独特深刻而又带着朋友式的微笑。在《词语新解》《性而上的迷失》《夜行者梦语》《佛魔一念间》等作品中，他直陈时代弊端，抨击世态人心，针砭人性弱点，批评后现代主义，其锋芒所向，均为社会文化和人生的严肃课题，均达到一种少见的深刻的洞见。但韩少功又能以深刻其内、潇洒其外的笔调来表达，用生动活泼的线条捕捉凝重的思考，用鲜活独特的意象来聚焦抽象理性的主题，这样韩少功的散文随笔便既有诗性的温润，又有理性的思辨色彩。应当说，韩少功的随笔是他的主体人格智慧结出的较为成熟的果实。

如果说，作家的主体人格智慧常常和幽默、思想、理性联系在一起；则散文的格调一般总是与散文作家的气质、趣味和才情结缘，它表现出人格主体性另一方面的内涵，给文体增添了无穷的魅力。

散文这一文体的格调，是指作家的真实自我毫无保留地渗透进散文之中而后形成的一种情调和文化氛围，它是散文家的个性、气质、修养、趣味和才情的自然而然的流露。一般来说，有什么样的胸襟、什么样的趣味和什么样的才情，就有什么样的散文格调。比如同泛一舟、共游一条秦淮河，朱自清笔下的秦淮河充斥着一股文人气息，它的格调是由"晃荡着蔷薇色"的历史秦淮河的"滋味"和太多的"愁梦"，以及"幻灭的情思"

所构成，因而整篇散文在朦胧黯淡、缠绵缥缈中透出满怀的惆怅苦闷，在有情有景的“文人之游”中折射出的是“有我之境”。而俞平伯笔下的秦淮河却少有“文人之气”而多有“哲人之味”，他怡然自得于桨声灯影里的秦淮美景：不独一进入这“六朝金粉气”的销金窟，心旌便随着河水漂荡，而且还自命为“超然派”的榜样。他的散文没有朱自清的苦涩和愁情，虽说有对于似“有”若“无”、说“无”又“有”的“笑”的哲理辨析，却少有朱自清那种“暗昧的道德意味”，有的只是对秦淮河景物人事的眷爱流连。在这里，俞平伯追求的是景与情与理的融合，筑构的是“我”与万物和谐共处的“无我之境”，表现出一种自然活泼、其乐融融、情理并举的格调。之所以有如此的差异，皆因朱自清与俞平伯两人性格、气质、情趣、处境和人生态度不尽相同所致。

创作主体人格的千差万别，就决定了散文作品格调的丰富多彩。不过在笔者看来，散文的格调大致有如下三种：一种是不靠技巧，其语言全无铅华，作家只是直抒胸臆，靠其伟大的人格和博大的胸怀赋予作品一种朴素庄严、崇高纯净的格调，如巴金的《随想录》、居里夫人的《我的信念》就属于此类。另一种是借助特定的景物，营造出一种有情有景、富于诗美的格调，如朱自清、俞平伯的同题散文《桨声灯影里的秦淮河》，余秋雨的许多文化散文即是。还有一类散文的格调以精致的人生况味和浓郁的文化乡愁的情趣取胜，如董桥的《“一室皆春气矣!”》《满抽屉的寂寞》《中年是下午茶》是其代表。这类审美既没有“大散文”内容的厚重取材和背景的宏阔，也没有庄严纯净崇高的境界，因此很容易被一些人视为格调不高之作，但如果你进入这类散文比如说董桥的散文世界，你便会惊叹于他的审美趣味的高雅、格调的精致和无处不在的“文化乡愁”：“现在是不流行写信了，人情不是太浓就是太淡。太浓，是说彼此又打电话又吃饭又喝茶又喝酒，脸上刻了多少皱纹都数得出来，存在心中的悲喜也说完了，不得不透支、预支，硬挖些话题出来损人娱己。友情真成身外之物了；轻易赚来，轻易花掉，毫不珍惜。太淡，是说大家推说各奔前程，只求一身佳耳，圣诞新年签个贺卡，连上款都懒得写就交给女秘书邮寄：收到是扫兴，收不到是活该。”“不太浓又不太淡的友情可以醉人，而且一醉一辈子。‘醉’是不能大醉的；只算是微醉。既说是‘情’，难免带几分迷惘：十分的知心知音知己是骗人的；真那么知心知音知己也就没有意思了。”① 读着这样精致且生动有趣的文字，再配上那若断若续、贯串全篇的“断处的空白依稀传出流水的声音”的点睛之句，我们不是也和作者一样感到“一室皆春气矣”吗？是的，这就是格调，是董桥散文特有的格调。如果我们欣赏散文时，能够深切体味到作品中那种特有的格调，无疑对领略文本的艺术趣味和独特风格，透视作家的人格和精神境界，都是大有助益的。

主体文体是文体研究的一个重要方面，同时也是一个内涵复杂，至今仍众说纷纭的问题。上面笔者试图从作家的个性、精神的独创性、生命的本真，以及作家的人格智慧、格调等方面，对主体文体的内在精神结构进行体察和辨析。尽管这种体察辨析不一定准确地揭示了文体的演变，文体的“内”与“外”互动与作家人格气质、精神结构和审美情趣的关系，但笔者始终认为主体文体的强弱和优劣是我们判定一篇作品是否有精神和艺术价值的一个重要标尺，同时也是文体这个大系统中不可或缺的一环。

---

① 董桥．“一室皆春气矣！”［M］//董桥．品味历程．北京：生活·读书·新知三联书店，2002：181－182．

第十二章 | ◆

时代文体与文化文体

文体既是一种体裁的分类，一种语言符号的有序编码，还折射出作家独特的精神结构和心理状态。不仅如此，文体还联结着时代和民族、历史与文化、社会与人生。可以说，文体是时代、文化、作家和读者的总和。正是因此，托多罗夫说："体裁是一种社会历史以及形式的实体。体裁的变革应该与社会变化息息相关。"① 韦勒克和沃伦则从研究者的角度论述文体与时代诸因素的关系："假如我们能够描述一部作品或一个作家的文体风格，我们也就无疑能描述一组作品和一个文学类别的文体风格……我们甚至还能进一步总括一个时代或一个文学运动的风格。"② 由此可见，文体绝不是孤立封闭的，而是一个开放的系统。它总是要折射出特定时代的精神，体现出特定民族的性格和特征，同时又与传统文化有着特别密切的联系。

---

① 托多罗夫．巴赫金、对话理论及其他［M］．蒋子华，张萍，译．天津：百花文艺出版社，2001：285.

② 韦勒克，沃伦．文学理论［M］．刘象愚，刑培明，陈圣生，等译．北京：生活·读书·新知三联书店，1984：199.

此外，它还随着意识形态的变迁而变迁。因此，本章拟从时代文体的视角，对现代散文文体的历史演变进行透析，以期进一步拓展文体的内涵。

一、文体与时代精神

时代文体作为一个占支配地位，同时最能反映该时代的文学精神、总体文体特征和文体的发展流变的文体形式，它是我们从宏观层面来研究文体的一个极为重要的视角。

这里，我们姑且不谈唐诗、宋词、元曲、明清小品，不谈文学与时代的纠结如何发展为一种时代文体，并形成“一时代有一时代之文学”的蔚为大观。我们只要以晚清的“新文体”、“五四”的“白话散文”和20世纪90年代的“思想随笔”为例，看看时代与这三种文体样式的兴起与发展的关系，我们便能更深入准确地把握时代文体的精神和特征。

如众所知，“新文体”是梁启超与他的同道者极力倡导的一种区别于八股文、桐城文和骈文的“新文体”散文，它的特点是“平易畅达，时杂以俚语韵语及外国语法，纵笔所至不检束”。此外是“条理明晰，笔锋常带情感”①。显然，“新文体”是散文的一种新体，也是一种开放型的文体。它的产生，一方面适应了当时开发民智、改良政治的需要，是时代的进化、社会要求的必然；另一方面，它吸收了白话口语，既受到现代“报章文体”、外国文学，特别是日本文体的影响，又从传统散文中获取了有益成分，这样，以梁启超的《新民说》《少年中国说》《过渡时代论》等为代表的一批“新文体”便横空出世，它们以丰富的时代内容、新颖的思想、鲜明的政治倾向、真挚热烈的情感、无拘无束的自由表达形式，以及文白夹杂，俚韵相融，比喻、对比、对偶、排比互用的修辞手法，征服了当时的知识界和文化界，对旧思想、旧文体形成了巨大的冲击，不仅推动了资产

① 梁启超．清代学术概论［M］．长沙：岳麓书社，2010：81．

阶级思想启蒙，也推动了近代散文的变革，在散文领域形成了文体大解放的趋势，为十多年后“五四”白话散文的兴起做了重要的铺垫。正是看到这一点，钱玄同认为：“梁任公实为创设新文学之一人”，“鄙意论现代文学之革新，必数梁先生”。① 胡适也认为，20 年来的读书人差不多没有不受梁启超的“新文体”的影响。由此可见，“新文体”是一种介于“文言文”与“白话文”之间的过渡性文体，它的形成具有一个由“时务文体”向“新文体”发展变化的过程。它的出现并上升为时代文体乃是时代的呼唤，文学的发展相互作用的必然结果。

“五四”时期的白话散文的兴起，同样体现出鲜明的时代文体的特征。“五四”文学革命的先驱者秉承了“一时代有一时代之文学”的观念，他们一方面承接梁启超的“新文体”的文脉；另一方面又将文体的革命与时代的精神——个体的解放、自由的表达，特别是与现代性的诉求联系起来。这正如王瑶先生所说：“‘五四’文学革命，提倡新文学，它的历史意义就是体现了中国人民要求现代化。什么叫文学革命？就是要求用现代人的语言表现现代人的思想。现代人的语言就是白话，现代人的思想就是民主主义。”② 也就是说，为了适应现代性这一时代主题和表达现代人的思想和感情的需要，当时的文学革命先驱不但意识到了文体的重要性，而且不约而同地以文言文为突破口，力主以白话取而代之。比如，胡适在《文学改良刍议》一文中，提出了“八事”，并得出“白话文学之为中国文学之正宗，又为将来文学必用之利器”的结论。陈独秀更是提出“三大主义”等一系列惊世骇俗的变革文学语言的主张。与此同时，李大钊、钱玄同、蔡元培、刘半农、鲁迅、周作人、傅斯年等人也群起呼应，纷纷撰文予以支持。于是，一场轰轰烈烈的白话文运动在“五四”时期“人的解放”，以及文化大

---

① 钱玄同. 寄陈独秀［J］. 新青年，1919，4（6）.

② 王瑶. 王瑶全集：第五卷　中国现代文学史论集［M］. 石家庄：河北教育出版社，2000：98.

变动的背景下产生了。当然，在推进白话文这一时代文体发展壮大的过程中，《新青年》发挥了举足轻重的作用。1918 年，《新青年》4 卷 4 月号上刊登了 7 则“随感录”，其中有 6 则便是用白话文写成的。这些随感录都是短小尖锐的议论时政的文字，它们的出现，标志着现代议论散文中“杂文”这一品类的诞生，这无疑是“五四”散文运动的重大成果之一。而它们所采用的那种平易新鲜、明了通俗、尖锐泼辣的白话语体，则无疑是当时最受欢迎的时代文体。自从《新青年》刊登“随感录”之后，各类报刊竞相开辟专栏刊登杂文，成为当时引人注目的文坛景观。至于 1924 年《语丝》的创立，更是推动了杂文的成熟。当然，杂文写得最多、质量最高的是鲁迅。可以说，鲁迅将杂文这一时代的文体推到了极致。

如果说，《新青年》开创了议论性一路的散文，它的时代文体体现出平易新鲜、明了通俗、尖锐泼辣的语体特色，则周作人在《美文》中所推崇的白话美文，呈现的是另一种语体特征。这就是表达方式上以叙事或抒情为主，在语言上则是以现代口语为基本，再加上古文、方言以及欧化语的杂糅调和，创造出有知识与趣味的两重统制的雅致的俗语文来。事实上，后来周作人的那些“闲话体”散文小品，以及梁遇春、钟敬文、俞平伯、王统照等的“纯散文”“絮语散文”，采用的都是这种雅致闲适、无拘无束、随随便便，像拉家常般的“时代文体”。这种时代文体与创作主体人格精神的凸显，与他们作为现代知识分子的价值取向，以及与他们自由放松的心态可谓达到了高度的共感交融。也正是因此，他们才能将特定时期的“时代文体”发挥到极致，并得到了胡适的高度评价：“这几年来，散文方面最可注意的发展乃是周作人等提倡的‘小品散文’，这一类的小品，用平淡的谈话，包藏着深刻的意味；有时很像笨拙，其实却是滑稽。这一类的作品的成功，就可彻底打破那‘美文不能用白话’的迷信了。”① 我们知道，

① 胡适．五十年来中国之文学［M］//胡适．胡适文存：2．北京：华文出版社，2013：221.

“五四”那个时代最基本的精神是自由精神，而周作人主张的平淡自由、任心闲话的“美文”，正是这种自由的时代精神经由“言文合一”的白话化的最为合适的表达，因而它自然成为那个时代占主导地位的时代文体。

通过上面的分析，我们看到，文体总是以自己的方式折射出时代的精神，同时每一个时代总有一种占主导地位的文体，它在深层的结构中体现出了该时代的主体意识、基本价值观和人们的心理诉求。同时还应看到，文体的时代特征，固然可以在体裁、题材和主题中体现出来，但最能体现出“时代文体”特征的，应是语言方面的革命。比如“五四”时期的“随感杂文”语言，周作人等的“闲话体”语言就是如此。由于文体与时代的共振问题，我们在第三章已做过较详细的分析，下面拟从另一个视角——20世纪90年代思想随笔崛起的角度，进一步探讨形成“时代文体”的其他因素。

从时代文体的角度来探讨20世纪90年代的中国散文，或者换言之，当我们把一个时代或一个民族的文体现象作为一个系统加以概括时，我们看到了一种类乎“五四”的小品文崛起的奇特现象——思想随笔的繁荣且一路走红。可以这样说，在20世纪的最后10年，思想随笔业已上升为一种“时代文体”和“民族文体”。因为在这一时期，不论是余秋雨、董桥、林非、王充闾等的文化随笔，还是张中行、金克木、季羡林、舒芜等老一代学人关于“忆旧怀人”和“书趣”一类的随笔；不论是年轻一代的学人余杰、摩罗、朱健国、祝勇的社会批判随笔，还是张承志、韩少功、史铁生、李国文、王蒙、张炜、王小波、雷达、南帆等作家和学者直面现实人生的随笔，乃至三四十年代的梁实秋、周作人、林语堂、张爱玲和台湾的学者作家的散文随笔，此外还有充斥于各种周末版、娱乐版上的诸如“新媒体散文”“新生活散文”“小女人散文”之类的随笔性文字，统统受到广大读者的追捧和出版商的青睐。而与思想随笔持续高温的盛况形成反差的，是小说创作日益疲软，诗歌、戏剧更是少人问津的现象。还应看到，20世纪末散文的繁荣，主要是思想随笔包括文化散文、各类小品的繁富，至于倾向于抒情性的“艺术散文”却在一定程度上受到了读者的冷落，这种现象颇值得我们深思。起码它昭示了这样一个事实：在20世纪的最后10年，思想随笔作为最能反映该时代文化艺术精神结构的“时代文体”，已经成了一种占主导地位的文体。在这种“时代文体”面前，别的文学体裁只能作为陪衬。

那么，是什么原因促成了这种“时代文体”的形成？

笔者认为，文学生态环境的相对自由宽松，是20世纪90年代的思想随笔滥觞的根本原因。文学环境的自由宽松，可以从如下几点得到检验：首先，是文学表现的自由度宽松了。了解当代散文史的人都知道，中国当代散文从40年代开始，先后经历了从叙事（40年代至50年代中期）向抒情（50年代至60年代初）的转换过程，这种转换既是作家在不同的文学生态中所选择的不同话语方式，也是“时代文体”的转换。在这种转换中，散文的数量虽与日俱增，并出现了杨朔、秦牧、刘白羽等著名散文家，然而事实上，当主流话语要求散文只能描写“新的世界”“新的人物”，只能具有“颂”的基调，而且，个人的抒情叙事只能融进集体的宏大声音之中的时候，散文的自由度也就越来越逼仄了。在这样的文学环境中，散文根本就不能自由自在地健康发展。因此某些文学史家认为五六十年代的散文进入了“黄金时期”，取得了辉煌成就之类的断语，其实只是文学史家的一厢情愿罢了。而到了90年代，散文的生长环境就不同了。由于中国社会由计划经济转向市场经济，原先统一的规范已被多元的价值取向所取代。这时期，再也没有一个高高在上的意识形态主宰着散文的命运，也没有那么多条条框框规定散文只能这样写不能那样写，加之这时期知识分子（其中相当一部分是散文作者）的生活待遇得到了较大的改善，他们的生存空间不仅扩大了，有的还找到了一种新的生存方式——告别传统知识分子“清高”“孤傲”的洁癖，积极参与到公众生活和社会事务中去，把书斋文化转化为一种民众能够接受的社会文化。于是，在生存环境得以改善和一些“学者明星”频频出镜的同时，当代的思想文化随笔也蓬勃发展起来了。其次，文化环境的宽松，还体现在作家在写作时精神相对自由、心态比较从容平和等方面。这一点对于散文创作尤为重要。因为散文作为文学本体的代表和人类精神的一种实现方式，它比别的任何文学样式都更渴望拥有自由表达的空间。然而在以往，这种自由表达的思想空间却很狭窄。现在，随着社会的市场化和公共空间的拓展，散文作家终于可以自由自在地表达自己的思想观念，可以无拘无束地叙述自己感兴趣的事情，抒发个人哪怕是深埋于心灵深处的情愫了。总之，在今天这样一个“王纲解纽”的时期，散文作者再也不用“戴着枷锁跳舞”了。最后，大众传媒的空前发展，也改善了思想随笔的生长环境。由于 90 年代传媒特别是文字传媒发展很快，而几乎所有的报刊都为散文随笔提供了版面，这样散文作者再也不用像过去那样只靠几个报刊发表散文，他们四面出击，到处开花，通过媒体将思想广泛传布于社会的各个领域，而期望借助散文随笔调节生活、提高审美层次和文化品位的广大读者也对此做出了热烈的反应。这种盛况使我们想起了 19 世纪与 20 世纪之交的另一种文学景观，当时中国的社会、政治和思想文化领域也发生了巨大变革，中国的文学也在那个时期经历了翻天覆地的革命。正是在那种时代背景下，梁启超、谭嗣同、黄遵宪借助《新民丛报》《民报》等报刊媒体的传扬，创立了一种梁启超称之为“笔锋常带情感，对于作者别有一种魅力”的新文体，这种“新文体”不仅在当时风靡一时，而且对以后“五四”新文化运动产生了巨大的影响。

当我们从文体视角来考察 20 世纪 90 年代“时代文体”形成的诸因素时，我们还应注意到文学的传承关系。正如“五四”时期的散文小品肇始于明代的公安、竟陵两派一样，90 年代的思想随笔之所以能发展为一种“时代文体”，很大程度上也是得益于晚明小品和二三十年代的散文随笔。这里暂且不论梁实秋、周作人、林语堂等人的著作，在 90 年代是如何拥有着众多的读者，是如何地使出版商为之怦然心动，单就作品来说，90 年代的许多作品或多或少都映射出古代散文和二三十年代散文的“面影”和“神韵”。举例来说，在张中行、金克木、孙犁、汪曾祺等老一辈学者或作家的作品中，我们可以明显感觉到 30 年代散文、晚明小品乃至魏晋散文的性灵和风致，而严秀、邵燕祥、牧惠等的杂文，则分明继承了鲁迅的杂文精神。此外，在数量巨大的女性散文中，我们又依稀可见张爱玲、苏青的流风余韵。总而言之，晚明小品和二三十年代散文特有的那种个人性、自由性、文化性乃至世俗化和闲适化，都深得 90 年代散文作者的喜爱并成为他们学习的范本。当然，在继承文学传统方面，被称为“老生代”的散文作者有着得天独厚的优势。由于他们中有的直接师从二三十年代的文化大师（如汪曾祺之于沈从文），加之他们有较深厚的传统文化功底、丰富的人生阅历和广博的知识，因而他们的作品也较为耐读，有的甚至成为 90 年代散文随笔的顶尖之作。相较而言，年轻的作者因传统文化的底蕴比不上他们深厚，加之思想修炼和艺术表达上的欠缺，这样有的作家和作品虽能热闹一时，终因底蕴不足而露出破绽。这一切都表明：传统是一条割不断的河流，忽视传统无异于自甘浅陋。这个结论尤其适宜于散文。因散文不同于小说、诗歌和戏剧可以仰仗外来文化，散文深深植根于我国传统文化的沃土中。因此毫无疑问，散文比任何一种文类都更需要强调文学传统的继承。

以上主要从文学的生存环境和文学传统两方面来讨论 90 年代思想随笔作为“时代文体”形成的必然性。通过考察，还可进一步发现，由于文学环境的宽松、作家心态的自由和生存方式的改变，这一时期的“时代文体”有一个不同于新中国成立后“十七年”散文的特点，这就是有大量的作品不仅“法无定法”，而且敢于“破体”，即钟嵘在《诗品》中的所谓“有乖文体”。如众所知，我国文体学中有所谓“辨体”和“破体”之说。前者坚持各种文体有自己的界限和规律，反对诗文杂混，认为这样才能促进文学的发展；后者则主张打破各种文体的界限，使各种文体相融合。那么，哪一种创作是值得我们提倡的呢？笔者认为，文体作为一种长期形成且相对稳定的共同审美形态，它有其特殊的构成因素和独特的表现手法，创作者在创作时一般应尊重各种文体的艺术规律，但正如任何事物都有两面性一样，文体也不可能凝固化和绝对化。它往往随着时代的发展而变化，特别当社会处于转型时期，文体更是处于变化流动的形态。就拿90年代的“时代文体”来说，至少有两种“破体”的情况：第一种是打破各种文类的疆界，往往是散文中有诗，诗中又有散文，至于小说和散文的相互渗透更是常事。比如汪曾祺的小说，就有散文的散淡、和谐和抒情；而余秋雨的《道士塔》《这里真安静》等散文，则有小说的故事性、戏剧冲突等因素；至于史铁生的名文《我与地坛》，至今评论家们还说不清楚到底该归进小说的门庭还是属于散文的家族。“破体”的第二种情况，是许多散文突破了以往散文“短、小、轻”的模式，具有“长、大、重”的“大散文”气概。这种“大散文”有如下一些基本特征：一是篇幅长。许多“大散文”动辄万字以上，甚至几万字。二是题材大。“大散文”的取材往往不是风花雪月、小桥流水之类，而是民族文化、知识分子的命运、人类的困境和未来等大命题，如余秋雨的《一个王朝的背影》、周涛的《游牧长城》、韩少功的《性而上的迷失》等等。三是文化批判精神。像余秋雨对中国知识分子两重性格和对“上海人”的剖析，周涛对人与环境、人与动物的关系的思考，韩少功对“佛”与“魔”的界说以及对现代人“性”的迷失和后现代主义的考察，都体现出了文化批判精神。此外，“大散文”还具有自由伸缩度大、忧患意识强、理论色彩较浓等特征。由是观之，“大散文”是90年代的散文“特产”，是名副其实的“时代的文体”。

20世纪90年代散文创作界普遍存在的“破体”现象，表现了散文的活力和现代性。因为文体形式的多姿多彩是由现实生活的丰富性和审美的多样性所决定的，而不同于文体的渗透融合，又可以给文体带来新的创造激情，并使散文因此而恢宏阔大。同时，这种“破体”也符合散文自由任情的本质。尽管有学者站在“辨体”的立场上坚持散文的纯洁性，但笔者仍坚持这样的观点：倘若没有“破体”，90年代的思想随笔就不可能有今天的蔚为大观的发展，更不可能成为一种占主导地位的“时代文体”；相反，如果只有一种抒情性的艺术“美文”，则散文的天地将变得十分单一狭隘，甚至有可能回到60年代前后“抒情散文”的老路上去。而这，相信是所有热爱散文的人们所不愿意见到的。

二、文体与文化

文体不仅包含着时代精神，是一个民族的性格、情绪和心理在特定时期的集中反映，文体还受到文化的制约，又反过来体现出特定民族的文化特征。因为，文体的创造并不是孤立封闭，也不是凭空产生的，它隶属于自己的民族，服从于特定的文化传统，这样它或多或少地总会带上文化的意味。一般来说，文体的文化内涵包括两个层面：其一，是语言文字层面。由于汉语言是以象形会意为根基，因而与西文相比，汉语言更具弹性和诗性。此外，汉语言在声调韵律上极富变化，其声母双声、韵母重叠、声调起伏等，不仅具有空灵和含蓄美，而且形成了独具中国特色的诗文文化。可以说，汉字从一开始就被深深打上了中国传统文化的烙印，因此它总是以自己的方式，或明或暗地影响、规定、制约着作家的语言选择与创造。其二，从写作的目的、写作的心态、写作时的感情表达来看，文体与文化也有莫大的关系。比如写作是为了载道还是为了娱乐，作品中透出的是贵族气质还是平民意识，作家的艺术风格属于豪放派还是婉约派，这些都离不开作家所处的文化环境和所受的文化熏陶。由于上述两方面已有不少学者做过研究，故接下来拟从文化学的角度，以中国散文这一文体为例，探讨文体与人类文明进程的关系，以及散文的文化气质和文化内涵是如何促进或制约散文的发展的。

从文化本体的角度来研究散文，不难发现，散文比之其他文体与中国文化有着更为密切的联系。这种联系主要体现在三个方面：首先，中国是一个崇尚实用理性的国家，儒学从一开始就是一种“经世致用”的生活哲学，它是一种伦理学和政治学体系。孔子提倡君子要“立德、立功、立言”，他不仅强调“士”要有责任感，笃信道德规范无处不在，并要求他们要“修身齐家治国平天下”。中国正统文化哲学的特征，在中国历代的散文中都有着极为充分的体现；换言之，散文在中国古代的出现，不是因为审美的需要，而是因为它是一种实用性很强的文体。这就是我国第一部散文集《尚书》的内容，大部分是布告、公告、请示报告之类的缘故，也是在古代，举凡哲学、政治、经济、史地的著作，只要不是用韵文写的，都可归进散文范畴的道理之所在。至于源于孔子，后经韩愈进一步倡扬的“文以载道”的为文传统，主要也是坐实于散文身上。也就是说，散文在“兴”“观”“群”“怨”各方面都有着远胜于其他文类的功用，也许正是这个缘故，散文才被视为中国文学的“正宗”，盖因其是中国正统的、“经世致用”文化的文学化和通俗化的表述。

其次，如果仅仅说中国散文是中国实用文化的文学化、通俗化的记载转述，那显然是不够全面的。实际上，中国的传统文化中除了占主流地位的儒家哲学外，还有以“道”为核心的老子、庄子的哲学文化和体现这种“无为”“不争”“无待”思想的大量散文。在批评观念方面，除了儒家的“文以载道”，还有道家的“文以气为主”的“气韵说”，等等。此外，我们还应注意到，中国文化强调“中庸之道”，推崇“中和之美”，注重整体结构的和谐与均衡，追求真善美的人生境界，这种颇具东方色彩的价值取向和审美趣味，也在中国散文那里引发了绵延不绝的回声。唯其如此，中国散文文体虽然在探索宇宙、思索人生、灌注生命意识和理性精神上不及西方散文，但中国散文由于源远流长，又兼承中国文化的精神，故而它虽然发展缓慢，却平稳扎实，不仅时有高潮，而且经久不衰。

最后，除了上述两方面，中国文化和中国散文的密切关系，还体现在人的情感和心灵的层面上。辜鸿铭说过：“真正的中国人就是有着赤子之心和成年人的智慧、过着心灵生活的这样一种人。”① 中国人的这种轻理性思维，重感性、心灵和顿悟的文化心理特征，在庄子、苏轼那些纵横捭阖、想象瑰丽的散文中已表现得大气淋漓，而在被称为“独抒性灵”的晚明小品那里，这种散文与文化的融合又得到了发展。晚明小品虽有对现实黑暗的揭露，但更多的是闲适恬淡的人生况味和幽静淡远的田园自然风光的描绘。晚明的散文家崇灵尚趣，追雅求幽，总的创作倾向是由“文以载道”转向自适消遣。晚明性灵小品的这种美学风范，一方面受到当时日益奢侈的城市风俗和日常生活中追求繁华享乐倾向的影响；另一方面也打上了当时士大夫隐逸与参禅，即借求佛问道、游山玩水，以及清谈人生达到明心见性、自觉自解的情感和心灵的烙印的境界。由此可见，中国文化和中国散文有着一种奇妙的契合：中国文化在很大程度上决定了中国散文的内容和艺术特征；中国散文反过来又传达了中国文化的精神。所以笔者赞同这样的一种说法：中国散文“是中国文化在我们民族精神产品中的一种有意味的形式”，“是中华民族在其特定的文化历史中积淀成的一种经验形式”②。

以上侧重于从哲学思想、文化取向和心灵感受等方面来考察古代散文和中国文化的联系，如果我们的眼光后移，考察自“五四”以来中国散文的发展历程，我们会进一步发现一个有趣的现象：在20世纪中国散文的发展史上，无论哪一个时期，只要散文与文化结了缘，则这一时期的散文一定兴旺发达；反过来，只要哪一个时期的散文与文化脱节，那么这一时期的散文便难逃苍白浅陋乃至肃杀凋零的厄运。“五四”时期的散文为什么会那么繁荣，各种样式、各种流派齐备，即朱自清先生说的有记述，有描写，有讽刺，有劲健，有绮丽，有含蓄，还有中国名士风，有外国绅士风，有

---

① 辜鸿铭．中国人的精神［M］．黄兴涛，宋小庆，译．海口：海南出版社，1996：38.
② 汪帆．新时期散文论集［M］．石家庄：河北人民出版社，1990：2－3.

隐士，有叛徒……因为“五四”散文小品与传统文化有着极为深刻的渊源关系，它继承和借鉴了古代散文特别是晚明小品的养料，又有所突破和发展。同时，那时的散文家又接受了西方的文化包括西方的现代意识，他们在“人的文学”的大旗下，通过散文（当然还有其他的文学样式）重铸民族的文化精神和文化性格。正是在“双重文化”的渗透下，“五四”的散文才成为中国现代散文的第一个高峰。而30年代后期到70年代这段时间，中国的散文却每况愈下，最后几乎走进了死胡同。有的人认为是严峻的现实生活扼杀了散文的生命，有的认为是“写中心”“赶任务”“歌颂新的生活和新的人物”使散文偏离了本体，有的则将当代散文的走下坡路归咎于当年倡导“诗化”和“形散神不散”的理论主张。这些对当代散文的诊断都不无道理。但在笔者看来，当代散文在很长时间里整体思想质量的下滑，最根本的原因是失去了文化的根性。由于没有文化的强大依托，缺少文化血液的涵泳滋润，散文自然也就没有内蕴，更不可能走向精神上的开阔与深沉。试看被《中国当代文学史》誉为当代散文“三大家”的杨朔、秦牧、刘白羽的散文，因为他们的散文的总体基调与文化本体相背离，所以尽管他们的散文在记叙描写中不乏艺术性，甚至还透出一种“诗意”的美，却因内容的失真和欠缺文化的内蕴，最终受到了读者的非议与弃置。与此相反的情况是：进入20世纪90年代，中国的散文又出现了“五四”散文那种“乱花渐欲迷人眼”的繁荣景象。这其中有经济转型、社会心理和审美风尚转变等原因，但不容忽视的一个事实是，20世纪90年代当代散文的文化品位提高了，文化内涵比以往丰厚了，这种文化“增值”的结果是，当代散文相应地增加了思想艺术魅力。这一点不仅从余秋雨的《文化苦旅》广受欢迎便可得到印证，也可以从所谓“老生代”散文的走俏获得启示。由于以张中行、金克木、季羡林为代表的老一辈学者先天带有中国传统文化的因子，加之他们独特的人生经历和丰富的人生智慧，而为文时又能摆脱“文以载道”的束缚，以自适随意和平实恬淡的语体表达他们对于现实的褒贬和人生的感悟，这样他们的散文随笔自然也就为读者所钟爱。“老生代”和余秋雨等的“大散文”启示我们：散文要丰厚，不能没有文化；散文要耐读，不能没有文化；散文要摆脱庸俗浅陋，更需要文化的定力。

为什么文化在散文中如此重要，甚至于可以说文化是散文的根本？从文化哲学的角度来看，散文是人的精神创造的产物，而人则是文化的动物。人的身上如果没有文化或者说人失去了创造文化的能力，人就不能成为真正意义上的人。而从散文与文化的关系而言，文化对于散文的重要性至少可以在如下三个层面得到体现。

其一，散文文类的包容性特征，决定了它离不开文化。因为散文不仅是最自由自在地抒发作家的感情和思想的文体，而且散文的题材领域十分广阔，正所谓“苍蝇之微，宇宙之大”尽收散文作家眼底笔下。不仅如此，散文还往往喜欢“跨文体”，举凡文学、艺术、历史、哲学、经济、地理人文，都可以到散文的“客厅”中做客，同时，散文还常常逸出本位与小说、诗歌和戏剧交融。正是文体的巨大包容性和类别边缘的模糊性为文化的介入提供了便利；或者说，因散文本身的触角十分阔大，所以它自然成为整个人类心灵活动的记载，因其跟整个人类的生活和思考方式都保持着密切的关系，这样从文化学的角度来说它也就不能不具有重要的意义了。

其二，衡量一篇散文的优劣，散文作家人格的文化构成是一个重要参数。由于散文家是一种文化的存在，他创造着文化，同时也为文化所规范。故此，优秀的散文家，一般来说都是自己民族在特定时期的文化精英。这就从创作主体的角度启示我们：散文要有效地拒绝庸俗化，要贴近文化的本体，成为创作主体人格智慧的艺术体现，散文作家就不能不强化自身的文化素养。事实上，“五四”时期那批散文大家和20世纪90年代“老生代”学者型散文家的成功，就从正面证实了文化功底、文化感悟力和传统文化因素对于散文尤其是当代散文创作的重要性。

其三，散文是整个人类心灵活动的真实记录。因此，一个民族散文品位的高低，其实也反映了这一民族整体素质的高低。我们读中外优秀散文家的散文，它们无不体现出作家宽阔的情怀、广博的知识；同时，又善于从个体的角度思考人类的命运。正是由于他们的努力，散文才成为民族和人类文化建设的基石，成为一个民族的心灵写照和人类文化进程的最为真实的见证。

质言之，如果我们将散文当作“文类的母体”和人的一种自我实现的形式，从人类文化哲学及其跨文体的角度来研究散文，我们就会深切感到，散文中的文化本体性是不应该被忽略的。就散文研究而论，重视文化本体研究，可以使散文的分析获得更为宽广的背景支持，将散文研究从狭小逼仄的境地中解放出来。而如果我们推而广之，由散文这一特定文体扩展到整个文体研究，我们看到，其实一切的文学活动包括文体研究都处于文化这个更大更广的系统中，它受到传统文化的影响与规定，又从外观形态与深层结构上表征着这种文化的方式和精神。因此，考察文体与文化的关系，不仅可以感受到中国文化的多姿多彩和博大精深，也可以更深入准确地把握文体发展变化的规律。

至此，笔者对文体的巡礼暂告一段落。本书从古代文体论的考察开始，到时代文体和文化文体为止，其间虽有对文体范畴的界说，对文体层次的划分，以及对文体方法论的新理解，但显而易见，笔者的研究兴趣和研究重心乃是中国现代散文，是现代散文的文体特征和文体形态。在这里，文体学只是一种理论背景或理论导引。当然，笔者所理解的文体不是那种简单化、狭隘化的文体，它是一个开放性的结构，一个多层次的体系。它由外到内，再从内到外；它从微观到宏观渐次推进，从精细的语言分析到创作主体的生命形态和精神结构，以及文体演变的整个时代文化背景——这便是本书的研究理路。希望这样的研究理路对当代的文体研究有所促进，更期望对中国现代散文研究有所助益。

第三编

现代散文的几种文体范式

第十三章

学者散文的文体特征与文体价值

一、文体与学者散文

20 世纪 90 年代以来，我国的文学创作进入了一个“乱花渐欲迷人眼”的“散文时代”。这一时期，散文不但在题材开拓、思想内涵、艺术形式上获得了质的提高和发展，散文的品种更是丰富多样、林林总总，令人目不暇接。而在这春色满眼、繁花似锦的散文园地里，学者散文一直以其独异的精神魅力和艺术风采吸引着广大读者的目光。对于当代散文领地里出现的这道亮丽的风景线，近年来已有不少学者做过研究，不过其切入点大多为学者散文的历史文化、思想内涵和主题取向，而较少从文体的视角对学者散文做总体性的考察。而实际上，倘若我们从文体的视域来检视这一时期的学者散文，我们不仅可以更加贴近学者散文的本体，可以较准确地判断学者散文已经达到了什么样的艺术高度，而且可以更清楚地看到学者散文为中国当代散文注进了什么样的精神元素。

文体，作为文体学的一个基本概念，其定义迄今仍是众说纷纭，难以达成共识。大体说来，从“五四”至80年代中期以前，人们讲文体，一般都是指文学的体裁，这显然是被窄化了的文体。而在20世纪的西方，在现代语言学的大背景下，文体又有被复杂化、被泛化的倾向。笔者在本书的第二章“文体的定义、层次与现代转型”中，将文体分为文类文体、体式文体、语体文体、主体文体和时代文体五个层次，其着眼点既在于文体的“外”也在于“内”，即从外在形式和内在结构来考察文体。现在，笔者将沿着这一思路，主要从语体文体和主体文体两个角度来研究中国的学者散文。需要强调的是：第一，这里所谈的“学者散文”，指的是20世纪80年代末以来在中国内地出现的学者散文；第二，研究的对象一般出生于20世纪二三十年代，即有的学者文章中谈到的“老生代”。至于年轻一代的学者散文，不在本章研究的范围内。

我们知道，语体文体虽然是以外在形式呈现出来的表层语言秩序，但它却折射出作家独特的个性特征、思维方式、心理状态和人格结构，同时还隐含着历史、文化和时代的因素。正是看到这一点，别林斯基发表过这样的见解：“文体，——这是才能本身，思想本身。文体是思想的浮雕性、可感触性；在文体里表现着整个的人；文体和个性、性格一样，永远是独创的。因此，任何伟大的作家都有自己的文体；文体不能分上、中、下三等：世间有多少伟大的或至少才能卓著的作家，就有多少种文体。”① 在文体问题上，别林斯基不但将一般性的语言描述和文体创造区别开来，而且特别强调文体的内在结构和深层意蕴，把外在的语言形式与创作主体的才能、个性、思想和思维方式结合起来考察，这样的见解无疑是独到的，即使在今天仍有其借鉴价值。除此之外，还应看到，每一种文体都有不同于别的文体的独特性，都有其内在的审美功能和意义。因此，任何关于文体

① 别林斯基．别林斯基论文学［M］．梁真，译．上海：新文艺出版社，1958：234－235.

的研究的目的都是要将文体的这种审美独特性发挥到极致，而不是要模糊甚至抹杀文体的审美界限。从这一点出发，笔者认为研究学者散文的文体有助于我们建立一种自觉的文体意识，同时对那些随心所欲、信笔涂鸦、粗糙简陋的所谓“自由写作”也是一种必要的警醒和纠偏。这是文体研究价值的一个方面。

二、学者散文的思维方式与人格结构

从主体文体的视角来考察学者散文，可以看到，学者散文的主体文体与语体文体呈现出一种深度交融、相得益彰的状态，这种状态在当代别的散文创作群体中是较少见到的。换言之，在20世纪90年代崛起的学者散文群体中，不管是张中行、金克木、季羡林，还是孙犁、汪曾祺、杨绛、萧乾、施蛰存、陈白尘、黄裳、黄苗子、黄永玉等，他们自小都接受过比较正规的传统文化教育，古代文化的学养十分深厚，同时他们年轻时大多游学西方，受到西方文化的浸淫，兼之他们还耳濡目染了“五四”时代学人的思想和风采，因此他们的思想和为人处世自然更接近于“五四”学人而有别于当代的文人。他们以传统士大夫的情怀来创作散文随笔，以科学家的理性来介绍知识，释疑世间万物万事，又以哲学家的智慧来感悟社会人生。于是，他们的散文自有一种杂博阔大，一种古朴的历史感和文化氛围。然而，这里不打算考证他们深厚的学养和渊博的知识，以及屡经磨难的人生经历，而重在研究学者散文群体的思维方式、人格结构和心灵向度与他们的语言表达的关系。在笔者看来，这是研究学者散文文体的关键。

那么，学者散文群体的思维方式、人格结构和心灵向度有什么独特之处？或者说有什么共同特征呢？下面做一详细讨论。

首先，是内敛性的思维方式。笔者在《论“诗性散文”》① 一文中曾谈

① 陈剑晖．论“诗性散文”[J]．学术研究，2004（7）：128－132．

到这种思维方式。内敛的思维方式是一种“象思维”的思维方式，主要受到儒、道、佛的影响。它推崇“天人合一”的整体观，服膺“静”“命”“常”“明”的“动态平衡”规律。内敛式思维注重直观、直觉、内省和体悟，其间既有质疑、批判、自我忏悔，也有冥想冷观，有大智若愚、大巧若拙的含蓄。内敛式的思维崇尚古朴简洁。它一方面蕴含着古典的遗风余韵，另一方面又充满着科学的精神和现代的意识。内敛式思维既像禅又不像禅，看似平平淡淡，不温不火，从容不迫，内里却有独特的生命体察。正是因此，内敛式思维具有“不事张扬”和“缄默的智慧”的特征。它拒绝飞扬躁厉，远离抒情感伤，亦与急功近利无缘。这一点在张中行的散文中表现得特别明显。比如他一再强调人要“顺生”：“生，来于天命，我们抗不了，于是顺；顺之暇，我们迈出几步，反身张目。”自然平淡的语言，体现的是中西融汇的生命智慧和对人世百态的冷静观照，而这与作者崇尚的儒学禅学思想在内蕴上是一致的。张中行有大量写人记事的散文，其思维方式也很独特。他笔下的文化名人如章太炎、熊十力、周作人、胡博士、梁漱溟、刘半农等，个个如雷贯耳，但张中行没有去渲染他们学术上的成就及影响，而是以几近于《世说新语》的笔法，琐话琐谈，极尽这些文化名人的奇癖、怪癖和随便淡泊的性格。如写熊十力：

> 夏天，他总是穿一条中式白布裤，上身光着，无论来什么客人，年轻的女弟子，学界名人，政界要人，他都是这样，毫无局促之态。这我们就未必成。他不改常态，显然是由于信道笃，或说是真正能“躬行”。①

“信道笃”，“能‘躬行’”，由人谈到文，由浅及深，由近及远，由面相到内心，琐事逸闻中有“史”，而“史”中又有“诗”，这大概就是内敛式的思维了。

---

① 张中行．熊十力［M］//张中行．月旦集．北京：经济管理出版社，2012：45.

事实上，张中行所有写人记事的散文都具有这种“内敛”的特点：他像是与一个个老朋友聊天，又像在欣赏一件件文物古董，其间的褒贬臧否都是十分节制内敛的。张中行如此，金克木也不例外。他是一位学贯中西，知识极为广博的学者。他不仅在人文科学、语言学、自然科学、古代文章典籍等方面都造诣颇深，甚至还精通印度梵文。然而在他的《文化问题断想》《燕啄春泥三题》《我们的文化难题》《〈春秋〉数学·线性思维》等文中，我们看不到任何知识的炫耀，也没有看到新一代学人铺天盖地的名词术语大轰炸，而是古与今、中与西互通，理性与感性相融，平静的叙述与想象力交织，究其根源，这也是内敛式的思维方式所产生的结果。至于杨绛那些被称为“哀而不伤，怨而不怒”的作品，更是鲜明地打上了内敛式思维的烙印。否则，面对那个非理性的时代和非理性的人事，她不可能有那样的大悲悯，那样不露声色的叙述。关于内敛式思维方式对文体的影响，我们将在下面进一步展开叙述。

其次，是生命的本真。生命的本真，涉及作家的人格主体问题；或者说，它是散文作家人格主体的底蕴。也就是说，生命本真，是散文真实的内核。但过去的散文研究对这一层面的“真”明显重视不够。事实上，我们说散文是率性之作也好，说它是表现“自我”的艺术也好，其间也就昭示着散文作家不仅要无中介地面对读者，而且要使生命本真任情任性地呈现。我们经常读到一些矫情滥情的散文，作者不是在那里无病呻吟，就是说一些不着边际的废话假话。之所以如此，是因为这些作者失去了生命的本真。他们不是以整个的生命，以赤裸诚挚的心灵去感知事物、去拥抱世界，而后自自然然、老老实实地写出自己对于这个世界的真实感受，而是将“自我”包裹起来，以伪装的满身披挂代替对生命的全部理解。这样的散文是虚假肤浅的，同时也是令人厌恶的。因为它失去了生命的本真，也就意味着失去了散文最为可贵的品格。

毫无疑问，生命的本真是一种更深层、更内在的真，因而也是一种真正贴近了主体性的真。因为生命不仅是人的本能、意志的集中体现，生命还具有无限开发的可能性，它是超个人、超主体的充满原始激情的实在。此外，如果按照德国近代生命哲学的理解，生命力本体本身还是诗，是美，是对抗现代工业文明的内在之源。因此，在散文创作中高扬生命的旗帜，或者说，把散文生命化，把生命化为诗——这应是一切散文家追求的目标。事实上，我们看到，在散文创作中，哪一位作家的生命主体意识愈强大，他的生命力在作品中渗透得愈深广、愈彻底，他的作品也就愈有力量。应当说，在生命本真这一点上，学者散文作家是得天独厚且深有体味的。由于这些作者有着丰富的人生阅历，且大都历经多年的战乱，在“文化大革命”中历尽磨难，饱经忧患的人生经历，使他们对生命的体验较一般散文家深刻。这是其一。其二，对于散文的“真”，学者散文作家也有独到的理解。比如，汪曾祺就这样阐述过他心目中的“真”：

> 我写作，强调真实，大都有过亲身感受，我不能靠材料写作。我只能写我所熟悉的平平常常的人和事，或者如姜白石所说“世间小儿女”。我只能用平平常常的思想感情去了解他们，用平平常常的方法表现他们。这结果就是淡。①

学者散文的另一位主将孙犁也十分重视真实。他认为创作的命脉，在于真实。这指的是生活的真实和作者思想感情的真实。在《谈师》一文中，他也谈到这一点：

> 凡我所记，都是我亲眼所见，亲身所受，六神所注，生命所关。镂心刻骨，印象是非常鲜明清楚的。②

学者散文对于散文真实性的理解，与年轻一代的散文作者有着极大的不同。他们固守散文的“事实”底线，执着于“修辞立其诚”。认为散文应当写“亲眼所见，亲身所受”，不仅思想所及、情感所系要真，而且应“六

---

① 汪曾祺．浮生杂忆［M］．北京：作家出版社，2016：131.

② 孙犁．芸斋琐谈［M］．北京：新华出版社，2015：32.

神所注，生命所关”。不仅如此，他们坚决反对散文中的任何“虚构”，认为“虚构”是散文的大敌，会扼杀散文的生命。尽管散文能否“虚构”这一点还可进一步讨论，但有一点可以肯定：由于忠实于散文的真实原创，且注重生命的投入，这样学者散文的“真”便给人以一种入木凿石之感。比如孙犁散文中的真，便透出冷、真、沉的特色，这种生命的本真绝不同于年轻一代散文家那种激情飞扬的真，可谓是“庾信文章老更成”。而这种生命的本真，在张中行、金克木、季羡林、杨绛、汪曾祺、陈白尘等人的散文中，同样表现得十分通脱和投入。尽管他们的作品个性各异、表现有别，但总根却离不开小生命与大生命的和谐，而且随处流露出自适淡泊、乐天知命的达观。这正是学者散文的特点，也是他们的作品特别可贵之处。

再次，智慧写作。曾经有人说，中国“老生代”的学者散文作者，可以说是“当代中国一个最有文化，最富智慧，人格最为高洁的创作群体”①，诚哉斯言。为什么学者散文的文体如此诱人？这其中固然有学识，有人生的修养与人生境界使然，但若没有智慧的渗透润滑，则学识有可能变成“掉书袋”，人生境界也有可能因坚硬刻板而流于说教，使散文随之失去味道。可见，散文尤其是其中的随笔小品等品种，不但需要修养、学识、思想，同样需要人格的智慧。有智慧的散文启人心智，既传达了真理，激发起读者的理性认识活动，又带给他们阅读的轻松与愉悦；没有智慧的散文一般来说都显得干巴枯燥、呆板滞重，而且往往伴随着思想的苍白和艺术上的平庸，这样的散文就如大锅清水汤一样寡淡乏味。所以，文学史上那些优秀散文作家，一般来说都具备较为出色的主体人格智慧。比如，现代文学中的林语堂、梁实秋、王力，当代文学中的王小波、韩少功、孙绍振、南帆等均是如此。当然，由于每个散文家主体人格构成的不同，故而他们作品中的智慧表达又各有千秋。如同属“论语派”的作家，林语堂的人格

① 楼肇明，等．繁华遮蔽下的贫困：九十年代散文之路［M］．太原：山西教育出版社，1999：45．

智慧就不同于梁实秋的人格智慧。林语堂和梁实秋都提倡“幽默”和“闲适”，但由于林语堂更崇尚中国传统文化中的智慧和“士大夫式”的自适生活，加之他遍览欧美的幽默理论，这样他的散文中的人格智慧便既有知识之博，“左右逢源，涉笔成趣”的特点，又带着较浓的书卷气和欧美的“牛油味”。而梁实秋的主体人格更倾向于现实和世俗，他一方面认为“有个性就可爱”；另一方面又善于“化俗为雅”，“把生活当作艺术来享受”。于是，梁实秋由日常生活入手又曲尽了社会世态和人性之妙；同时，他的细致入微的洞察，特别是他的那种幽默调侃的轻松笔调，以及看似平实质朴实则其味无穷的生活化语言，又处处折射出梁实秋“这一个”作家的主体人格智慧。从林语堂、梁实秋、钱锺书、王力等人的散文可以看出，智慧的确是散文树上诱人的花朵和果实，它能给散文尤其是随笔增添无限的生机和情趣。但有一点要明确：智慧不是聪明的滑头和取巧，不是知识的炫耀和卖弄；智慧从根本上说是一种生活态度，一种精神境界，一种心血的燃烧。在智慧的渗透和表达方面，当代学者散文一方面承续了前辈散文作家的优良传统，另一方面又体现出独特的人格色彩。如张中行的智慧，在于在“平民化”的叙述中透出知识者的气质；季羡林的智慧，带有一种诗化哲学的风味；金克木的智慧，是科学理性、思辨和情趣的高度融合；而杨绛的智慧，则是尽量将议论和抒情控制到最低限度，在不臧否、不褒贬中体现对历史是非、人性美丑的道德和美学判断……总而言之，主体人格上的智慧和诗性，不仅给学者散文带来了既入世又出世，既冷峻又宽容的独特生存体验，带来了朋友式的会心微笑，还给学者散文的文体带来了一些特质。

最后，自由的心灵。散文是所有文学体裁中最少拘束、最自由自在的文体。作家们在这里可以尽情驰骋，发挥出自己的最大艺术才能，甚至有人说，散文作家想怎么写就怎么写，能怎么写就怎么写，根本不用去管什么文学创作的“清规戒律”。还有人说，生活有多么丰富，散文也应该有多么丰富。更有人将散文比作“散步”。认为“应用文是赶路，散文是散步。

赶路有目的地，有固定的路线。……散步不一定需要目的地，随兴所至，走到哪里就是哪里，也不一定要固定的路线，一路行来，傍花随柳，东张西望，路愈曲折愈富于情趣，不必顾虑到达目的地需要多长时间”①。这一切都表明：散文作为一种人类精神的自由表达，它本质上是对于坚硬刻板的秩序的反动。同时还表明：散文在本质上应是“闲适”的。它偏爱“闲谈体”，倾向于性灵，倾向于亲切从容的表达，而要做到这一点，毫无疑问，散文作者不单需要具备一种博大的胸襟，一种包容的心态，还需要拥有通达洒脱，俯仰自如，“手挥五弦，目送归鸿”的自由自在的心灵。考察当今的学者散文，我们看到，由于深受儒、道思想的浸润，同时又乐天知命，甘于下层，甘于淡泊和淡化自我，将人生的姿态放得很低，即在“生活上悃愊无华，行事上那么取予不苟”（启功评张中行语）。总而言之，由于信奉平常心是道，加之适逢处于改革开放、“王纲解纽”的相对宽松的社会环境中，学者散文作者的心灵普遍都是较为自由放松的。他们或状物，或写事，或怀人；或记叙，或聊天，或抒情；或古拙，或冷静，或深沉，或超脱，真可谓是信笔由缰，任意为之，当行即行，当止即止。一切都是这样无拘无束、水到渠成、天然成趣。而这，都离不开学者散文作者的生活心境，离不开他们自由自在的充盈心灵。

上面主要从思维方式、生命本真、智慧写作和自由心灵等方面考察学者散文的主体文体。之所以做这样的考察，是考虑到语言不仅仅是一种交流的工具，语言其实是一种哲学，一种人生状态，它是人的存在的家园。语言还是人类文化活动的最为基本的表现，是一种如苏珊·朗格所说的符号化了的人类情感形式的创造和凝结。因此，语言既是主体，也是客体；既是内容，也是形式；既有共性，更具个性。如果从这一角度来审视90年代以来的学者散文的文体，我们便不会认为关于“主体文体”的探讨纯属

① 罗大冈．散文与散步：关于散文艺术的几点感想［J］．文艺研究，1985（1）：77－81.

多余，而应视这种考察为文体研究的题中应有之义。

三、学者散文的语体文体特征

对主体文体的考察，使我们对 20 世纪 90 年代的学者散文获得了一种内在“文本结构”的整体性认识。这就是：以“五四”的精神和散文传统为圭臬，在观念上，摆脱“文以载道”“代圣贤立言”的桎梏；在生活态度上，以平常生活和平常心为道；在思维方式上，以智性和内敛自审为特征；在人生境界上，以自然质朴和谐为真；在心态上，则表现为平静从容、自由自在、随意挥洒。那么，当这种独特的“主体文体”与“语体文体”相遇，其结果又是如何呢？

学者散文在语体文体上给人的第一个整体印象是平实亲切，自由随意。在这方面，张中行的散文语言最具代表性。他的散文随笔，几乎都是聊天式的“絮语”。他无论写“红楼旧事”“故人梦影”，还是考证文化，把玩“案头清供”，追忆“碎影流年”，用的皆是平平常常、普普通通的大白话。的确，在张中行的作品中，你感到他似乎并没有十分用力去写，也极少见到抒情感叹，更没有看到他刻意用华美辞藻来装饰自己的语言。在他的散文中，一切都是这样的平淡无奇、轻松自然、自由随意。这样的一种“语体文体”，虽不免一些作品有“从头道来”“事无巨细”一一罗列的弊端，但不可否认，这样的语体的确能给读者一种自然感、平实感和亲切感。何况，考虑到这样的“絮语”是出自于一个进入耄耋之年的老作家之手，一般的读者和研究家大概也就不会过于苛求了。除了张中行外，金克木、季羡林、孙犁、杨绛、陈白尘、萧乾等人的语体从总体上看也属于自然质朴、平实亲切一路，其心态同样是闲适自得、极其放松的。只不过，金克木的语体，常于如道家常般的朴素平易、不事喧哗的“对话体”中将中西古今融会贯通，不但左右逢源、举重若轻，且有一种与生俱来的活泼洒脱、谐谑与思辨色彩。季羡林则是一个特例。他的语体基调总体倾向于大朴无华、自然天成。但有时他也会用华彩丽辞，甚至还运用了比喻、通感、顶真乃至意识流等表现手法来写人叙事、状物写景，如《黄昏》等作品就是如此。杨绛的语体，一方面有淡雅清丽的特点，另一方面又婉而多讽。而萧乾的语体，既有平白如话的人生实录，又有坦率、达观与揶揄。由于学者散文在这方面的语体特点已有不少散文研究者做过分析，故此处从略。

需要着重指出的是：尽管学者散文的语体文体表面上看都是一些大白话，但细加品味，却是寓意深刻，其间蕴含着一种特别的文调和韵味。在这方面，张中行、季羡林、杨绛的散文自不必说，即便是名气略小的黄裳，其语体在平淡无奇中同样有深意在：

> 从小就喜欢书，也从很小起就开始买书。对于书的兴趣多少年来一直不曾衰退过。可是六年前的一天，身边的书突然一下子失了踪，终于弄到荡然无存的地步了。当时的心情今天回想起来也是很有趣的。好象一个极大极沉重的包袱，突然从身上卸了下来。空虚是感到有些空虚的，不过象从前某藏书家卖掉宋版书后那种有如李后主“挥泪对宫娥”似的感情倒也并未发生过。我想，自己远远不及古人的淳朴，那自然不必说；就连自己是否真的喜欢书，似乎也大可怀疑了。
>
> ——《书的故事》①

这应该说是较为典型的学者散文的语体。它的特点是在平易中见跌宕，于朴素中见趣味，而且情思是如此优美，表达又是如此典雅含蓄。记得梁实秋说过：“一个人的人格思想，在散文里绝无隐饰的可能，提起笔来便把作者的整个的性格纤毫毕现的表示出来。……有一个人便有一种散文。……‘每人有他自己的文调，就如同他自己的鼻子一般。’……文调的美纯粹是作者的性格的流露，所以有一种不可形容的妙处。”② 确实，在学

---

① 黄裳．榆下说书［M］．北京：生活·读书·新知三联书店，1982：1.

② 梁实秋．论散文［M］//梁实秋．梁实秋散文集：第三卷．长春：时代文艺出版社，2015：86.

者散文中，我们通过他们那种平实亲切、自由随意的语体，不但感受到了一种隽永的情致、一种性灵、一种甘醇的文调，而且还看到了文调背后站立着的那个人。

学者散文在语体文体上的另一个特点，是寄繁于简，寄浓于淡。简，自然是简洁精练、言简意赅，即尽量做到“句无可削，字不得减”。因此，有人将其称为“竹简精神”①。而淡，则是冲淡，是寄至味于淡泊，也可视为豪华之后见其淳。之所以尚简贵淡，其一是由于学者散文深受晚明小品及“五四”时期散文传统尤其是周作人文风的影响；其二是当代学者散文的作者大多已步入晚年。对于他们来说，辞达意足矣。至于辞藻装饰大可忽略不计。在这方面，孙犁最具代表性。孙犁早年的语言以清丽纯美著称，晚年随着对人生世事体会的深刻，他的创作基调转而为客观冷静、淡泊以明志，而语言则更为简约和含蓄，如《火炉》的语言就是如此：

> 它伴我住过大屋子，也伴我迁往过小屋子，它放暖如故。大屋小暖，小屋大暖。小暖时，我靠它近些；大暖时，我离它远些。小屋时，来往的客人，少一些；大屋时，来往的客人，多一些。它都看到了。它放暖如故。②

文字朴素之极，可谓用字考究，惜墨如金，言简意赅。作品以火炉来比事喻人，以“大屋小暖”“小屋大暖”；小屋时，客人“少一些”；大屋时，客人“多一些”，以及有意重复的“放暖如故”，进行旁敲侧击，道尽人情的冷暖，世事之沧桑，无限慨叹，尽在简约的文字之中，真的是弦外之音，不绝如缕。加之简短的句式，如拉家常般的叙述，如此一来其语言就更耐人寻味了。孙犁的《残瓷人》，同样具有简洁精练之美：

> 不知为什么，我忽然有些感伤了。我的一生，残破印象太多了，

---

① 陈亚丽．文海晚晴：20世纪末老生代散文研究［M］．北京：首都师范大学出版社，2008：57.

② 孙犁．火炉［M］//孙犁．回望岁月深处的美好．上海：东方出版中心，2017：142.

残破意识太浓了。大的如“九一八”以后的国土山河的残破，战争年代的城市村庄的残破。“文化大革命”的文化残破，道德残破。个人故园残破。亲情残破，爱情残破……我想忘记一切。我又把小瓷人放回筐里去了。

司马迁引老子之言：美好者不祥之器。我曾以为是哲学之至道，美学的大纲。这种想法，当然是不完整的，很不健康的。①

由地震中打碎的小瓷人，写到“九一八”、战争年代、“文化大革命”的各种“残破”，最后再以老子“美好者不祥之器”作结。一篇一千多字的文章，内涵却极其丰富深刻：它以“残破”为思考的核心展开回忆与描叙，其间有对自己人生经历的总结，有对社会丑恶现象的批判，亦有对于美好事物的执着追求。读着《残瓷人》，我们自然会想起作者写于20世纪60年代的散文名篇《黄鹂》。只不过，《残瓷人》更加简约，文字更加节制，内涵也更加丰富有味。

如果说，孙犁的语体以朴素纯美、古雅含蓄著称，则季羡林的语体是以炼字炼句和节奏明快流畅见长。虽然季羡林的一些写景散文较注意意境的营造，感情表达富于朝气，文辞也较为华丽，但它的散文语言，总的来看是亲切、经济和简洁的。在《八十述怀》中，他对自己80年的人生道路做过这样的描述：

我走过阳光大道，也走过独木小桥。路旁有深山大泽，也有平坡宜人；有杏花春雨，也有塞北秋风；有山重水复，也有柳暗花明；有迷途知返，也有绝处逢生。②

季羡林将自己漫长复杂而又曲折坎坷的人生经历，只用60多个字就概括出来了。既形象生动又节奏明快，音调和谐悦耳，且每个字都包含着内

① 孙犁．残瓷人［M］//孙犁．故事和书．北京：生活·读书·新知三联书店，2014：98.

② 季羡林．八十述怀［M］//张葆耕．清华大师文选：第二辑．北京：新世界出版社，2003：61.

涵不同的感情体验。尽管作品中的意象不是十分新鲜独特，但当它们与作者独特的人生经验，与纯正的情思与特殊的语境相结合，古老的意象就产生出了诗意。而这种简洁中的诗性，与学者散文作者深厚的学养、宽广的胸襟、通达洒脱的人生态度以及内敛的思维方式和自省意识是分不开的。正是因此，才有张中行那些简洁传神的人物素描；有汪曾祺的文画渗透，动宾和谐配搭；有杨绛的词浅意深，正法眼藏；有金克木、陈白尘、萧乾等的妙手偶得，涉笔成趣……从老一辈学者散文的简洁平淡而内蕴丰富的语体中，我们感受到了一种学问、情怀、智慧与思想，同时深感到文字表达之不易。是的，文学的成功，在某种程度上是表达的成功，是简洁与醇美的成功。应当说，在这方面，学者散文的作者为我们树立了一个很高的标尺。

学者散文在语体文体上还有一个鲜明的特色，即言文合一铸古韵。这一特点，可以说是老一辈学者散文作家的专利。而这一文言与白话文互用的语体特色，一方面是继承了“五四”那种“文白杂糅，土洋并用”的散文语言传统；另一方面是他们的内敛思维作用于语体的结果。关于这一点，陈亚丽在《文海晚晴——20 世纪末老生代散文研究》中有过中肯的论述：“老生代散文突出的语言特色之一就是蕴涵其中的文言色彩。在他们的散文里，白话当中时常穿插一些文言词汇与文言句式，既恰当地表明了文意，又使文章的格调典雅、大方。”① 这种“言文合一”的语体运用，主要表现在以下两个方面。

其一，善用“四字格”。四字短语是古汉语的一种惯常表达方式，它规整划一，典雅精致，充分体现出了汉语的特点和优势。学者散文作者基本上都受过正规国学的训练，他们深谙汉语的特质，因而他们的语言不仅以简约见胜，而且对“四字格”有一种天然的偏好。如季羡林的《游石钟山

① 陈亚丽．文海晚晴：20 世纪末老生代散文研究［M］．北京：首都师范大学出版社，2008：52.

记》其中有一段落共24个短语，而“四字格”竟占了20个。孙犁更是喜用“四字格”，他的《读柳宗元》全篇大多是“四字格”。如“头也不梳，脸也不洗，浑身泥垢，指甲很长……嬉笑之怒，长歌之哀……傲啸山水，读书作文，垂名后世”。柯灵同样对“四字格”情有独钟。在《结缘》中，他这样写道：

> 贴近现世，深入生活。祸福悲欢，兴衰冷暖，日月盈虚，草木荣枯，一对男女萍水相逢，一见钟情，一粒种籽，偶然飞坠，落地生根，必然中有偶然。①

在《〈台湾散文选〉序》中，他更是用优美的“四字格”将论文写得美轮美奂：

> 七十年来，名家辈出，百体纷呈，孽乳繁衍……有的铅华落尽，真纯始见，娓娓而谈，引人入胜；有的功候深藏，秀丽内含，闲闲而来，风致自见。②

除了上述几位，张中行、施蛰存、汪曾祺等也常用“四字格”。这些“四字格”语段整齐，结构划一，中间夹杂两三个长句，朗读起来颇有“大珠小珠落玉盘”之感。这不仅使学者散文的内容与形式达到了和谐统一，也给他们散文的语体增添了一种古风古韵。

其二，“骈文”的取向。喜用善用“四字格”，固然可以见出学者散文受到骈文的影响，不过，学者散文的“骈文”取向还有另一种表达形式，即特别注意行文的工整对仗。比如上文引用的季羡林的《八十述怀》、孙犁的《火炉》就是如此。而柯灵的骈文倾向更为明显。如他在《神奇的时间》中这样感叹时间：“三万天不是个小数目，要看多少日落日出，花谢花开，潮涨潮退，人往人来？体验多少冷暖咸酸，离合悲欢，青眼白眼，红脸黑

① 柯灵. 柯灵散文［M］. 杭州：浙江文艺出版社，1999：315.
② 钟敬文，等. 灯下书影［M］. 北京：中国广播电视出版社，1997：210－212.

脸，秦关汉月，沧海桑田?”① 虽不是典型的骈文，却有骈文的工整、精美和典雅。需要指出的是，学者散文语体上的“骈文”取向，并非一味地“食古不化”，而是尽量将文言与白话杂糅调和，使之既透出古风古韵而又浅白流畅，从而营造出一种雅俗共赏的散文语体。

学者散文还善于化用成语或名言。如在季羡林的散文中，我们经常可以读到这样的句子：“烽火连八年，家书抵亿金”，“拜读广场内，悠然见雪山”，“同是东洋地上人，相逢何必曾相识”，“不识芦湖真面目，只缘身在此湖中”，等等。这一类的成语或名句，本来读者就较为熟悉，现在经过学者散文作家之手略为改动，其内涵、意境、表情达意的效果便截然不同，甚至在一定程度上给读者造成了一种陌生化的艺术功效。这可以看作学者散文在语体文体上的另一种创新。

由于学者散文的创作主体极为充盈，心灵自由放松，加之富于生命的智慧，这样在他们的语体中，也就时常会流露出幽默、谐趣乃至反讽的机锋。这种情况，在张中行、季羡林、金克木、孙犁、杨绛、陈白尘、萧乾、施蛰存、黄永玉、黄苗子等人的作品中随处都可见到。关于学者散文在幽默、反讽方面的语体特色，将另文加以探讨。

四、学者散文的文体价值

研究20世纪90年代以来学者散文的文体，对于我们认识当代的散文创作，尤其是对深化当代的散文研究有着不容忽视的价值。因为以前的散文研究，大多侧重于作家的生活道路、作品的思想内涵和文化意蕴，或立意构思、营造意境、叙述描写等方面的分析探讨，相对来说在文体方面的研究较少。而事实上，从文体的角度切入，更能够抵达散文的内部，贴近作家的心灵，揭示出散文的美点和特点。而就本命题来说，笔者认为研究学

---

① 唐金海，张晓云．柯灵散文选集［M］．天津：百花文艺出版社，2009：329.

者散文的文体，起码可以启发我们思考如下一些问题。

其一，“五四”散文精神的传承问题。毫无疑问，“五四”散文的精神是中国散文的一份优良遗产，但在20世纪的大部分时间里，我们的散文却遗失甚至背叛了这份遗产。直到80年代后期一批沐浴过“五四”自由思想的学者散文家陆续登上散文舞台后，当代的散文才真正承接上了“五四”的散文传统。他们一方面继承和发扬了“五四”的自由民主思想，追求人格独立、心灵的解放，强调个性与性灵；另一方面又摆脱了旧的价值尺度、思维习惯和旧有的语言，使散文的题材范畴、主题意向发生了极大的改变，同时在语体上由过去的“颂歌体”“代言体”向“自由体”“个人体”转化。不仅如此，从他们对“言文合一”的偏爱，以及在语体表达上追求“言与意”“形与心”的和谐交融上，我们也可以感受到“五四”散文的流风余韵。总之，学者散文的意义，在于他们既是“五四”散文精神的继承者和传播者，同时还时时刻刻提醒着我们：当代的散文若要在精神上强健起来，在人格上丰盈起来，在心灵上飘逸起来，就不能忘了“五四”散文这个源头。

其二，回归散文的审美性。长期以来，由于受到政治的干预和扭曲的散文观的影响，散文创作在很多时候都是空疏空洞、虚伪做作的代名词，是远离散文的本体同时也是远离审美的匠人式制作。比如从20世纪30年代中后期到50年代，散文是以特写、报告文学或通讯的面目出现，以能够及时反映斗争生活为荣，以“匕首”和“投枪”为美。60年代则是以禁锢作家想象力的“形散神不散”和虚假矫情的“诗化”为最高创作目标。新时期的第一个十年，虽然散文作家的观念有了很大改变，但那时的散文仍以歌颂、以抒时代之情和人民群众之情为主。这样的抒情尽管无可厚非，但它离散文的本体，离真正的散文审美性还有一定的距离。然而在学者散文这里，我们却感受到一种完全不同于“匕首”“投枪”，或倾诉式抒情的审美性，是一种主体文体与语体文体相统一、相结合的审美形态。在这里，创作者对每一种文体本身的独特审美品质有着清醒的认识，因此他们在充分尊重文体的独特性和规范性的前提下，融进了哲学、文史、政治、经济诸方面的学识，更融进了情怀、趣味、智慧和内在的生命气质，因此，他们的审美既是客观的也是主观的，既是精神的也是形式的；他们的语体既保留了传统语言的凝练含蓄、意蕴丰厚的特质，又有着现代语言的通俗易懂、生动流畅和摇曳多姿。正是在这个意义上，我们说学者散文净化了当代散文的文体，使当代散文在回归审美的途中向前迈进了一大步。

其三，昭示了未来散文的发展方向。评论家李书磊曾在一篇文章中指出："实际上聊天式散文才真正实现了散文这种文体的本意，是散文精神的一种成功的实践，代表了我们对这种文体的理想。"① 这个见解极有见地，笔者基本上也是认同的。因为散文作为人类文化的一种符号，作为人类精神的表现形式，它的本性就是自由自在，"法无定法"，因此了无约束、兴之所至、任心随意的聊天式语体，正好符合了散文的本性。如果非要给散文设定一些规矩，规定散文只能这样写不能那样写，反而扼杀了散文的生机，使散文创作成为一种没有灵性、没有自由度的写作。这是一方面。另一方面，散文应允许"破体"，应有多种发展的可能性。假如我们的散文园地里只有抒情散文这一路，那么当代的散文势必十分单调贫弱。而聊天式的学者散文的出现，不但丰富了当代散文的品种，开拓了当代散文的视域，为当代散文注进了一种精神素质，从而提高了当代散文的人文境界。而且，它还昭示了未来散文的发展方向，即在自由自在的聊天，在心境放松、坦露性灵，在本真、自然、智性的基础上，再增加一些现实的关怀、人文主义的渗透和现代意识的提升，若当代的散文能达到这一要求，则有可能进入一个新的境界。

---

① 李书磊．散文作为一个问题［M］//李书磊．文学的文化含义．上海：上海远东出版社，1998：85.

第十四章

女性散文的文体姿态[①]

在20世纪90年代声势浩大的散文创作队伍中，女散文家格外引人注目。她们从80年代末开始，以集团军的姿态蜂拥至散文文坛，尽情抒写内心的喜怒哀乐，大胆凸显现代女性的个体精神追求并自觉地寻求契合精神的独特的表达方式，在总体风格上既有继承又有突破。90年代的女性散文承载了丰富的文化内容，盈灌着现代意义的人文精神，以迥异于男性和传统女性的生命体验和各异其趣的言说方式，拓宽了散文的表现领域，体现了强烈的文体创新意识。关于女性散文在20世纪的发展概况、女性散文的价值观和题材取向以及叙述的特点和结构形态等，已经有一些文章做过探讨。本章拟根据“文体五层次说”的理论创设，从生命体验、言说姿态、女性思维与文体创新意识三方面的互融交感，对女性散文的文体姿态做进一步的分析。

① 此章为笔者的学生、华南师范大学副教授黄雪敏博士撰写，特此致谢！

一、女性散文的生命体验

体验，“是主体（人）带有强烈情感色彩的、活生生的、对于生命之价值与意义的感性把握”①，是从一己最富于生命力或饱含人生况味的种种片段（情境）中导出的具有哲学思辨色彩的领悟。在西方生命哲学和体验美学的话语传统中，“体验”特指生命（存在）的体验，而生命必然是体验着的生命。

德国19世纪末20世纪初生命哲学的代表人物狄尔泰非常强调体验的个体性、亲历性和内在性，把体验看作是个人独特的、通过反复亲历才能获得的、对生命内在隐秘本质的把握，而生命正是这样一种体验的全过程。海德格尔通过“领会”“思”“视”“透视”等概念来揭示体验与生命的关系。他认为，存在的展开情状就是领会，人是在领会中并通过领会把握存在的意蕴的。“在”的状况决定于领会，离开了领会，“在”是不可思议的。马尔库塞则从存在的片面性和生命的残缺性来吁求体验的完整性意义。在平淡、乏味、沉沦、虚假、怪诞、荒谬的“在世”活动深处，个体生命在“操心”，在“领悟”，在“决断”，在“体验”。此外，齐美尔、柏格森、斯宾格勒等人也格外重视体验。他们都不把生命看作是物质或精神、感性或理性的实体，而是看作主体对自己存在的体验和领悟，也就是心灵的内在冲动、活动过程。体验是存在和生命领悟最直接、最深刻的形式，体验就是存在的展开和亮相，它不只是肉体的感官知觉，也不只是理性思维，而是一种高度澄明的心灵境界，它比经验更深刻、强烈、活跃、生动，它“可能是瞬间产生的、压倒一切的敬畏情绪，也可能是转眼即逝的极度强烈的幸福感，或甚至是欣喜若狂、如醉如痴、欢乐至极的感觉”②。

① 童庆炳. 现代心理美学［M］. 北京：中国社会科学出版社，1993：52.

② 马斯洛. 谈谈高峰体验［M］//林方. 人的潜能和价值：人本主义心理学译文集. 北京：华夏出版社，1987：366.

由此可见，“体验”是感悟性的、内省性的、整体性的，要“体验”，就要“融入”事物，“倾听”自然。要调动所有的心理机制，进入一种全身心的心醉神迷的状态，达到主客体的浑然同一、物我两忘的境界。这时候，一切客体都是生命化的，都充溢着生命的意蕴和情调；自己分享着对象的生命，对象也分享着自己的，外在陌生之物就变成内在亲近温暖之物，“存在”也以其本来的面目向人们敞开。正是“体验”使艺术家生活在迥异于日常世界的另一个意义世界中，使他们发现美、体味美、创造美。90 年代的女作家充分发挥了现代女性作为一个创作主体对外部世界的感知、体验能力，将自身融入到对社会、历史、情感和两性关系的全方位的体验当中，向人们敞开了一个丰富、细腻、深入，集感性和理性于一体的女性生命体验的世界。

其一，丰富性体验。丰富性体验指的是作家获得爱、友谊、信任、尊重和成就时的内心感受，是一种欢悦、幸福的体验，作家从中感受到生活的美好、人的心灵的美好，使他们看到了生活的另一面，懂得了生活的意义，并执着地热爱着生活。

孕育——生命创造体验是新时期女性散文丰富性体验的第一种类型。

家庭的建立、孩子的出现，使女性情感骤然回到传统角色之中，她们在此流连忘返，寻找女性人生的丰富内涵。叶梦的《产科病房》、珍尔的《不要拒绝做母亲》、李蔚红的《生命的响声》、池莉的《怎么爱你也不够》等，都充分传达了这种丰富性体验。而海男则用她的长篇散文《生命圣经——一个母亲在怀孕十个月中的絮语》展示了与男性身体截然不同的一个柔美微妙而又神秘莫测的世界，在同类散文中具有代表性意义。她用日记体的形式将一个母亲在怀孕中每一时刻的变化和点点滴滴的感受进行了诗意的描绘。从“0　祈祷”到“第 295 天　从此”，文章充满了女性即将为人母的幻觉、踌躇、等待以及其中的对话、运动、想象和爱的弥漫。文章最后写道：“宝贝，我的话已经告一段落。然而，有一点我得告诉你：我们之间的爱并没有结束。爱是什么。爱是一种永恒的纽带……爱是另一种语言，是倾诉之外的一种不朽。……爱是永远的故事。”① 在这里，她们传达的不再是“论道经邦”的无我之声，而是来自内心深处的强烈感受和体验，是女性在生儿育女过程中所获得的幸福与满足，是她们在特定范围内履行女性角色所享受到的自由的乐趣。读着这些温馨、诚挚、包裹着浓厚生命体验的文字，“你会感受到上帝创造人的奇迹，你会感受到别人的灵魂在穿越时空，你会感受到女人的嘴唇在诉说，你会看到她们的嘴唇上美丽的阳光”②。

此外，是将女性看作与大自然一样神秘、富有灵性、令人崇拜的力量，在女性美的原始区域内联想、阐发，寻找女性生命圆满的本质，蕴含了对女性原始朴素的生命力之美的顶礼膜拜及对女性文明、女性神话的向往与追索。唐敏在《女孩子的花》中，将她对自然灵性的独特感受力与对女性的关爱之情融合在一起，借水仙的柔美姿态、清冽的香气和易受伤害的命运，隐喻着对女性超绝凡俗却又毁易存难的命运的深深怜惜。铁凝的《河之女》则借男人的眼光去打量那一河的石头，“它不似滩，不似岸，不似原，是一河的女人，千姿百态，裸着自己，……因了女人的丰腴，女人的浑圆，女人的力。……你的灵魂就要脱壳而出，你觉得你正在萌生一种信奉感，不然你为什么会面对一河巨石肃然起敬”③。这里突出的是女性原始的、朴素的生命力之美，作家以这种自然芳香的女性生命来比照肉欲横流的世俗社会中苍白匮乏的“文明中人”，传达出对女性永恒无邪的青春美的赞叹。海男则用虚拟的形式和优美的散文随笔体，为一个女人从童年到死亡，从身体到精神的成长史作传——《女人传》。她以粉色、蓝色、紫色、

① 海男．生命圣经：一个母亲在怀孕十个月中的絮语［M］．北京：作家出版社，1998：483.

② 海男．生命圣经：一个母亲在怀孕十个月中的絮语［M］．北京：作家出版社，1998：作者序.

③ 铁凝．你在大雾里得意忘形：岁月卷［M］．太原：山西教育出版社，2014：114－116.

黑色、白色五种颜色对女人一生做了极富隐喻的诠释，深入到女性精神、心理及肉体的隐秘角落，凸显了女人的历史形象和现实形象，表达出作家对女性的深切关怀。

新时期女性散文的丰富性体验，还体现在部分作家对母女之爱的思考上。周小娅的《岁月如圆》、蒋子丹的《岁月之约》、丹娅的《心念到永远》、尹慧的《我和母亲之间》、小宛的《月正中天》、筱敏的《血脉的回想》等篇章，都选取了一个特定的瞬间来表现祖母—母亲—孙女三代女人代际角色的转换和交接，深刻地体现了女作家对于母女两代人的“过渡”的理解。在母女两代人的相互认同中，“‘代’的交替在这里经由女作家们切实的母爱体验被暖化了”。它永驻在世世代代的女人心里，实现了“女人对时间的空幻感生命的虚无感的一种抗拒和超越”。①

其二，缺失性体验。女作家唐敏曾经说过：“女子是一种极其敏锐和精巧的昆虫。她们的触角、眼睛、柔软无骨的躯体，还有那艳丽的翅膀，仅仅是为了感受爱、接受爱和吸引爱而生成的。她们最早预感到灾难，又最早在灾难的打击下夭亡。”② 新时期女作家的丰富性体验是明显的，而她们的缺失性体验也刻骨铭心。这里面包括了母爱的缺失、两性之爱的缺失和个体生命归属的缺失。

张洁的缺失性体验是在她意识到她唯一的母亲终于离她远去，昔日如涓涓细流的母爱再也把捉不住的时候凸显出来的。《世界上最疼我的那个人去了》《一扇关闭了的门》《坐在石头上等姥姥的小松鼠》《母亲的厨房》《这时候你才算长大》《无字我心》等，全都是在“失母之痛”几乎要把她压垮的情况下写出的。特别是15万字的《世界上最疼我的那个人去了》，凝聚了作家半生对母亲无尽的爱、追忆和愧疚，而这个长篇文稿中几万字

① 刘思谦. 代：女人生命的刻度：90年代女性散文中的代际现象［J］. 文艺评论，2000（2）：20－32.

② 唐敏. 女孩子的花［M］//袁勇麟，冯汝常. 文学欣赏与创作. 2版. 成都：四川大学出版社，2016：44.

的无故丢失，更使作家不得不忍受内心巨大的悲恸和无助，再回过头去一字一句重新收拾自己破碎的心。女作家这种经由自身的不可选择无法逃避又猝然而至的经历而深深体验到的创伤性缺失——“子欲养而亲不待”——正像男作家史铁生的《我与地坛》一样，细腻而深刻；而女性天生的柔情万丈和对母亲固有的依恋更使她们的文字纵恣汪洋、荡气回肠，少了一分男作家的毅力和理性，多了一分长歌当哭的缠绵！“我”和母亲的关系是一种生生相依又混沌莫名的真实，是“人在其真实、其在的深层里所遭遇的那种真实”，“它显然是被经验到的”和“始终是特殊的”。① 这种特殊的“真实”也是宗璞的《花朝节的纪念》、马瑞芳的《等》、叶稚珊的《慈母身上衣》等怀母散文的动人之处。

母亲是一个女性生命中第一个也是最重要的女人，而男性则是她们的另一半。男女两性相互的尊重、浪漫的爱情、和谐的婚姻是女性生命中锲而不舍的追求。这种追求本是生命的题中之义，但在 90 年代的一些女性散文中我们读到的却是丈夫无端的猜忌、社会舆论的挑拨以及作者遭到伤害后感情的消耗和不被理解、不被尊重的痛楚。于是，韩小蕙得出“不喜欢作女人”的悲观结论，杜丽也愤愤地喊出了“不知谁比谁活得更长……”的声音。唐敏的《霜降柿子红》、丹娅的《女人的星》、赵玫的《一本打开的书》等，字里行间写尽了女人被弃的伤楚和无奈。蝌蚪的《家·夜·太阳》和张玲的《偶像》在这类文本中有典型的代表意义，充满了女性的哀怨和渴望，以及灵魂的痛苦挣扎。作品展示了女人对爱的痴迷癫狂是何等的惊心动魄，而这种一厢情愿的盲目的爱对女人的伤害又是何等的深！无论是出于心甘情愿的拜倒还是出于外界的压力，真正的“两性之爱”的缺失都成为 90 年代现代女性“沉重的翅膀”，束缚了她们在精彩的世界里更激情地翱翔。

---

① 奥特. 不可言说的言说：我们时代的上帝问题［M］. 林克，赵勇，译. 北京：生活·读书·新知三联书店，1994：43－44.

“希腊神秘哲学家早说，人生不过是家居，出门，回家。我们一切情感、理智和意志上的追求或企图不过是灵魂的思家病，想找着一个人，一件事物，一处地位，容许我们的身心在这茫茫漠漠的世界里有个安顿归宿，仿佛病人上了床，浪荡子回到家。”① 归属的需要是人根本的需要，对于力求自由却仍在现实中内外受迫、进退为难的女性而言更是如此。她们在现实社会中体验到深入骨髓又无法排遣的孤独，这种心理体验并不只是一种生存方式和生存状态，它为作家提供了自我观照的最佳环境，使她们从一己的缺失进而反思人类的普遍困境，并凭借女性的智慧和勇气探索人生之谜。百岁老人冰心1993年在《羊城晚报》上发表了《我的家在哪里?》一文。这位经历了一个世纪的风霜雪雨，创作出不少优美散文的老作家，在她的老年时分写下了这样耐人解读的一笔：“万万没想到我还有一个我自己不知道的，牵不断、割不断的朝思暮想的‘家’!”作者梦见自己坐着黄包车，挨家挨户，穿街过巷地寻找她的“家”，唯有这个“家”，是她魂牵梦萦的地方，因为“家”里有父母姐妹，有其乐融融的一个单纯的世界，“家”是归宿，是精神家园的所在。对“家”的追寻，其实正是对人生意义和生命价值的追寻，已经深入到对生命本体层面的思考。而正如作者清醒之后奇怪纳闷的，她深深挚爱了一辈子的丈夫吴文藻，在她的夜夜梦乡中，却一次也没有出现！冰心和吴文藻的爱情尚为现代诸多的女性所羡慕，可就是这样一份真正的爱情，也解决不了冰心的问题，也给不了她想要的、苦苦追寻的精神的“家”。冰心尚且如此，那些找不到真爱、在生活中迷失了自己、找不到出路的女性在个体生命归属上的缺失更是广泛和无奈。这正是素素在《无家可归》中感叹的：“世上所有追赶缪斯的人，都在找家。然而现在乃至永远，最真的感觉，仍是无家可归。”②

缺失带来了痛苦，刺激了对缺失对象的渴求，它成为90年代女性进行

① 钱锺书．谈中国诗［M］//钱锺书散文．杭州：浙江文艺出版社，1997：539.

② 素素．女人书简：生命的感觉［M］．成都：四川文艺出版社，1994：8.

散文创作的一个很大的动机，同时也唤起了处于缺失状态的个体的顽强意志。所以，当我们翻阅这类女性文本时，我们不仅读到了人类长久以来求而不得的一种普遍的缺失和匮乏，更从中读到了女性的坚韧和顽强，体会到了她们对于女性精神家园的锲而不舍的追求。

其三，神秘性体验。人类天性中对于未知事物的强烈的好奇乃至渴望在艺术家与艺术作品中似乎表现得特别突出。伟大的艺术家常常对于彼岸、超越等具有特殊的敏感与体验。“神秘性体验”指的是创作主体超越日常经验与理性逻辑，通过神秘的直觉、感悟、启示等与“最高的存在”或“最高的美”契合为一时，主体产生的一种迷狂式的同一性体验。庄子在他的《人间世》中提出的“气”“心”“心斋”“虚静”，西方神秘主义美学家普洛丁的“观照”“灵见”，象征主义作家梅克林特的“契合”，生命哲学家伯格森的“意识绵延”等都强调了这种借助于感官却又超越感官的“顿悟”，强调了这种神秘感受力和体验。它向诗人打开的是一个深渊，一个遥远的集体的梦，是“恍兮惚兮”的“道”，这正是艺术体验中最富吸引力的。

90 年代的女性散文中，开始得最早也走得最远的女性之谜及人性之谜的探索者是叶梦。从《紫色暖巢》到《创造（九章）》再到《灵魂的劫数》，叶梦完成了对女人从生到死的生命过程的审美化追溯和勾连。她由此而“无师自通”地领略了“生命的哲学”。在这些作品中，叶梦一方面以一个纯洁的“白衣少女”不断地对女性身份进行指认，以一种超乎感性和理性之上的神秘的心理能力体验着大自然的蛊惑、梦的似幻似真的寓示与生命的自然脉动，形象地表现了生命本能那种神秘莫测、真假难辨的隐秘经历。另一方面，则充满了“黑衣女郎”般对死亡的体验、对生死轮回的探寻及潜入其中的冥想。她以冷酷的封闭以及这封闭下隐藏着的犀利洞察力达成了其对生命的静观。面对人永恒的生存悖论，叶梦悲哀地叹道：“浮尘一样的人生，你是那么长，又那么短；你是那么丰富又那么空虚。”（《清风梦谷》）“怎样才能逃离五行之外，不入生死轮回之中？”（《极地飞行》）于是，她只能紧紧把握住由生到死之间的一段过程，她把这个过程叫作棋盘上黑子与白子的对弈，叫作“极地飞行”。“除了从生与死的极地间穿过，别无选择。”（《极地飞行》）

叶梦散文成为80年代末文坛的一个“异数”，她的惊世骇俗，不仅仅在于她对女性身体经验这个禁区的挑战，还在于她以一股“肆无忌惮”的“女巫”气息出入幽冥之界，“测出幽暗如迷宫的灵魂深处的丝丝缕缕的微波”（《风里的女人》）。她正是在这一点上超越了传统的女性思维，达成了对哲学意义上女性乃至人类之本体自我奥秘的体味，有着女智者难以捉摸的深不可测。她的这种神秘性体验拥有极强的个性色彩，使她赫然区别于唐敏、苏叶等同时代的女作家，塑造了一个独特的“风里的女人”形象，耐人寻味。

与叶梦不同，马莉的神秘性体验体现在她对词语的直接感悟中。《窥视》《缝隙》等作品对词语的理解、阐释、发挥和穿透，将这种深入骨髓的神秘性体验表现得淋漓尽致。马莉的这种体验与联想，不能不说是“巫性”的，是神秘而又带着些许精神病症的。她的神秘性体验让人经历了一场感官和精神的最边缘和最刺激的遨游。

神秘性体验是90年代女性散文众多体验中最富女性特色，同时也是较为深入的一种体验，它显示出女性在物态和心态放松的外部环境中对自身奥秘的深层掘进，并从这一更为本己的角度切入生活、切入人生的本质追问。她们“一面体味着女性自身成长历程中的种种生命涌动，一面审视着她身外那大千世界的种种人生戏剧，形成了其女性自我的双色调”①。

其四，精神性体验。帕斯卡尔曾说过：“人的全部尊严就在于思想。”②

① 李虹．女性自我的复归与生长：新时期女性散文创作的流变［J］．文学评论，1990（6）：99－108．

② 帕斯卡尔．帕斯卡尔思想录［M］．何兆武，译．西安：陕西师范大学出版社，2002：167．

思想是作家尊严的一种标志，也是文学作品深度的一种标志。筱敏说："我反对作家不过是一种职业的说法，因为这种看似平民化的说法，回避了某种实质性的东西。……作家，实际上指的是一种人的精神事实，她至少需要个体的人格尊严，独立的思想能力和感受能力。"① 她在作品中通过追忆、反思、诘难、剖析和评判，全面深入地揭示了20世纪人类遭遇灾难特别是精神瘟疫的场景。

人类在20世纪到底遭遇了什么？筱敏的思考是从法西斯主义开始的。她从个人的生命体验出发，注目于一些容易被忽略的事实，对其进行了更为深入的挖掘。在《遥想法兰西》《救援之手》《死刑的立论》《乌托邦随想》等篇中，筱敏不时叩问生命的尊严、民族的尊严，革命、民主、启蒙思想家、个人权利、专制、叛乱、摧毁、自由、强权、乌托邦、死刑等词成了主题词。她对法国大革命的反思，对德国法西斯的鞭挞，对俄罗斯精神的张扬，以及对"文化大革命"的回忆，视野开阔，侠骨柔情，字里行间充盈着对强权专制压迫的反抗和对自由民主人权的梦想，荡漾着一种人文精神，一种沉稳的理性智慧。

筱敏欣赏克尔凯郭尔关于人类的中心要点在于基数"一"的说法，并且称真正的思想者都为这个高贵的基数"一"所迷，所以才有内心里和事实上的接连不断的逃亡。脆弱是因为"一"，而坚强也是因为"一"。但这种以寡敌众的个人反抗，带来的无疑是恒常的孤独：本雅明在单向街上骚动的人群中肆意穿行，仅仅是为着自卫（《在行与行之间游荡》）；克尔凯郭尔穿过那株千年冷杉，才找到通往生命的窄门（《致死的痼寂》）；卡夫卡带着自己长长的影子穿过田野，而现在，田野只余一片褐色的凄凉（《一切障碍都在粉碎我》）；惠特曼被阻绝而置身于文化的圈地之外，只好孤独地出售自己，辩护自己，独对自己的伤痛而奋力突围（《草叶的背面》）；还有瓦

---

① 筱敏. 生存，加上一支笔［M］//筱敏. 血脉的回想. 广州：广东人民出版社，2009：156.

尔登湖的梭罗，他远离文明之地而离群索居，做的也仍然是“孤身试验”（《想起瓦尔登湖》）。对于筱敏来说，她用笔所做的反抗在这个时代显得尤其突兀，而且势单力薄；她强烈的精神追求带来的是丰富的痛苦和深入骨髓的孤独：“无论在历史的深处，还是在人心的深处，最为重大的事件都是无法言说的，它们处在一个言语从未抵达过的疆域，唯赖风的呼啸，还有骨骼在风中的震栗。”（《风中行走》）因此，当她经历一场场由内而外的灵魂风暴，力图在思索和展望中不断抵达精神的神圣境地时，她也由衷地感叹：“‘何处是我的尽头呢?’……我只能以内心的颤动告诉你：实在我们没有尽头。”（《在暗夜》）

对于筱敏的警醒，林贤治说：“这里带有一种自审意识，一种深沉的痛感。”① 筱敏所有的文字，恐怕都是这种痛感的释放，它负载了一个知识分子沉重的精神探索。在这里，我们可以拾掇起一些超出年华的未曾失去的凭证——自由、尊严、理想、民主——这些在黑与白的时空中如金子般坚挺的品质。筱敏的地平线没有在岁月的挤压中重叠成生与死同一的凝重的现实——只有当下，没有过去与未来；而是如白桦树一般地向天空伸展着一种生命的提示与感悟。星光一样的心灵碎银并不是真的破碎，而是梦幻的理想火焰在升腾中投射的闪烁的光影。筱敏在行与行之间游荡，她仰望星空，追溯过往，向往未来，理想与梦延续着她知识分子的声音。精神体验的激情诱惑着我们，就如同生命的激情诱惑着作者。

以上四种体验是90年代女性散文中最突出、最深刻的体验，其把人类对外在事物和对自身的感受推向了一个更深的层面，挖掘出体验主体与体验对象之间的内在联系，体现出女性散文的价值和独特之处。

二、女性散文的言说姿态

语言是人类对世界的一种体验。人类以语言的方式感知世界，把握世

① 林贤治. 五十年：散文与自由的一种观察［J］. 书屋，2000（3）：17－79.

界，拥有世界。海德格尔曾诗意描述过："语言是存在的家园。""语言，凭借存在物的首次命名，才指明了存在物源于其存在并达到其存在。"① 也就是说，任何对于存在的认识，都是经由语言来完成的。创造性地运用语言意味着创造性地认识世界，而平庸陈腐的语言则总是与平庸陈腐的思想方式息息相关。

文学是语言的艺术，它与人类的言语活动有着不解之缘，对文学语言的追求成为千百年来文人墨客的理想。言说方式是生命体验的延伸和发展，采用何种言说方式，如何"说"，越来越被作家们所重视。正是用语言，用一种独特的言说方式去征服题材，才能将自然情感转化为审美情感，实现艺术作品的价值。一个真正的艺术家，首先要区别于他人的，即在公共语言的覆盖中找到自己独特的语言表达，或者更准确地说，找到将自己的私人表达渗透于公共语言之中的独特的转换形式。只有个性化的表述，才能最终传达出创作主体的思想内涵和独特的姿态，创造出作品的韵味与风格。

具体而言，言说方式包括公共的言说方式和个人的言说方式两种。公共的言说方式主要是采用一种公众熟悉的语言，运用一种大众化的抒情方式，传达公众易于理解和接受的普遍意义。个人言说则凭借作家自己的记忆和经验写作。她们拒绝那种使人丧失自我的条理化、秩序化、概念化的"集体记忆"，偏重"个人记忆"，但个人记忆也"不是一种还原性的记忆的真实，而是一种姿势，是一种以个人记忆为材料所获得的想象力"②。她们都不约而同地从对外部世界的记录转向对自我和内心的感触抚摸。如果说公共言说对应着"公共意识""公共空间""公共话语"，"公共"以传统文化，实则是男权文化为其后盾所显示出来的强悍，自然无可匹敌；那么个人言说则对应着个人空间、个人意识、个人话语，而在很大程度上，"个

① 海德格尔．艺术作品的本源［M］//孙周兴．海德格尔选集．上海：生活·读书·新知上海三联书店，1996：237.

② 林白．记忆与个人化写作［M］//林白．林白文集：4．南京：江苏文艺出版社，1997：103.

人”又等同于“私人”。“私人话语”成为一种独特的性别话语，是通向诗性写作的必由之路。离开了“私人性”，就不会有真正的诗性。因为诗性归根结底源于生命的原始涌动和生命个体对事物的一种心理感知。

在诸多的文学样式中，散文这一文体不以塑造人物形象、铺叙生动情节为目的，其本身对语言有很本真的要求，对表现手法也有相应的选择；散文的本义是抒情，这种“写自我”和“抒真情”的文体与女作家天生的特质相结合，使人们误以为柔弱纤细的语言和浅吟低唱的言说方式才是女性散文的纯正面貌，甚至对一些颇有气势的女性散文嗤之以鼻。这无疑是对女性散文的一种平面化认识。90 年代女作家丰富的生命体验急需一种全新的也是个人的语言加以传达，作家们努力寻求契合内容的表达形式，对语言及言说过程高度重视。其抒情话语的多样化尤其值得注意。

90 年代女性散文的抒情话语挣脱了传统散文“事（人）—情—理”的呆板的艺术模式，不再是喊口号式的宣泄，而成为一种真正的抒情艺术。大部分女作家经过十余年的创作磨砺，基本上形成了一种自由自在、自然从容，同时又极大地融合了现代表现技巧的抒情话语，并且越来越显出自己成熟的风格。

女性丰富复杂的感情在很多情况下当然需要借助真挚热烈的句子加以传达，但浓墨重彩的感情抒发易给人虚张声势之感。随着思考的深入，体验的细腻，90 年代的女性散文出现了一些寓浓于淡的“冷抒情”，内里浓烈而外表清淡。作者往往让感情像地火一样在地下慢慢运行，并不长篇累牍地表现情感，而是让感觉通过所铺叙的事物、场景显露出来，让真情在一种感觉化了的叙述文字中引而不发。张立勤的《车站在远方》抒发作者面对习以为常的“火车”感悟到的死亡的气息，语言淡定冷静，有一种“不显山不露水”的节制。其文字是浸透着苍凉感觉的，但是文字并不聒噪地喧嚣什么感情。事实上，真正的感情不一定非得电闪雷鸣，相反，经过了风风雨雨、千山万水过滤的情感，那种由沉着宁静托举着的感情，往往拥有更为震撼的美学力量。

曾经以18个“能不能”的设问表达了强烈的散文革新意向，并坦言“散文之于我，是有着彻骨的疼痛，是有着诗的灵魂在其中挣扎的一种文体”① 的女作家赵玫，在其散文集《一本打开的书》中，以一种如泣如诉、如怨如慕的优美抒情的笔调，缠绵悱恻地娓娓道出她对爱的渴望、对孤独的既珍爱又恐惧的矛盾、失败而永不后悔却终究迷惘的往事、有情人难成眷属的创痛和女子天生的多疑自尊、伤感忧郁……赵玫的散文几乎都是诗意的表达，是一曲曲古典优雅的灵魂独语。一切都是朦朦胧胧的，烟笼寒水月笼纱，只可意会不可言传。而恰恰是这种蜻蜓点水般的朦胧和虚无缥缈使作者和读者在若即若离中保持一种适当的审美距离，这个诗意葱茏的艺术世界在充分传达作者敏感而独特的内心体验的同时，也以一种非常感性的形式直接诉诸并感染读者的心灵。赵玫的缠绵和忧伤，总是让人在品味人间真情不可得的无奈时，不忘回过头去，看看这一份情感的历程，看看这一个女人在情感中的收获与曲折。她灵魂的挣扎，绝不是没有遮拦的直白的坦率，不是大大咧咧酣畅淋漓的宣泄，而始终保持着一种女性矜持的姿态和含蓄蕴藉的取向，这自然得益于语言的锤炼。当我们细细品味时，我们会发现，赵玫喜欢用漂亮的短句、生冷的词汇、句号的终结创造出诗的句式、诗的转折、空白和韵律，造成“简洁而完整”的艺术效果。她常将一两个短句独立成段，分割心理的连续、过度、停顿、跳跃，给读者广阔的想象余地；而陌生化的语言更能使读者在不连续的句与句、段与段之间反复地回味。总的来说，她的语言典雅、流利、色调鲜明，有密度、有力度、有节奏、有生命，这使她的散文能在许许多多女作家纷繁各异的文本中轻易地被挑选出来。

在传统的抒情叙事散文中，思维空间往往以单向直线层层推进，常囿

---

① 赵玫．以爱心　以沉静［M］．合肥：安徽文艺出版社，1991：6.

于“借景抒情”或“托物言志”的模式，结构上讲究“起承转合”“首尾照应”的匠心经营。20 世纪 90 年代的女性散文致力于内宇宙的挖掘，常常依女作家心灵的感受和情绪的流动，进行结构形态的自由创造，形成了一种独特的意识流的抒情方式，显得随意、开放，表现出极大的散漫性、非逻辑性和非完整性。这些被称为“新生代散文”“新艺术散文”或“新潮散文”的，起源于曹明华的“手记体”散文创作，而后在斯妤的“荒诞系列”和胡晓梦的《这种感觉你不会懂》《惘然四顾》中得到了充分的体现。作家将离奇的梦境和幻觉杂糅进作品中，以一种零落破碎的即兴式的表达方式，捕捉着现代都市生活中困扰而焦虑的神经。对她们而言，外部世界往往只是因为触发了情绪才有其存在的意义，唯有作为散文主体的“我”的情绪的波动起伏和流向才是作品的进展状态和结构本身，才是作者想要表达的重点。在这里，内省式的、意识流化了的生活情境，多元繁复、新颖现代的思想，不断对话驳诘的独白语言效果，不断回旋往复的丰富情绪，紧张窒息的节奏，形成了文章的独特魅力和动人的阅读效果。文中大量带有反讽意味的情绪并没有被饰以华美的辞藻，有时甚至配以有一搭没一搭的随意叙述；作者一任情绪意识的放纵流动和联袂奔涌，以其快节奏的独白性倾诉和多向度的情绪流辐射实现了对传统散文套路的颠覆。

此外，越来越多的女性散文自觉地向诗性言说靠拢，体现出对散文语言的深度追求。

例如前面提到的女作家筱敏，在她的散文中我们读到了一种激情式的紧张的抒情效果。作家一方面将主观感情通过与之相呼应的“客观对应物”加以象征、暗示和烘托，在客观对应物中注入浓烈炽热的感情；另一方面又极力摆脱散文表达的松散与沉闷，努力地对语言进行提炼和过滤，呈现一种内在的诗性，从而构筑了一个侧重抒情、节奏快慢有致、语言克制而富于弹性的散文世界。筱敏的散文创作对读者的冲击，远远不止是它指称的或隐含的意义，即那些我们称之为思想的东西，而是在明确的意义以外蔓延的同样可以感受得到的动机、记忆和向往，是文字本身梦幻般燃烧的激情与想象。沉甸甸的思想依托着激情和想象这对美丽的翅膀飞扬起来，成为充满诗性的文字，成为筱敏散文的真正魅力。筱敏的文字，不是那种玩弄文字游戏的精雕细刻，但每一个字词、每一段字句，都凝聚着她对语言的追求，都包含着她对言说的自由与限度、个性与深度的精细的理解和把握。在筱敏看来，散文不是“一切无法归类的芜杂琐碎的无聊的一次性的餐巾纸式的文字”，散文是在“执拗地陈述一种精神的存在，一种心灵的现实”，因此，“诗是一个进入内心的事实”。[①] 筱敏其实是在用散文的形式表达她作为诗人的思考与探索。诗的品格作为一种精神流淌在筱敏的散文中，保证了作家对语言毫不松懈的追求，使文字融合了感性和知性，焕发出经久的魅力。

马莉的《关于一只鸟儿的纪念碑》也是诗性言说的代表作。这篇散文从本质上来说，是一则寓言，是建立在真实基础上的假定性的艺术世界。它诉诸感观以具体的意象，却不做明确的投射和清楚的呈现，提供了阐释的多种可能性，通过暗示、象征激起读者的联想，提供一种全新的感受。它凭借散文语言的流畅和格式的自由获得了一种外表舒缓、从容而内在饱满、热烈的抒情效果。作家借助小说的技巧在文本的表层构建了一个夹杂着相当容量的个人经验的半真半假的童年经历，在文本中间又大胆地用诗歌的形式写了一段文字并将它显眼地放置出来，而这些，都融入到散文的本体叙述中，非但没有引起文体的混乱，反而使这篇文章显示出了它的价值和意义——对理想蓄满感情的无悔追求是该文章作为“散文”“质”的所在，小说和诗歌手法的运用是写作的策略选择，而语言的松弛有度和精心把握又保证了全文的艺术水准。情感体验和言说方式遥相呼应，犹如盐之于水，浑然一体。作家对散文文体创新的自觉实践和对语言的本色处理将

---

① 筱敏．血脉的回想［M］．广州：广东人民出版社，2009：157－160.

读者引至一个不温不火、回味无穷的阅读境界。

综观90年代的女性散文，作家们“努力将哲学的思辨、生活的状态和对文学以及人类的思考化为感知中的散文语言，并让语言在流浪中寻求美好和真实的对话，……达到了词与物的融合，思想与表达的一致，人本与文本的统一，内容与形式的合一”①。当我们在斯妤构筑的融幻境、梦觉、潜意识于一体的凹凸世界中曲中见曲的时候，当我们嗅着马莉文中散发的青苹果气息、感受丝绸般缓缓滑落的声响时，当我们一面听着王英琦放言无忌的大白话，一面深味韩小蕙的柔肠缠绵的窃窃私语时，还有当我们深深地震惊并折服于筱敏敏锐的感觉、诗性的语言和直达本质的深刻时，我们应当看到，女性散文发出的多种语言的声响，它们形成的各有特色的语言风格，把女性散文的生命体验提升到一个新的层次，也使“文学的诗意”那激发人想象的意义重新获得确立。

三、女性思维与文体创新意识

女性散文发展到20世纪90年代，老、中、青三代作家齐齐亮相，各展风采，文化散文、思想散文、私人化散文三大类型同声喧嚣，争芳夺艳，促成了新时期（特别是90年代）女性散文的繁荣格局。这个时期的女性散文继承了传统女性散文对心灵的剖析、对社会历史的反思以及女性特有的细腻纯真的体验和表达，并在此基础上实现了三大突破。

首先，是思维方式和写作立场的转变带来了感觉的开放和趣味的多样化。从80年代中后期开始，文学大环境中风起云涌的文化、哲学思潮更迭频繁，对女性的知识结构、审美意识和思维方式产生了重大的影响，表现在创作中，是男女思维的天然差别被强调了，90年代女性与传统女性的差别也得到了不同程度的体现。

① 陈剑晖. 散文文体论［M］. 北京：中国文联出版社，2002：73.

第一，女性思维与男性思维的天然差别：巫性思维。众所周知，男女两性在生理、心理、气质乃至行为方式上的差异是明显的。“男性更倾向于对外部世界的感觉，而女性更倾向于对内心世界的感觉。男性更擅长于粗线条的整体感觉，而女性的拿手好戏是对某一局部和细节的细致入微的感觉。男性深沉，女性柔和；男性洒脱，女性缠绵；男性好慷慨悲歌，女性好儿女情长；男性豪放，如鼓点，如长风出谷，如马蹄雷动，女性婉约，如微风，如轻云，如诉如泣。”① 从天性来看，女性比男性更敏感，更细腻，更富于想象力，更善于留意凡人琐事和细枝末节；她们是“感觉天堂里的自由天使”，更能“攫住现实，而且比男人更接近人生”（林语堂语）。楼肇明先生曾将女性思维称为“巫性思维”，指出“她们（女作家）富于女性想象力和巫性思维，有强大的直觉感悟能力，对生命的奥秘、自然的奥秘有浓烈的探究兴趣且其直觉对社会人生心理有一种不经逻辑推理，不经前因后果分析，就直达事物本质的洞察力、穿透力和预见性，她们对世界事物的把握是从整体出发的，往往把不相干、没有逻辑因果关系的事物拉在一起进行省察”②。而所有这些一旦转化为艺术创造，便显示出女作家的优势，显示出女性艺术的独特魅力，使她们在创作中自觉地从独特的女性视角出发，从对生命的敏锐感悟和多重的情感体验开始，由内到外，推己及人，常常能够发现男作家发现不了的生活细节，呈现生命更为本真的面目，而女性艺术也正是在这种与男性艺术的趋异中实现了对自我价值的确认。

第二，90 年代女性思维与传统女性思维的差异：现代思维（异向性思维）。传统的思维方式总是以先在性的理念为价值的标尺与核心，其思维过程就是追逐理念、解析理念、消除异项、归于同一的过程。这种思维重在发展共性，在共性中求得共识，以达于统一，它是我们民族思维方式的重要特征之一，历来被视为正统。而 90 年代女性的突破与挑战正是以不惜被

---

① 曹文轩．思维论［M］．上海：上海文艺出版社，1991：64．

② 楼肇明．女性社会角色·女性想象力·“巫性”思维［J］．散文选刊，1990（1）．

视为“异类”为代价的。她们以开放的心态对社会、历史、情感和两性关系做了全方位的体验，思维方式由“理性先入”转向感性体验，注重感觉的开放，是一种异向性思维。

不言而喻，“异向”是对“同向”的质疑，是对既定的、固有的、不变的现实秩序的悖逆、否定与批判。故此，异向性思维在本质上是一种怀疑与批判性的思维，它跳跃性大，体现在作品中便是叙述灵动，语言张弛有度，体式多样，而且侧重于开掘出多义性的主题，流露出与“五四”的典雅、内敛、封闭完全不同的现代气息。显而易见，新时期的女性是作为“个体的”“现代的”“女”人独立思考的，她们不仅在女性的生理、心理方面表现出自觉的认同意识，而且在社会生活的各个方面都有强烈的自我认同，这直接导致了她们在写作立场上发生了变化，更关注周遭一切所引起的自身情感的波动，更张扬个体的精神高度，实践一种“个人化写作”。同时，正是因为艺术思维方式的变异，作家主体才得以与审美对象形成新的“对象化”方式，在主客体之间建立起新的有机的联系。

思维方式和写作立场的转变带来了感觉的开放。与以往的女性相比，90年代的女作家更注重开放感觉，使语言文字内在感觉化。感觉是人的一种重要的情感状态，是艺术思维的起点和基础，它甚至被西方感觉学大帅马赫誉为“第一性的存在”。感觉和情绪更紧密地关联着存在，更具体、更深刻、更内在地呈现着存在的状态。而逻辑理性常常因为它的抽象性、普遍性反而远离了存在。文学是感觉的艺术，对感觉的要求相当苛刻。艺术感觉的敏锐独特是优秀作家的才能禀赋区别于一般作家的重要标准。曹文轩在《思维论》中指出：“艺术应当意识到人类感觉的无限性。一方面，它要敏捷地意识到社会的发展、文化进步而造成的人类新感觉，让它在艺术中反映出来；另一方面，它要十分自觉地去创造新的意象，以触发出人的新感觉——可供人类精神享受，具有审美价值的感觉。”[①] 90年代的散文变革潮流向感觉开放，首开先河的是苏叶、唐敏等人，此后的女作家群则串起了一条开放的感觉之河，拓开了一个奇妙的充溢女性感觉的艺术天地。女作家在复杂细腻的情感波折中，靠着天生独特的感觉细胞，深深地体会周遭的一切，感悟生命的潮起潮落。黑孩的《醉寨》通过视觉、听觉、触觉的通感共振，呈现主体的情绪变化，将抽象的心理状态转化为具体可感的形象呈现于读者面前，引起文坛的关注；此外，胡晓梦怪诞、夸张、变形，因而也更具现代意识的感觉——“我越来越觉得我生活在一个非人的世界”；张立勤对飘忽跳跃和闪烁不定的情绪的拼贴——“拼贴出一种虚晃晃的意蕴”；筱敏由平常而骤然放大，给人奇异奔腾之感的节奏等，都体现了90年代女性不平凡的感觉能力。在她们的作品中，具体实在的生活和纯客观的静态叙述逐渐退居幕后，动态化的感觉则在文章中扮演着重要的角色。尽管有些作品传达的意绪过于玄奥晦涩，但女性散文这种向着感觉开放，向着人的心理意识掘进的努力，鲜明地表征了散文向内转的总体趋向，引发了散文文体众多因素乃至全方位的变革。

其次，是在思想层面上重塑现代女性的人格与精神。

“女人是什么?”这个古老的话题被迷惘而执着的女性寻觅演绎了整整一个世纪，“女性的自我”在历史的洪流中载沉载浮，艰难生长。如果说以往的女性散文多是在恪守女性应有风范的基础上，倾吐女性的哀思，呼唤女性意识的觉醒，那么，90年代的女性散文则呈现了另一种创作态势：女性敢于表现内心生活的“绝对真实”，敢于向女性本体“自我”的深层掘进，在反思自身命运的过程中立意表现出作为男性对立面的另一种声音、另一种色彩、另一种个性。她们的目光掠过现实生活的急剧的变化，留下了一连串“为什么?”。这些大胆的问号孕育了她们的创作激情，成为贯穿

① 曹文轩. 思维论［M］. 上海：上海文艺出版社，1991：77.

她们作品当中的思想的红线，一种强烈的怀疑精神和省思品格，托举出一派繁复壮观的创作景象。早期如唐敏的《女孩子的花》和丹娅的《女人的星》，表现了对女性精神处境和历史命运的深入探究；新近如冯秋子的《我跳舞，因为我悲伤》和张念的《只有女人懂得女人》则表露了更为年轻的一代，对女性独立和自由的追求与新的见解。所有这些，都饱含着一种鲜明的现代女性意识，彰显了现代女性的独立人格和精神。此外，女性在流光溢彩的现代都市中，在越来越浓重的商业气息的裹挟里，也一再地体会到人与人之间的隔阂与冷漠，体会到“精神被放逐”的时代苦闷和文化失落的深刻苍白，对爱的深情歌颂和对美的一味追求不再主宰女性散文的天空，继之而来的是一些具有现代意义的命题——孤独、漂泊和死亡，这些沉重但现代人难以逃避的生存困境在新时期女作家的文本中屡屡出现，沾染了女性们微微颤抖的灵魂，也闪现了她们敏锐而执着的探求。斯妤的《我因为什么而孤独》、韩小蕙的《有话对你说》、鹿子的《生命的漂泊》、张立勤的《追不上生命》、黑孩的《故事的背后》、筱敏的《无家的宿命》……新时期的女性散文正是在思想的裂变中走向现代、走向成熟。

再次，是在形式的层面上寻求新颖的艺术趣味和技巧，丰富了散文的言说方式，体现了强烈的文体创新意识。

长期以来，说明性叙述语言（即追求说明、叙述的清晰准确，句子结构的完整、规范）被视为当代散文的“正体”。这种几十年一贯的过于呆板的语体风格在散文变革潮流中面临崩溃。“向内转”带来的语言表达的内心化、感觉化、情绪化，使散文的语言和结构方式灵动活跃起来。同样的题材，同样的生活经历，精心锤炼语言的女作家往往能使作品的内容焕发出新的光彩，给人耳目一新的阅读感受。她们倾听内心的召唤，自觉寻求一种契合精神的独特的表达方式，使具有现代意识的内容和带有明显个人特征的语言相得益彰，避免了人云亦云，千人一面。她们以个人化的语言风格，丰富了当代散文的言说方式，使散文成为一种“自由的言说”。在一个话语多元的时代，作家个人的独特性开始显现。她们在事物的命名、句式的运用、体裁的创新上始终保持一种先锋的实验姿态，在遵守散文文体基本规范的基础上，尝试“跨文体写作”，建立多种文本参照，以具体的文本实践把散文的发展引向一个多元化、兼容并蓄的开放空间，使散文不再只是“文类之母”而具备了成为一种独立文学样式的生命力，巩固了散文在新时期的地位。

可见，90 年代的女性散文在新时代来临之际首开创新和变革之风，在长达十几年的创作中始终保持旺盛的创作势头，在当代散文格局中有其不可替代的地位和独特之处。女性散文所取得的思想艺术成就及其引人注目的个性显然是值得称道的，但同样不可否认的是相当一部分作品仍是平庸之作：或沉溺于日常的生活琐事；或简单回忆陈年旧事、亡故友人；或机械地记录游山玩水的历程和感兴；或流水账似的写出自己的读书心得。在女性散文众声喧嚣、各放异彩的繁荣背后，的确存在着某些“苍白”和“虚浮”的现象。

第十五章 ◆

"新散文"的文体狂欢

新散文自20世纪90年代末期兴起至今，已有十多年的时间。其间有不少散文研究者从它的发生、命名、立场、写作姿态、自由精神以及材料、结构、篇幅等方面对这一散文现象进行考察，但细读这些文章，发现总体的把握，散点的描述多，而局部的透视，就某个"点"进行深入细致分析的文章较少。鉴于此，本章拟从散文语言，即"语体文体"这一视角对新散文进行探讨，以此探测新散文在文体方面的革命，尤其是在创造散文语言的新秩序上取得了哪些成绩以及还存在着什么问题，需要引起我们的警觉。

一、重新发现语言的活力

诗歌有"诗到语言为止"的说法，散文又何尝不是如此。由于散文不像小说那样可以靠故事情节、人物塑造和多层次的生活场面的描述来吸引读者，又不似诗歌那样以精致的意象组合和瑰美的想象力给读者以美感，所以在某种意义上，散文对语言的要求可以说超过了小说和诗歌。然而在过去，我们对散文语言的认识却存在着较大的偏差。我们一直认为，语言只是为了表达主题和思想而存在的工具。这其实只是从修辞的层面上来理解和运用语言。于是，在“语言是一种工具”的观念指导下，传统散文特别强调炼词、炼句和炼意，人们对散文语言的要求是精确生动和形象，而忽视语言的个性化，排斥语言的异质化，更没有意识到语言是人类文化活动的最为基本的表现，是一种如苏珊·朗格所说的符号化了的人类情感形式的创造。由于传统散文的词的指意、词与词的配搭关系被严格固定，散文语言无法容纳进无限的能指，无法在更广阔的空间里进行自由组合，如此一来，散文的语言自然也就越来越公共化和平庸化：许多散文包括一些经典散文的语言看起来简洁优美、精确形象，且十分符合语言规范，而内里却是老气横秋，迂腐雷同，毫无个性，更有的甚至是一种“木乃伊”式的语言。

新散文的写作者们显然不满足于传统散文语言这个“常态”和“常量”对散文文体的束缚，他们着力于从多方面对散文文体的“变量”进行探索，而语言的革新正是他们进行艺术革命的重中之重。因为他们意识到散文的最终的问题是语言问题。一个没有语言自觉的散文家，或者他的语言不具备创造性和纯粹性，他的一切努力都注定是徒劳。因此，他们执着于寻求新的语言表达方式，试图使每一个语词、每一个句子都熠熠生辉，透出个性的力量和创造的光芒。比如宁肯就宣称：“我认为的散文应该是这样的：可以从任何一个词语或段落进入阅读，也可以在任何一个地方止步，这是我所理解的散文的语言。”① 也就是说，在新散文作家眼中，散文的任何词语、句子或段落都具有独立的审美意义，它并不仅仅是记事与传达思想的工具，也不依赖于整体的框架而存在。这与那种炼词炼句、字斟句酌的传统散文语言是完全不同的。事实上，这是进入某种特定的状态，抵达某种

① 宁肯．跋：我与新散文［M］//宁肯．我的二十世纪．北京：东方出版社，2013：408－409.

形式之后，从意识深处，从心灵里自行涌现出来的语言。

这种语言其实是对语言活力的发现和回复。而发现和回复散文语言的活力，则意味着必须对人们熟视无睹的语言进行伤害和治疗。这正如于坚所说：写作就是对词的伤害与治疗。你不可能消灭一个词，但你可能治疗它，伤害它，伤害读者对它的知道。于坚在这里所强调的“伤害”与“治疗”，其实就是语言的“陌生化”。即排除固定的、程式化的语言秩序，到公共词汇的人迹罕至处去寻找散文语言的个性，而从充满歧义的地方感受到散文语言的诗意。值得注意的是，这种对传统散文语言的“伤害”与“治疗”，不仅仅是于坚个人的见解，而几乎是新散文作家的共识。

总体来看，新散文所寻求的，是一种极具文学张力的语言组合。这种语言有无限的扩张性，变得出各种花样，甚至装得进无限的内容。这种语言，显然是对以往的散文标准语言的偏移、扭曲和变形。所以，从根本上说，这是一场颠覆了以往的散文话语，因而必须引起我们高度重视的散文语言的革命。

二、语言的在场状态

说到散文的在场状态，人们很自然会联想到近来颇为火爆的“在场主义”散文流派。其实，早在20世纪末，在新散文家们开始进行语言革新时，他们就十分强调语言的在场状态。在他们看来，为了抵制体制化语言、公共性语言和习惯性用语，就必须强调作家介入事物，必须具备一种在场的状态，只有“介入”和“在场”才能带来语言的个性化和质感，并由此创造一种语言的新秩序。不仅如此，新散文作家还认为散文不应该只是回忆、交代、说明，它应是共时状态，是自由翱翔的，同时它是跟着感觉走的，是生命的自由自在的释放过程。宁肯的散文《天湖》，就很好地诠释了这种创作理念：

他们蹲在草地上开始用餐，举杯，吵吵嚷嚷。风很大，吉普车停在一旁，两侧的车门都敞开着，听得见风穿车而过的呜呜的响声。他们吵吵嚷嚷。而远处，越过他们模糊的头顶，牛羊星罗棋布，还可以看见一两枚牧人的灰白帐篷。骑在马上的人站在荒寂的地平线上，像张幻影，一动不动，朝这边眺望。然后，就看见了那片蔚蓝的水域。很难想象，在西藏宁静到极点的崇山峻岭中，还隐藏着这样一个遥远童话世界。据说，当西藏高原隆起的远古，海水并没完全退去；在许多人迹罕至的雪山丛中，在高原的深处，还残留着海的身影，并且完整地保留着海的记忆，海的历史，以及海的传说，只是这些传说只能到鸟儿的语言中去寻找了。①

《藏歌》的开头也同样呈现出了在场的语言状态：

寂静是可以聆听的，唯其寂静才可聆听。一条弯曲的河流，同样是一支优美的歌，倘河上有成群的野鸽子，河水就会变成竖琴。牧场和村庄也一样，并不需风儿的传送，空气中便会波动着某种遥远的、类似伴唱的和声。因为遥远，你听到的可能已是回声，你很可能因此弄错方向，特别当你一个人在旷野上。

…………

你走着，在陌生的旷野上。那些个白天和黑夜，那些个野湖和草坡，灌木丛像你一样荒凉，冰山反射出无数个太阳。你走着，或者在某个只生长石头的村子住下，两天，两年，这都有可能。有些人就是这样，他尽可以非常荒凉，但却永远不会感到孤独，因为他在聆听大自然的同时，他的生命已经无限扩展开去，从原野到原野，从河流到村庄。他看到许多石头，以及石头砌成的小窗——地堡一样的小窗。他住下来，他的心总是一半醒着，另一半睡着，每个夜晚都如此。这并非出于恐惧，仅仅出于习惯。②

① 宁肯. 我的二十世纪［M］. 北京：东方出版社，2013：25.

② 宁肯. 我的二十世纪［M］. 北京：东方出版社，2013：30－31.

与强调精神和生命的在场状态，强调视角与意识相一致，新散文作家还特别喜欢在精确客观的描述中，使语言体现出内倾性和感觉化的特征。在这方面，格致的写作颇具代表性。在《转身》里，她这样写“楼梯”和“恐惧”：

恐惧是从楼梯的积尘中衍生出的怪物。它从灰尘与阴暗潮湿中获得了生命后就迅速长大，然后从楼梯上一阶一阶地慢慢爬了上来。从楼梯上爬起来的恐惧是一个高大的黑影，它立在我的面前，张开手臂拦住了我的去路。①

在这里，格致用拟人化的修辞手法来写楼梯的拐弯处升腾起来的“恐惧”，但这并不是最重要的。这段话给读者以深刻印象的，是拟人化修辞背后的内心感觉和个人化的声音。当然，给人留下深刻印象的还不止这些，接下来作者描写罪犯用双手抱住“我”时的感觉同样精确且富于在场感：

当那些对付我尖叫的士兵如潮水一样退却后，手掌与我的嘴唇之间出现了一丝空隙，我的声音得以从这空隙爬过。如一粒种子的幼芽蜿蜒地爬过压在它头顶的石头，从一侧将头探了出来。我的声音从他细窄的指缝中滑出，如饴糖一样扯成粗细不均的条状。

…………

他的手被我紧紧地抱住了，他略挣扎了两下就不动了。它们如两只小绒毛动物，在我手掌的温暖怀抱里很快蜷缩成一团，又闭上了眼睛，准备睡上一大觉。它们似乎为寻找这个小巢跑了很多岔道。我的热量不断地从双手的气孔里喷射出来。潮湿温暖的气流包裹了他的手，使他一直不安的手处于被催眠状态。②

对“声音”和罪犯的“手”的描写，采用的是比喻的手法，如“我的声音得以从这空隙爬过”，“我的声音从他细窄的指缝中滑出，如饴糖一样

---

① 格致. 金字塔［M］. 呼伦贝尔：内蒙古文化出版社，2014：82.
② 格致. 金字塔［M］. 呼伦贝尔：内蒙古文化出版社，2014：89－91.

扯成粗细不均的条状”，以及“它们如两只小绒毛动物，在我手掌的温暖怀抱里很快蜷缩成一团”等，都是奇特而精彩的比喻，这些比喻与精致的描写，不但使抽象的东西变得形象可感，而且当它与个人的经验，与在场的状态、起伏不定的心理流动，以及一大堆说不清、道不明的记忆、感觉、推理、议论纠结在一起的时候，它就产生了一种特殊的魅力——一种不同于传统散文语言的个人语言方式。需要指出的是，在格致的《转身》中，类似这样通过精致的细节描写并借助比喻和拟人化的修辞手法，以此来营构一种在场语言状态的例子，可以说是随处可见。而在《利刃的语言》中，她更是将这种在场的语言状态发挥到了极致：

> 残留的西瓜汁液，正从刀尖一滴一滴缓慢地滴到地上。它们是淡红色的，跟人体的血液极其相似。刀是月牙形的，刃口比刀背长出约一倍，在强光下反射出刺目的光。它距我只有二十厘米，只要二分之一秒，刀就能将这段距离变成零甚至负数。……
>
> 刀是嗜血的，它永远乐于在柔软的不堪一击的肉体上证明自己是一把锋利的刀。刀面对石头的时候是会低头并且绕行的。但我不是石头，恰好是一堆柔软的肉。刀已看见了我，并且露出了笑容，正在一毫米一毫米地向我移动。它可能是厌烦了那堆西瓜，厌烦了西瓜发出的嘎嘎嘎嘎清脆的哭叫声。它想换一个略有些弹性的东西。①

将“利刃的语言”描状得如此惟妙惟肖，且给人一种身临其境的现场感，我想唯有像格致这一路信奉“每个词都呈现意义”的新散文作家才能做到。如果对“利刃的语言”稍加分析，我们还可以发现这些细节或物的背后都散发出一种不安的气味，折射出一种紧张的心理状态。这正如南帆所说：“格致叙述的世界隐藏了许多莫名的敌意。危险潜伏在所有的角落，随时可能一跃而出，攫住柔弱的猎物。格致始终与外部世界保持着一个警

① 格致．金字塔［M］．呼伦贝尔：内蒙古文化出版社，2014：130.

觉的距离，惊悸和不安闪动不已。”①

正因为相信每个词、每个物都有其独特的意义，所以新散文作家写可恐惧的“楼梯”，写“利刃的语言”，写怕冷的“树”，与“我”同谋的“道路”，像侠客般的“绳子”……他们不仅沉迷于细节，同时还有一种恋“物”癖。此外，还喜欢将许多概念、名词引进散文中，这些都可视为对传统散文语言的背叛与挑战；也可以说，在他们那里，散文的语言可以向各个角度敞开。这一点，不但在格致，在张锐锋、周晓枫、雷平阳、黑陶、庞培、吕不等的散文中也都有突出的表现。

三、潜沉与扩张性意象

除了在叙述中嵌入大量精彩奇特的比喻和隐喻，新散文作家对意象也有着特别的癖好。不过他们的意象不是传统散文中那样单一清晰的象征性意象或并列意象，而更多的是繁复的、潜沉的扩张性意象。比如雷平阳的《火车》一开头，作者就这样写道：

> 很多时候，“下落不明”这一个词条总是固执地出现在我的大脑中。火车行驶过的地方，有无数的尘屑飞扬，它们像田野上破碎的昆虫，在光线中打开翅膀。那些窗口上的脸，是水中蛇的脸，冰冷而迅速，从一个地方搬到另一个地方，就像一只蟋蟀嘴中的草叶，从这一亩地搬向另一亩地，最后被带进黑暗的地缝。②

由火车的行驶来证明“下落不明”这一词条，这样的联想本来就很奇特。再用“田野上破碎的昆虫”“水中蛇的脸”“蟋蟀嘴中的草叶”等一系列意象来表现火车和旅客的脸，这样的意象组合的确打破了传统散文固有的思维模式。雷平阳的散文语言，常常嵌进大量来自日常生活的意象。在

---

① 南帆．散文：向各个角度敞开［M］//南帆，周晓枫．七个人的背叛：冲击传统散文的声音．北京：人民文学出版社，2004：代序3.

② 雷平阳．黄昏记［M］．合肥：安徽教育出版社，2014：1.

《金色池塘》中，他这样写池塘：

池塘的四周长满了杏树和杨树。杏子熟了的时候，满树的毒虫就从腐朽的叶片间徐徐往下掉，掉在水中，被水淹死。池塘中因此翻卷着毒虫绚丽的小尸体组合而成的波涛——谲异的波涛。……我们的池塘，藏着光，藏着光的刀刃。这种时候，采杏人就会坐在杨树的阴影里，吃着杏子，唱着歌，看着从村子里涌来的成群结队的鸭子。鸭子金黄色的扁扁的大嘴，在阳光的照射下，它们的反光，像一柄柄神奇的小斧头，砍伐着谲异的波涛。①

不同于雷阳平那种浪漫的想象、诡异跳跃的意象组合和诗一般的神秘气息，黑陶散文中的意象有一种精度和密度，这给他的语言带来了坚硬的质地。他以“照相多元主义”的表现手法，以工匠式的精致老练，写下了皖南的色彩、记忆和想象，用朴实无华的语言和丰茂的生活意象将现实和历史真实地呈现出来。当然，谈到语言的意象化问题，我们不能遗漏了张锐锋，这不仅是因为他的散文中有大量的意象出现，还由于他的散文语言经由意象的组接而透出一种智性与诗性相融合的意味。比如他写的《古战场》：

公元前四世纪的道路是狭窄的，它可能使一切事物在道路上相遇。正是这一点，使庄子在凝视前方时，发现了一只骷髅。庄子勒住骏马宝鞍向后倾斜。那一刻，世界如此之轻，他所能踩住的只有一双金属打制的马镫。②

在《群山》中，他这样写城市边缘的墓地：

我发现，墓地里的柏树比任何地方都要旺盛，这种不易成长的树种有一种对死亡格外敏感的特性。它的栽种被用来指向人们的特殊寓意，死亡是长青的。只有惟一的解释，那就是，柏树是死亡的近邻，它极易在坟墓上呈现生机。它只是以一种物质的幻象来指出，死亡对

① 雷平阳．黄昏记［M］．合肥：安徽教育出版社，2014：37．
② 张锐锋．大树的重心［M］．北京：东方出版社，2014：59．

> 万物的滋养具有绝对的价值。树林里传来了一条狗的叫声，一群羔羊散漫地分布在墓地的树林里，那里有着由死神带来的阴凉之感，又有与之对应的向上生长的青草。羊群啃吃着它们所喜欢的，发出了宏大的与世界相对称的声息——有如死者对生者的慰藉，它拥有音乐里所能展现的复杂旋律之美。①

在这两段文字中，聚集了道路、庄子、骷髅、骏马、宝鞍、金属、马镫，以及墓地、柏树、青草、狗、羔羊、羊群、音乐等大量意象。这些意象的交替出现和巧妙组合，与作者的生命体验、精确细致的艺术感受、超拔的想象力和思辨力融为一体，自然便恢复了语言的活力，拓展了语言的意义空间，创造出了一种新的语言秩序。

四、戏谑与悖论中的反讽

反讽是文学创作中的一个重要元素。在西方，反讽不仅有着悠久深厚的传统，而且从古至今都深得作家的青睐。从古希腊的索福克勒斯、阿里斯托芬、柏拉图的对话到文艺复兴时的拉伯雷、塞万提斯、斯威夫特，再到现代的普鲁斯特、卡夫卡、加缪等，统统可以纳进反讽作家之列。反讽最初是一种“佯装无知者”的文学修辞范畴，它常常与戏拟、讽喻、佯谬及悲喜剧联系在一起，其特征是通过“说与本意相反的事”或“言在此而意在彼”拉开作品的表层意义与深层意义之间的距离，加强文学作品的表达效果。到了现代，反讽的范畴又进一步扩大化和复杂化，它除了具有传统意义上的文学修辞的功能外，还融进了“反讽视境”“悖论”“荒诞感”“反思性体验”等因素，即是说，在这一层面上的反讽，主要是指作家面对根本性自我与世界关系问题的一种思维方式和生存境况，如卡夫卡的《城堡》、迪伦马特的《诺言》就属于这一类的反讽。

---

① 张锐锋．月光：重释童年［M］．昆明：云南人民出版社，2002：182－183.

与西方源远流长、广泛运用的反讽传统相比，中国文学中的反讽元素总体来说较为稀缺。特别是在散文创作中，我们更是极少见到反讽的表现手法。直到20世纪90年代以后，随着作家思维方式的活跃以及散文艺术的开拓，反讽的表现手法才逐渐被引进到散文中来。开始是余秋雨、韩少功在作品中时常使用。如余秋雨的《道士塔》这样写王道士："王道士每天起得很早，喜欢到洞窑里转转，就像一个老农，看看他住的宅院。""道士擦了一把汗，憨厚的一笑，顺便打听了石灰的市价。……他达观地放下了刷把。"这里的"他住的宅院""憨厚的一笑""达观地放下了刷把"，采用的其实就是反讽手法。它以作家的"知"来反衬王道士的无知，以祖国无与伦比的灿烂古代文化来反讽当时官府的无能和王道士成为莫高窟当家人的荒谬以及作者的愤怒而又无奈的心态。这种反讽的笔调，在《道士塔》中还有好几处，在余秋雨的其他作品中也时有出现。韩少功的反讽更是随处可见、举不胜举。例如："金钱就这样从物质领域渗向精神领域，力图把精神变成一种可以用集装箱或易拉罐包装并可由会计员来计算的东西"（《处贫贱易，处富贵难》）。"汪国真式的贺卡诗歌热销行将过去，宾馆加美女加改革者深刻面孔的影视风尚也行将过去，可能老板文学的呼声又将纷扬而起。这种呼声貌似洋货，其实并非法国技术丹麦设备美国口味"（《无价之人》）。"这样做当然简单易行——'富贵生淫欲'这句民间大俗话一旦现代起来就成了精装本"（《性而上的迷失》）。及至90年代中后期，用反讽的语言来解构正统中心和虚伪的崇高的作家就越来越多了，其中广受赞扬的是王小波。王小波不但大量运用"反讽"的手法，甚至可以这样说，反讽已经成为王小波散文的主要构成因素，它最充分地显示了王小波的生存智慧和叙述智慧。此外，在流沙河、孙绍振、南帆、叶延滨、钟鸣等人的创作中，其语言也带有明显的反讽成分，这既是他们写作的一种姿态；同时，反讽也是他们的散文区别于古典散文的主要标志之一。

和喜欢用奇特的比喻、大剂量的隐喻和意象组合一样，新散文作家也普遍地喜爱反讽这一表现形式。只不过，他们的反讽与王小波、韩少功等的反讽有所不同。王小波等作家是在传统文化背景下和美学视域中的反讽。而且，他们的反讽更多的时候只停留于文学修辞的层面，而在新散文作家这里，则既有文学修辞层面的反讽，又有以“悖论”为特质的“现代视境”中的反讽。具体来说，新散文作家的反讽主要有三类。

一是在平面的叙述，在日常生活的大白话中体现出反讽。在这方面，于坚、马叙可视为代表性作家。马叙的《从东到西，四个集镇》《在城镇，在居室》等作品，只是平面地、记流水账似的罗列了小镇上的各种景物和生活片段，表面上看他似乎消解了词语的审美功能，但马叙的语言又是接近日常经验和智性的，这是一种经过“我”的审视与触摸的“目光叙述学”。他的语言含而不露，在大白话背后表现出了一种自然、机智和幽默的反讽力量。当然，在这方面表现得更出色的是于坚。请看他的《装修记》：

> 我分到自己的房子的时候，已经36岁。真是受宠若惊，拿到钥匙，芝麻开门，立即置身在空荡荡的房间里，太大了，50多平方米，对过去在这个世界上一直是只有一张床位的我来说，真的是太大了，感觉是可以骑着马像农场主那样在里面溜一圈。为了这一天，我等了十多年，终于有自己的房子了，幸福啊，比找到了白雪公主的王子还幸福。分房子是相当不容易的事情，就像进监狱对于普通人来说是很不容易的事情一样。①

《装修记》近2.5万字，基本上都是用这样略微含着反讽戏谑的叙述话语构成。于坚的这种来自于日常生活的大白话式的叙述话语，是对现有的话语秩序，包括传统的慷慨激昂式的、优美典雅的、哲理升华式或晦涩玄学式的叙述话语的挑战。他的反讽戏谑与王小波不同。王小波的反讽戏谑叙述常常与理性结合在一起，并通过歪理歪推的导谬术凸显出生活的荒谬。

① 于坚．火车记：于坚散文［M］．厦门：鹭江出版社，2006：53.

而于坚的反讽和戏谑叙述是建立在个体的存在本身，建立在那些细小、琐碎的生活细节和个人的生活经验之上，所以这样的叙述表面上看起来只是一些大白话，而且在格调上看起来也不怎么高尚（用传统的眼光），但在本质上，这样的叙述不仅是先锋的，而且有一种诗性生长于其中。于坚的《装修记》《运动记》《住房记》《治病记》《火车记》等散文基本上都是用这样的反讽语体构成。这些作品的最大特征是取消了散文的深度模式，让词语最大限度地进入到日常生活之中，如住房、装修、运动、坐火车、看病等等。其次，于坚的散文语言不以准确、生动、形象为目的，而是在表象的、平视的民间话语姿态中流露出反讽的意味。

二是戏谑式反讽。不同于于坚大白话式的反讽，这一类作品所写的或为以往视为“粗鄙”“不雅”的事象和生活细节，或由司空见惯的生活现象中演绎出作家对人生和世界的别样体验。于是，写厕所、马桶、火车、蜘蛛、虫虫站、乌鸦之死、假装渴了的水牛，以及美臀、月经、生育、子宫流动说、功能性围墙、坐怀不乱的几种假设等等。总之，这些在传统散文中见不到的生活现象，在新散文中却是随处可见。而在反讽上，这一类作品的语言往往带有游戏的、夸张的“语言狂欢”的特征：不仅能指无限夸大，意符大于意指，而且常常是自我冲突、自我消解，有的还带有黑色解构的味道。如周晓枫的《后窗》：

> 作为一个巨大的胃，电影完成两个小时之内的消化。主人公注定在两个小时以内悲欢生死，春天注定在两个小时之内落尽繁花。……等不及逝如闪电的光阴，电影让你注视着一个人瞬间老去，他的酒糟鼻、或泡或陷的眼，他绝望之后的宁静。两个小时的消化。我感觉自己正通过黑暗，通过微热而蠕动的肠道……两个小时以后，我将作为废物，被排泄到电影以外的世界。①

① 周晓枫．周晓枫散文选集［M］．天津：百花文艺出版社，2011：38．

从个体的体验切入，让语言尽量贴近生命。而后再通过新奇夸张的比喻，以及语言的转化、剪接与自由组合。这样，一些平淡无奇的词就爆发出了新的光辉，不仅给读者以新鲜陌生的体验，而且有一种黑色幽默的反讽意味。而这，正是周晓枫散文吸引读者的一个重要因素。而另一位女性作家方希笔下的戏谑式反讽，又不同于周晓枫，如她的《美臀》：

就我的浅见，屁股是人身上长得最有艺术气息的部位。当然，这会招致批评者的嘲讽，因为也可以说艺术作品里经常出现屁股，所以看见屁股就想起了艺术。不过平心而论，谁能抵挡一个滑嫩光洁的屁股呢？比丝绸温暖，比瓷器柔软，像五分熟的蒸蛋，又如小磨汤圆的局部，圆润、细腻，突起的弧度流畅饱满，晃动之下有轻微的余震，若风行水面，心有微澜。

虽没有梁实秋、林语堂的广博圆融，旁征博引，却有林、梁所不及的细致体贴和生命体验，像这样的语言，不由你不击节叫绝："轻轻合上门，合页上过油，无声无息；推上锁，光滑的金属手柄握感极好，没有一点滞涩。优雅的马桶如百合绽放，圆润的曲线，温柔地迎合你的肌肤，微凉的坐圈，和你的体温逐渐中和；最初清凉的刺激，在完全放松前让肌肤毛孔小小集合。"① 没有感伤忧郁，没有花腔高调，没有滥情煽情，也没有小气俗气，一切都是那么自然随意，信手拈来。但从这些从容老练、机智戏谑的文字中，读者同样可以读出一种反讽的语调。

三是反讽视境。这是建立于荒诞之上的一种现代反讽形式。它不同于传统文学修辞反讽的确定性和明晰性，而是呈现出歧义性、不确定性和悖论的特征。像周闻道的《七城书》就是这样的作品。《七城书》写了"七个城"，我们既可以将其解读为城堡的七种形态，也可以理解为当代中国人的七种生存境况、七种病理特征。如《迷城》中的"我"从乡村到这座城市

① 方希．轮回之所［M］//方希．毒辣端庄．济南：山东文艺出版社，2009：204.

寻找人生理想，但“当我面对这座城市时，我突然发现了自己的荒诞”。“我”不知道自己究竟是什么身份，是主人、居民、过客？抑或是一个电话号码、一个汽车牌号？于是，街道的“宽”使“我”产生恐惧，钢铁与水泥使“我”感到压力，密密麻麻的门牌使“我”感到危险，政府大楼更是“泛着黯然而诡秘的光，令人琢磨不透”。总之，这座城市就像迷宫，处处潜伏着危险与不稳定性。在《空城》中，“我”眼中的城市更加神秘莫测和充满荒诞感。比如“市民大会”的会场和领导的讲话，虽然会场空空荡荡，但领导空洞无物、不知所云的讲话却无处不在，实际上他的讲话“主宰着这个城市的命运”。这些场景既熟悉又陌生，既来自现实而又超越现实。至于《欲城》中对“暴君牌内裤”的描写和渲染，更像是一幅活生生的“欲望化时代”的浮世绘。周闻道的《七城书》写的是一个人在一座城市“迷失”的经历和体验，他所展示的现代城市既荒诞和空心化，又充满歧义和不确定性，而他的语言同样透出极强的反讽意味。正是这双重的反讽，使他的散文具有现代意义上的“反讽视境”的特征。而像这样的反讽，在新散文作家的作品中还可以举出很多。

五、文体不仅仅是文体

新散文作家在文体尤其是话体上所取得的成绩，应该说是有目共睹，不容否定，但他们的不足也显而易见。由于他们一概反对传统，更由于他们认为散文创作只是文体上的舞蹈，这样他们也就常常剑走偏锋——沉迷于文体的探索而忽视了散文内蕴的丰实。应该看到，文体探索是把双刃剑。它既可以带来散文的革命，也有可能给散文造成伤害。所以，散文如果仅仅停留在文体的探索，仅仅具有一种先锋姿态是远远不够的，尤其是当这种“文体革命”还带着游戏态度的成分，就更不可取，更谈不上具备“宗教精神”和“宗教性质”。在这方面，曾经十分迷恋文体探索的博尔赫斯可以说是深有体会。他认为文体不是作品表层的寄生物，不是仅仅起到装饰的效果，也不是对现有秩序的反抗。文体应是从作家的心灵、气质中派生出来，而且是自然而然地流露出来的。作为一个真正的文体探索家，博尔赫斯的经验之谈对迷恋于新散文写作的作家是个很好的提醒。因为从一些新散文作家的写作中，我们看到他们的文体探索只是停留于形式上的标新立异，是猎奇、哗众取宠的技术主义崇拜，是明显受到时尚裹挟的对于传统散文艺术的恣意解构。因此，从某种意义上说，当前散文的困境，并不在于散文过于陈旧保守、老气横秋，而在于文体上的标新立异掩盖了散文内容的空洞和精神上的苍白，在于缺乏心灵性、诗性以及与大文化背景保持一致的文体探索的滥用。

因此，到了 21 世纪，在散文试图突破传统的束缚而上升为一种“时代文体”的十字路口，我们应理直气壮地提出这样的口号：文体不仅仅是文体。文体的探索要和追求作品的深度模式联系起来。文体探索不应是个人或小圈子的孤芳自赏，更不是逃离现实的借口。文体探索的目的，是将个性和自我的内心宫殿打开，让社会的氛围、时代的精神、大众的情感和人类的命运融进其间。当然，文体的探索也不是非要打倒传统。其实文体探索也可以与传统共存，可以从传统中吸取有用的思想和艺术资源。在文体探索和思想的融合方面，史铁生的《我与地坛》、贾平凹的《秦腔》、韩少功的《夜行者梦语》等作品，已经为我们提供了比较理想的范本。这些作品在艺术上绝不同于传统的散文，在内容上关注当代人的生存处境和人类的命运，同时透出一种批判精神和历史感，可以称得上既具文体意义，又具深度和厚度的杰作。我们坚信，新世纪的散文要真正产生出震撼人心、引起大众共鸣的大气的作品，就应按此路子走下去。这是新世纪散文发展的方向。

附　录

星垂平野阔　月涌大江流

——关于新时期30年散文研究的一种观察①

新时期文学从发端到现在已走过了30年的历程。30年的文学历程不算太长，却有不少的文学经验值得总结。最近，在小说和诗歌领域，已有一些文学史家对30年来的小说和诗歌进行了全面的回顾、总结与反思，那么对于各“体”之一的散文，具体来说对新时期以来的散文研究，是否也有必要进行回顾、反思与总结？笔者认为是极有必要的。回顾30年来散文研究的发展过程，从20世纪80年代的注重作家作品研究和资料整理到90年代以后研究的多元化，从“形散神不散”“文化大散文”等的讨论到建构散文理论话语的自觉，30年来的散文研究总体来看是健康的、进取的、有成

① 本文发表于《中国社会科学》2009年第2期。

绩的。尽管在前进的途中，它遭受了来自各方的责难乃至故意的贬低，但它以探索的精神和不懈的努力，证明了自己是中国当代散文创作不可缺少的一翼。当然，30 年来的散文研究也存在着不少不足和教训，值得我们去面对、去反思。而有针对性、有问题意识的省思，将有助于我们进一步看到自身的不足，有助于解决长期以来困扰散文研究的一些深层次问题，尤其是能够振奋当代散文研究者的信心，激励他们去开创散文研究的新辉煌。在笔者看来，这正是本文写作的缘由，也是它的学术价值和现实意义之所在。

一、必要的自信与自尊

诚如上述，实事求是、客观公正地对新时期 30 年来散文研究的发展历程进行检视和总结，是一项有意义也是十分必要的工作。然而，回顾、反思与总结新时期以来的散文研究却不免令人沮丧：以往几乎所有对新时期，乃至整个 20 世纪的散文研究进行回顾与总结，即“概论”“概观”“综述”一类的文章，都对 20 世纪的散文研究（包括散文批评、散文史和散文理论）颇多微词，评价不高。不但评价不高，有的人还喜欢嘲讽贬低散文研究，认为只有没有才气、没有出息的人才愿意去研究散文。这种状况，既反映出其他学科一些人的偏见与傲慢，也在一定程度上反映出从事散文研究的人底气不足，缺乏应有的自信，有的甚至还缺乏自尊。

20 世纪特别是新时期的散文研究真的如此乏善可陈吗？坦率地说，笔者对过去的一些文章和专著也持悲观的态度。但近期，当笔者较为认真地重读近 30 年来散文研究领域中一些较有代表性的论文和专著，并与二三十年代的散文理论相比照之后，态度由悲观转向了乐观。笔者深感许多人对 20 世纪特别是新时期以来散文研究的总体成就的评价是偏低的、不准确的；或者说，一些人从一开始就是带着“先入为主”的有色眼镜来评价这一时期的散文研究，这样自然便得出了有悖于事实的结论。在笔者看来，20 世纪的散文研究纵然不能与小说、诗歌相比，但它超越戏剧乃至后来的电影、电视研究应是没有问题的。我们不妨回顾一下：20 世纪之初，当小说、诗歌、戏剧研究还嗷嗷待哺、十分孱弱的时候，散文这边厢已经热闹非凡：既有周作人的“美文”说、“极致”说，傅斯年、刘半农的“文学散文”说，王统照的“纯散文”，胡梦华的“絮语散文”，又有郁达夫的“个人本位”说、“心体”说，林语堂的“幽默”“闲适”“性灵”的倡导，还有梁实秋的“文调”，等等。五六十年代，虽然散文研究较为冷落萧条，但至少还有“形散神不散”“诗化”等散文观念深入人心。至于 90 年代特别是进入 21 世纪以后，散文研究更是有了长足的发展。虽谈不上姹紫嫣红，但至少不会比诗歌、戏剧逊色多少。那些漠视散文研究，从来就对散文持有偏见或对散文一知半解的人，总是说散文没有理论，没有自己的范畴概念。但试问：“美文”“闲适”“性灵”“文调”“形散神不散”“诗化”“真情实感”等算不算散文的范畴概念？再试问：假如上述这些范畴概念均不能算作理论，那么请举出 20 世纪的戏剧、电影电视，乃至诗歌又有哪些既贴近该文体的本体，又有内在的规定性的理论？又有多少真正站得住脚的范畴概念？由此可见，就理论的归属性、自洽性、确定性和普适性来看，20 世纪的散文理论并非一无是处，并非像人们所想象的那么差。因此，在评价 20 世纪包括新时期散文研究时，我们首先要摒弃厚此薄彼、文体优劣的思维惯性，要以公平、公正与宽厚平和之心来对待散文研究；其次要有历史感，只有尊重历史，才有可能对新时期特别是“五四”时期的散文理论做出实事求是的评价。笔者以为，这是我们评价、反思和总结新时期的散文研究必须明确的问题。

当然，散文研究的被冷落、被误读和被贬低并非没有原因。首先是散文的文体太宽泛且没有边界，难以把握与规范，更难找到理论的切入点，加之有大量非文学的文章混杂其间，如此一来便使一些懒惰的研究者望而却步，他们不但不想深入地去探究散文的真谛，反而认为散文不值得研究，甚至认为只有才气不足的人才愿意去伺候散文。其次，从“五四”时期起，便一直有人在贬低散文，比如傅斯年一面倡导“文学性的散文”，一面又认为“散文在文学上，没崇高的位置，不比小说、诗歌、戏剧”①。新中国成立后一些著名的作家如冰心、夏衍、吴组缃等，也都不约而同地认为散文是培养和训练青少年文字能力的有效工具，有点像绘画中的素描，是从事文学创作的人必练的基本功。正因为一般人包括一些著名作家都轻视散文，认为散文是较低层次的文体，这样在20世纪的文学史叙述中，散文也就处于较为尴尬的地位，有时甚至只是作为点缀而存在，这自然在很大程度上影响了散文研究者的自信心和自尊感。最后，也是最为重要，但过去往往被忽略的一点，就是许多现当代文学的研究者都自觉或不自觉地被纳入到“现代性”的“中国想象”之中。他们普遍认为20世纪的文学进程，实际上就是现代性的演化发展的过程。而在这个过程中，小说、诗歌、戏剧由于更加贴近时代与社会，能承载更多的现代性的宏大主题，因而自然受到文学史家们的青睐。相反，散文由于保留着太多的古典审美趣味，由于其倾向于自由、性灵、闲适的本性与激进革命的现代性价值取向相悖，这就注定了散文被冷落，乃至被边缘化的命运。

还有一点，便是“五四”以后，文学理论的层面也发生了变化。在我国古代，小说、戏剧理论十分薄弱，古代有关文章的理论，基本上都是散文理论，所以散文理论在古代可以说是正宗的，享有很高的地位。但“五四”之后，随着小说、诗歌日渐占据上风，加之西方的文学理论大规模介入我国，并在理论的建设和具体的批评实践中完全压倒了传统的古典文论，甚至可以这样说，时至今日，西方的理论批评话语已然成为现代中国文学批评和理论建构的主导性观念和标准化用语。在这样的语境中，一些文学研究者唯小说、诗歌，尤其是唯西方文学理论马首是瞻，与此同时对显得

① 傅斯年．怎样做白话文［M］//胡适．中国新文学大系：建设理论集．上海：上海良友图书出版公司，1935：218．

有些古旧落伍的散文及散文研究不屑一顾，也就不难理解且在情理之中了。不过在笔者看来，以承载“现代性”内涵的多少为衡量一种文体及其研究成就的标准，并以此确立其在文学史上的地位，这种价值判断其实带着极大的政治功利色彩，实际上对散文创作及散文研究是极不公平的。须知：寸有所长，尺有所短。散文可能在表现“现代性”内涵方面不及小说和诗歌，但在审美性、语言的涵泳以及提高民族的整体文化素质方面，它比别的文体又有自己的优势。因此，无视散文在升华整个民族的语言素质、思想素质、道德情操和审美水准上的价值，一味地亲小说、诗歌而远散文，说到底是一种十分浅薄、不足为法的短视。这种文学史观和价值判断上的偏见虽不至于毁灭散文，但它对散文这种文体造成的伤害早已是有目共睹。笔者指出这点，并不奢望改变这种偏见，只是希望通过上述的抗辩，为现当代散文的存在壮大争回其合理性的地位。至于说到理论层面上的传统话语被西方话语遮蔽，或日渐向西方话语归附，其实也是利弊互见、得失并存。固然，中国现当代文学的一些基本范畴得益于西方文学理论，引进的一些西方的文学观念和批评方法，也丰富了中国现当代文学批评的手段，但它的浮躁与急功近利等负面影响也是显而易见的。更何况，在津津乐道于西方话语，唯西方话语马首是瞻的时候，又有多少学者掉进了西方中心主义的陷阱？倒是散文研究，虽然从没有过“各领风骚三五天”的大红大紫，但它那份不跟风、不赶潮，“任凭风吹浪打，我自闲庭信步”的从容平静、淡定沉稳的气度，有的时候不是更难能可贵，更应该获得应有的评价以及得到人们更多的尊重吗？

不过话说回来，虽有学科偏见和人为误解，但在短时间内要改变小说、诗歌理论独霸文坛的局面恐怕也不容易。因此作为散文研究者，能够自救的是要有实事求是的态度，要有历史感，更重要的还是要有自尊自信，不要妄自菲薄、自我贬低、自我矮化。此外，也没有必要言必称“五四”，把“五四”时期的散文理论捧上天，将当代包括新时期的散文研究打入地下。

应看到，尽管“五四”时期的散文理论超过了小说和诗歌，也确立了一些散文的范畴术语，但正如我在《中国现当代散文的诗学建构》一书中所指出的：“虽然第一代散文批评家有着天然的理论的自觉和明锐的目光，但他们一般来说都没有建构理论体系的耐心，更少结合当时的散文创作实际进行具体细致的分析。”① 即是说，“五四”时期的散文理论基本上是印象式、感想式、随意性的。那时的散文大家如周作人、朱自清、郁达夫等往往在提出了某个富于文体意义的范畴概念后便止步了，没有兴趣再进一步追问下去，更没有在“文学史”的意义上进行深入研究，或在理论体系方面进行系统的建构。如一直被视为现代散文基石的周作人的“美文”概念，居然不到一千字，且是随随便便写下的，这在今天简直是无法想象的。至于王统照的“纯散文”、郁达夫的“心体”说等也没有在文体建设的层面上做进一步的理论论证。正是有鉴于此，对那些无限抬高“五四”时期散文研究的成就，而认为“散文理论和散文批评在长达半个世纪的时间里，走的是一条向后退的路子”② 的论断，笔者一直是不以为然，也是不敢苟同的。笔者的学术态度是：作为一个不甘平庸、希望有所作为的散文研究者，一方面我们要向传统致敬，将现代的散文精神与“五四”和古代的散文血脉相连；另一方面，我们又要有跨越传统、跨越前人的学术野心。相信，只要抱着这样的学术野心，加上对散文的爱和执着，当代的散文研究便有可能与小说、诗歌研究对等起来，成为中国整个现当代文学研究的重要一翼。

正是从这样的认识基点出发，笔者始终对散文研究抱着乐观的态度，并认为进入21世纪以后，中国的散文研究已有了质的突破。即是说，新时期的散文研究总体看是随着时代的变化而变化，随着散文创作的发展而发展。虽然有迷茫，有阴霾，有挫折和困难，但总的态势是“星垂平野阔，月涌大江流”。是的，新时期的散文研究尽管在整体成就上比不上小说、诗

① 陈剑晖. 中国现当代散文的诗学建构［M］. 南昌：江西高校出版社，2004：13.

② 楼肇明. 序［M］//梁向阳. 当代散文流变研究. 北京：中国社会科学出版社，2007：序1.

歌，但它有着自己的特色和优势，更为重要的是，在这个领域同样拥有一批有学术素养、有智慧和有质疑批判精神的学者和批评家，这是21世纪的散文研究有可能更上一层楼，有可能走向阔大和深邃厚重的地平线的坚实保证。毫无疑问，这也是笔者有底气写作本文的原因之一。

二、平静中的觉醒与回归

20世纪80年代，与小说、诗歌的大红大紫、热闹非凡相比，散文创作显得相当萧条落寞。散文既没有引起什么“鼓动效应”，也没有举办过全国性的大赛。于是有人因此断言散文是多余的文体，必然走向灭亡。散文创作的这种不景气状况，势必影响到散文研究。整个80年代散文研究总体上是平静的，也可以说是平淡平庸的。其间虽有过关于“形散神不散”和“散文是否消亡”的争论，不过这些争论也仅是文学史上的小浪花而已。进入90年代以后，散文的研究有了改观，争论也越来越多，波及面也越来越广。下面拟从几个方面对新时期以来的散文研究做一概述及论析，有的较详，有的较略；有的仅限于80年代范围内来谈，有的则跨越整个新时期（如作家作品研究、专题研究），这主要出于论述的清晰和归纳概括的需要。此外，所引研究成果，以专著为主，论文除影响较大的有所述评，其他从略。

第一，作家作品研究。这是新时期散文研究的重要一翼，不但涉及面广，而且量特别大（据“中国期刊网”不完全统计，1999—2007年散文的研究论文有两万多篇）。这方面的散文研究主要以单篇论文为多，见诸各种报刊，但形成专著出版的较少。尽管有人认为这类研究多有溢美之词，是为平庸化助阵之作，根本就没有学术价值，甚至不值一提。不过笔者认为这样的批评未免过于武断片面。诚然，新时期初期的作家作品评论的确存在着溢美过度，质疑性、批判性不足的弊端，但我们并不能因此便判定这些批评都是垃圾。事实上，在大量的沙子中，也隐藏着不少金子。我们要做的，就是沙里淘金，将新时期作家作品批评中的金子拣选出来。

新时期的作家作品研究，可分为两个阶段：第一阶段为80年代，第二阶段为90年代至今。第一阶段的作家作品研究有几个特点：一是注重名家；二是以作品赏析和讲解方式为主；三是偏重于文学教育，着眼于普及性。这时期较有代表性的成果，综论方面的专著有：林非的《现代六十家散文札记》，张以英、诸天寅、完颜戎合著的《中国现代散文一百二十家札记》，俞元桂、姚春树、汪文顶合著的《中国现代散文十六家综论》，吴欢章的《现代散文艺术论》，阎豫昌的《散文名家论》，朱金顺的《五四散文十家》。对单个作家的研究的专著有：孙玉石的《〈野草〉研究》，钱理群的《心灵的探索》，舒芜的《周作人概观》，张思和的《周作人散文欣赏》，万平近的《林语堂论》，陈孝全、刘泰隆合著的《朱自清作品欣赏》，吴周文的《杨朔散文的艺术》，张振金的《秦牧的散文艺术》，胡树琨、谭举宜的《刘白羽作品欣赏》等。较有代表性的论文有：吴周文的《论朱自清的散文艺术》（《文学评论》1980年第1期）、《论杨朔散文的结构艺术——杨朔散文研究之一》（《文学评论》1980年第4期），黄汉忠、戈凡的《论秦牧散文的艺术风格》（《文学评论》1981年第1期），陈平原的《林语堂的审美观与东西文化》（《文艺研究》1986年第3期），赵京华的《周作人审美理想与散文艺术综论》（《文学评论》1988年第4期），等等。

这时期的作家作品研究，尽管大多囿于社会学的批评模式，学术视野较窄，整体的学术水平不是很高，不过也有一些成果产生了较大影响。如林非的《现代六十家散文札记》，将史的眼光与审美赏析相结合，以札记的形式品评现代散文史上61位作家，角度独到，分析到位，且文情并茂，因而受到当时读者的广泛欢迎，仅第一版便发行16万册，以后又不断重印。孙玉石的《〈野草〉研究》，既考察了《野草》产生的时代背景、题材选择、语言特色，还分析了《野草》的象征意蕴和感情色彩，资料充实，视野开阔，论证严密。舒芜的《周作人概观》，一方面充分肯定周氏在中国现代散文史上的重要贡献，另一方面又对他后期散文创作的复杂性进行冷静客观的分析。这些都表明：80 年代的作家作品研究，正试图摆脱“匕首”“投枪”的思维模式，逐渐向文学意义上的散文本体回归。

90 年代以后，作家作品的研究进入了第二阶段。这时期较有代表性的专著有钱理群的《周作人论》，刘绪源的《解读周作人》，黄开发的《人在旅途——周作人的思想和文体》，王兆胜的《林语堂的文化情怀》《解读林语堂经典》《林语堂：两脚踏中西文化》，佘树森的《中国现当代散文研究》，吴周文的《散文十二家》，吴周文等著的《朱自清散文艺术论》，席扬的《知识分子的心路历程——中国现代散文名家新论》，颜翔林的《历史与美学的对话——王充闾散文研究》，黄发有的《诗性的燃烧——张承志论》，萧朴编的《感觉余秋雨》，等等。钱理群的《周作人论》从对周作人的历史评价入手，将其散文研究纳入到周作人的整体研究中，且侧重从思想文化和内心矛盾上来考察周作人，这就开阔了“周作人研究”的视野。王兆胜的一系列林语堂研究专著，既从东西方的文化碰撞的大背景来研究林语堂，又深入到林语堂的灵魂与精神，以心灵对心灵展开对话，从而再现了一个血肉丰满、富于生命色彩的林语堂。席扬的《知识分子的心路历程——中国现代散文名家新论》，从“直”“辣”“闲”“涩”的创作特色出发来品评散文作家，体现出了良好的艺术判断力和学术个性。吴周文等著的《朱自清散文艺术论》运用哲学、美学、文艺心理学交叉的方法，从文本的层面拓展到人学的层面，从社会学的批评模式上升到美学的批评模式，在力图将现代散文拉回到“文学审美创造的自身”的观念指导下，实现了对前人研究的超越。

以上是专著方面的情况，就单篇论文来看，90 年代以后的产量更大，作家作品的研究更加深入和细致了。研究者们已基本上摆脱了社会政治评判的思维模式，或“赏析 + 讲解”的分析模式，不但理论的视野开阔了，审美的分析加强了，而且还常常结合作家的精神气质、审美态度、心灵结构来论人评文。如黄开发的《知堂小品散文的文体研究》（《中国现代文学研究丛刊》1997 年第 4 期），既考察了知堂“语体”的流变，还细致分析了周作人“书信体”的特征和美学价值，并指出“抄书体”和“书信体”增添了知堂散文的丰富性，稳固了他作为现代一流散文家的地位。这样的梳理细致独到，其结论也颇为令人信服。高远东的《〈荷塘月色〉：一个精神分析的文本》（《中国现代文学研究丛刊》2000 年第 1 期）从“心理骚动的性质”、“月光”的移情作用、“荷香月色”等“心理症候”来分析《荷塘月色》。通过对朱自清潜在意识的分析，指出《荷塘月色》不仅是一篇优美的抒情散文，而且是一个富于心理深度，体现了淳厚人性的文体。将精神分析与文学解读如此严密而精细地结合在一起，不单在散文研究，即便在其他体裁的研究中也极少见到。在这里，还要特别提及孙绍振的长文《余秋雨：从审美到审智的“断桥”——论余秋雨在中国当代散文史上的地位》（《当代作家评论》2000 年第 6 期），文章先从当代散文发展史的坐标上，充分肯定了余秋雨对当代散文的巨大贡献，而后再从审美的角度对余氏散文在学理上的“硬伤”进行有理有据的辨析。不过这还不是论文的重点，论文的最为精彩之处，是围绕“从审美到审智”这一理念，从而建立了一种文化中心主义诗学，用人格建构的话语重新阐释了自然山水，诗情与智性的和谐交融，激情和冷峻构成的艺术张力等几方面，对余秋雨的散文进行了既富于学理性，又体现了论者独到的学术眼光和审美感受力的分析。整篇文章，气势恢宏，思考深邃，元气充沛，论证充分，行文雄辩，确实是一篇代表了当今散文作家作品研究水准的文章。此外，像南帆的《诗性之源——以韩少功二十世纪九十年代的散文为中心》（《当代作家评论》2002 年第 5 期），谢有顺的《对现实和人心的解析——以新世纪散文写作为中心》（《文艺争鸣》2007 年第 6 期），王尧的《“散文时代”中的知识分子写作——论王充闾散文的文学史意义》（《当代作家评论》2005 年第 2 期），秦弓的《论林非近年来的散文创作》（《广播电视大学学报》2003 年第1期）等，也是这一时期值得注意的文章。

第二，专题性研究。这指的是对散文的思潮流派、散文现象、某一时期的散文或某一地域的散文做综合性的研究，它是对单个作家作品研究的延伸和深化。专题性的综合研究，在20世纪80年代还较少见，90年代以后专题研究的文章开始呈活跃之势。如再细分，这种专题研究大体上又可分为三类：其一，思潮流派研究。代表性论文有：汪文顶的《中国现代散文流派及其演变》（《中国现代文学研究丛刊》1986年第4期），范培松的《论京派散文》（《文学评论》1995年第3期），丁晓原的《论“五四”人生派散文》（《文学评论》2003年第1期），王嘉良的《论语丝派散文》（《文学评论》1997年第3期），李晓虹的《20世纪散文思潮的演变》（《广播电视大学学报》2004年第1期），陈剑晖、郭小东的《岭南散文风格初探》（《文学评论》1982年第2期），陈剑晖的《论“五四”时期的“性灵”散文思潮》（《华南师范大学学报》2005年第1期）、《论当代散文思潮的发展演变》（《广东社会科学》2005年第1期），王爱松的《论三十年代散文三派》（《中国现代文学研究丛刊》1996年第2期）等文章。这些论文或从流派的形成过程、组合方式、表现形态诸方面，考察现当代散文史上各种散文流派的发展演变；或从文学思潮角度论述某一时期的散文与社会文化、时代精神及大众审美趣味的关系。我们知道，现代以降，关于小说、诗歌的思潮流派研究一直较为发达，而散文自“五四”到新时期之前，在这方面的研究几乎是空白。现在散文研究者不仅注意到了散文的思潮流派问题，并且拿出了数量和质量都相当可观的研究成果，这也从一个方面印证了新时期散文研究的繁荣。其二，对散文的主题、艺术观念和艺术形式的发展做综合性研究。这方面的文章很多，较引人注目的有：佘树森的《当代散文之艺术嬗变》（《北京大学学报》1989年第5期），汪文顶的《“五四”散文抒情体式的变革与创新》（《文学评论》1994年第2期），余凌的《论中国现代散文的“闲话”和“独语”》（《文学评论》1992年第1期），解志熙的《美文的兴起与偏至——从纯文学化到唯美化》（《文学评论》1997 年第 5 期），秦晋的《新散文现象和散文新观念》（《文学评论》1993 年第 1 期），梁向阳的《当代散文创作个性精神的式微与复归》（《延安大学学报》1996 年第 3 期），王兆胜的《新时期中国散文的发展及其命运》（《山东文学》2000 年第 1、2 期），陈剑晖的《论新时期散文艺术的发展》（《新东方》1992 年第 1 期）、《论 90 年代的中国散文现象》（《文艺评论》1995 年第 2 期）、《论 20 世纪 90 年代中国散文的文体革命》（《中国社会科学》2001 年第 5 期），周海波的《论中国现代散文从叙事向抒情的转换》（《齐鲁学刊》1998 年第 6 期），李林荣《新时期散文创作态势的文化分析》（《文艺争鸣》2001 年第 5 期），柯汉琳的《仰望思想的星空——关于 90 年代以来思想散文的思考》（《文学评论》2002 年第 3 期），丁晓原的《媒体，作为中国散文现代转型的生态》（《江海学刊》2006 年第 1 期），等等。其三，对新的散文品种和散文样式的研究。这是进入 90 年代以后，随着散文的繁荣而出现的综合性研究，其范围涉及文化散文、学者散文、女性散文、新生代散文、小女人散文、新媒体散文、打工散文等等。较有特色的论文有：李虹的《女性自我的复归与生长——新时期女性散文创作的流变》（《文学评论》1990 年第 6 期），吴俊的《斯人尚在，文统未绝——关于九十年代的学者散文》（《当代作家评论》1998 年第 2 期），范培松的《论二十世纪九十年代学者散文的体式革命》（《江苏社会科学》2004 年第 1 期），李咏吟的《学者散文的命脉——从余秋雨的散文说开去》（《当代作家评论》1995 年第 2 期），周海波的《最后的浪漫：九十年代的“新学人散文”》（《当代作家评论》1998 年第 3 期），施战军的《新散文的艺术视域》（《大家》1998 年第 2 期），谢有顺的《媒体时代的新女性散文》（《文艺评论》2001 年第 4 期），杨汤琛的《“新媒体散文”论》（《文艺争鸣》2008 年第 4 期），等等。这方面的精彩文章还可以列出许多，甚至可以说已经成为散文研究新的生长点。

在上述三种类型的专题研究中，余凌的《论中国现代散文的“闲话”和“独语”》在老的话题中翻出新意，颇为引人注目。该文章对现代散文史上“闲话”和“独语”两种散文体式做了细致的考察，既将两种散文进行对比，还从“语境”的角度来透视散文创造过程中“创造主体”“文本”“接受者”三者的关系，并进而探询制约上述关系的人类存在的两种处境和生命体验。文章在论述中时时透出一种价值判断和学术思辨色彩，因而发表后产生了一定影响，其“闲话”特别是“独语”的提法也逐渐为学界中人所接受。李虹的《女性自我的复归与生长——新时期女性散文创作的流变》是较早也是较全面论析新时期女性散文创作的文章。论文从“女性精神‘自我’的复归”“女性生命‘自我’的艰难生长”“女性本体‘自我’的深层掘进”三方面来探讨女性散文创作，并以叶梦为考察重点揭示出新时期女性散文的价值与意义。李虹的文章感受细腻深刻，文笔优美，可谓此类文章中的佼佼者。不同于李虹对女性散文的情有独钟，王兆胜的文章探讨了中国现代主义散文的兴起、发展、文体特征及不足，可以说是国内最早对现代主义散文做全面论析的力作。此外，吴俊、喻大翔对学者散文的研究，也有其独到之处。

第三，散文史研究。从一般性的作家作品研究到综合性的专题研究，再到散文史的建设，既是学术研究不断深化、不断成熟的必经之路，也是一种文体的学科建设必不可少的组成部分。因为文学史建设是文学研究中最为扎实、最为稳固的一部分。从这个意义上说，文学史建构应是一门学科的基础。尽管实事求是地说，迄今为止还没有出现一部体例周全、判断准确、学理深邃、个性鲜明的现代或当代散文史著，但毕竟目前这方面的著作已出版了近20部，这应当说是一个喜人的现象。在这些散文史中，林非的《中国散文史稿》是开山之作，可谓功不可没。俞元桂主编的《中国现代散文史》以史料丰富扎实著称，可誉之为奠基之作。范培松的《中国现代散文史》较注重审美分析，行文灵动且渗进个人感情色彩，可视之为有个性之作。其他如汪文顶的《现代散文史论》、傅德岷的《中国现代散文发展史》、庄汉新的《中国二十世纪散文思潮史》、李晓虹的《中国当代散文审美建构》、陈德锦的《中国现代乡土散文史论》，以及王尧、邓星雨、卢启元、张振金、徐治平五人五本同名的《中国当代散文史》，刘思谦等的《女性生命潮汐——二十世纪九十年代女性散文研究》，沈义贞的分类史《中国当代散文艺术演变史》也各有特色。特别值得一提的是，范培松在撰写现代散文史之余，还出版了《中国散文批评史》，该书对 20 世纪中国的散文史料做了全面的汇集梳理，并对这些史料一一进行品评，其间不乏真知灼见。不过其对中国现代散文史料的梳理清晰翔实，而对当代尤其是新时期的散文批评和理论研究的概括归纳则失之简略甚至失衡，这不能不说是这本颇具学术价值的专著的一大遗憾。

在散文论争方面，20 世纪 80 年代主要有关于“形散神不散”“诗化”“散文消亡论”的争论。由于篇幅限制，加之大家对这几次论争比较了解，此处从略。

总体来看，新时期第一个 10 年的散文研究，以作家作品研究和散文史成绩最大。散文理论方面的建构则基本上是空白。尽管其间也出现了一些理论著作，但多为散文表现技巧方面的研究，且散文思维、散文观念大多停留于传统“文章学”的层面，缺乏现代批评意识的穿透。在理论争鸣方面，虽有“形散神不散”“散文消亡论”二次讨论，但并未真正进入公共的视域。如果与小说、诗歌、戏剧等领域大波大澜的争论相比，散文领域的这些争论仅仅是一些小浪花。所以，范培松在《中国散文批评史》中有些无奈地说：“80 年代的散文理论界是平静的，平静到了有些平庸的地步。”①

三、散文观念与散文论争

综观新时期的散文研究，20 世纪 80 年代相对来说较为平静平淡，但进

① 范培松．中国散文批评史［M］．南京：江苏教育出版社，2000：411．

入90年代以后，伴随着散文创作的崛起繁茂、散文观念的改变，散文研究也出现了“众声喧哗”的局面。这时期，作家作品研究、专题性研究、散文史建设更加深入和细致，研究的范围不断拓展，取得的成就远远超过了80年代。由于在本文第二部分已将这几方面的研究合并在一起论述，故而在这部分，打算重点考察90年代后散文领域的几次论争。

（1）“大散文”与“文体净化”之辩。这是新时期散文论争中波及面最大、持续时间最长，也是一直未取得过共识的一次争论。争论发端于1992年，贾平凹在《美文》创刊号的发刊词中打出“大散文”的旗号。贾平凹提出要还散文以本来面目，认为散文本来就是大可随便的，散文就是一切的文章。他针对当时国内散文界的浮靡甜腻之风，坚持散文要“在内容上求大气，求清正，求时代、社会、人生的意味，还得在形式上求大而化之”。那么，什么是“大散文”呢？贾平凹进而解释：“‘大散文’是一种思维，一个观念，不能简单说成这样写就是大散文，那样写了就是小散文。”[①] 他还认为：“‘大散文’就是提倡大境界、大气象、大格局、大气魄的散文。”[②] 针对贾平凹的“大散文”观念，刘锡庆连续发表了《当代散文：更新观念，净化文体》《艺术散文：当代散文走向的审美规范》[③] 等文章予以反驳。首先，他认为“大散文”口号的提出是复古，是没有前途的。其次，他认为20世纪90年代以后散文的“纷乱、无序”，正是“大散文”泛滥的恶性后果之一。[④] 为此他提出，90年代散文界的当务之急，是要对散文进行“规范”“清理”，即“文体净化”。所谓“文体净化”，就是把报告文学、杂文、传记文学、回忆录、书信，甚至将随笔、小品等统统赶出散文家族。在经过了如此这般的“净化”之后，剩下的就只有“艺术散文”了。在刘锡庆看来，只有“艺术散文”才是“文学性散文”的正宗，是当

① 贾平凹．散文研究［M］．保定：河北大学出版社，2001：8．

② 贾平凹．弘扬“大散文”［J］．美文，1994（9）．

③ 刘锡庆的文章，分别见《散文百家》1993年第11期，《美文》1994年第11、12期。

④ 刘锡庆．世纪之交：对“散文”发展的回顾与思考［J］．文学评论，1997（2）：24－40．

代散文发展的方向之所在。

（2）“大散文”与“文体净化”之争，引起了散文界广泛的关注。王剑冰、王聚敏、谷海慧、吴晓蓉等研究者都参与了讨论，甚至连余秋雨、韩小蕙等散文家也介入参与了讨论。笔者认为，这场争论其实是过去的“广义散文”与“狭义散文”争论的延续。“大散文”等同于“广义散文”，而“艺术散文”则是“文学性散文”或“抒情性散文”的唯美化或曰偏至化。由于争论双方的立足点不同，贾平凹是从创作的角度来提出问题，他的散文观念带有感觉化、随意性甚至禅悟的特点。他并不在意理论的深度和学理上的严密。而刘锡庆作为学院派的研究者，他是从理论研究的角度来看待 90 年代散文的泛化现象，因此他更强调研究的准确性、严谨性和理性。正因立足点和思维方式的不同，这就注定了贾、刘两位只能自说自话，根本无法在散文观念上达成一致。至于说到这场争论对学科建设的意义，笔者认为并没有达到论者预设的目标。原因在于贾平凹的“大散文”观念并没多少新意，且缺乏理论范畴上的界定；而刘锡庆力主“艺术散文”，这有利于散文的纯化和规范化，特别对提升散文的美学品格有着不容忽视的价值，但他的散文观念同样并不新鲜，而他的学术个性又过于偏执和极端化。他为了“净化文体”，竟然要将随笔、小品这些“正宗”的散文成员排除在散文大门之外，而只剩下所谓“主情”的散文，这无论如何是一种削足适履之举。须知，记事性、表情性、议论性并重，历来是散文的题中之意。如果中国现当代散文史上只剩下主情性散文，即把周作人、梁实秋、林语堂等的随笔小品排除在外，那么它还能叫作“中国现代散文史”吗？可见，刘锡庆的“清理门户”“弃类成体”是缺少学科基础，经不起实践的检验的。这是其一。其二，谁都知道，20 世纪 90 年代以后的散文繁荣，主要是思想随笔和小品的繁荣，而抒情散文相对来说则遭到了读者的冷落。刘锡庆为了执着于某种学术理念，而置眼前的创作事实于不顾，这实际上是一种典型的学术上的闭门造车，是只见树木不见森林。概言之，笔者认为“文体净化说”由于持论过严、过窄、过偏，并不利于散文创作和散文理论的发展。

（3）“真实”与“虚构”问题。散文的真实性问题，一向被视为散文的基石。因此关于真实与虚构问题的讨论，更加贴近散文的本体；或者说，它对于散文的创作和研究更加重要，更为关键。首先说真实。我们知道，真实性一直是我国传统文论对散文的最基本的要求，不过新中国成立后的“十七年”时期，散文的真实性原则被严重摧毁，直到新时期，真实性才又得到修复。首先提出“真实”论的是巴金。在《把心交给读者》中，巴金提出要“说真话，抒真情”，并说：“我要把我的真实的思想，还有我心里的话，遗留给我的读者。”① 在巴金的倡导下，一些散文作家和研究者，如秦牧、孙犁、王西彦、徐开垒、林非、梁衡、刘锡庆、秦晋等也纷纷撰文支持“真实”论。然而，也有一些研究者对“散文是否要求绝对真实?”“‘真’的判断标准究竟是什么?”等问题表示怀疑。如老愚在《散文作为一种文学体裁》中就认为：“散文的真实性不等于事实上的真实性。散文的真实是作者的心理真实，而不是作者行为的事件纪实。”② 杨涌生、万秀凤在《散文写作的真实与虚构》《谈散文的写真纪实——兼与杨涌生同志商榷》③两文中认为散文是一种表述自身经验为主的文体，却未必完全拘泥于自身的经历。陈剑晖也持相近的观点。他从三个方面论述散文必须在真实的基础上有所虚构：第一，散文中所表达的“个体经验”不完全等同于“个人经历”。第二，散文中的“过去时态”与“现在时态”常常发生错位，这就使得“原汁原味”地呈现过去的生活场景成为不可能的事实。第三，当今的“跨文体写作”已成为一种创作趋势，这势必增加散文“虚构”的成分。不过，陈剑晖认为散文的虚构与小说的虚构还是有所区别的：小说是“无

① 巴金．随想录［M］．北京：人民文学出版社，1980：43.

② 老愚．散文作为一种文学体裁［J］．散文百家，1992（8）.

③ 见《写作》2002 年第 5、11 期。

限的虚构”，而散文则是“有限度的虚构”。[1] 王充闾则从“想象”的视角，对散文的“虚构”说予以支持。在《想象：散文的一个诗性特征》[2] 一文中，他认为：“想像，是一切文学体类所共有的本质性的特色，当然也是散文诗性的一个重要特征。可是，长时期以来，这个‘当然’却并未获得公认。由于想像与虚构相联结，所以，经常被认作与散文的真实性相对立。”在考察了何为的《第二次考试》，分析了《左传》中史传类散文中也有想象虚构因素，并结合自身的创作实践进行一番论证后，王充闾进而指出：“散文创作无法完全杜绝想像与虚构……适度的想像与虚构有助于散文的创新与发展，可以推动散文的现代化。”王充闾作为一个著名的散文家与有着深厚学养的学者，他对于散文中的想象与虚构的大力推举，应该说是有说服力和号召力的。当然，散文中的真实与虚构问题的内涵十分丰富，还须更加深入细致地探究。事实上，目前已有一些年轻的散文研究者正在做这方面的工作。

（4）关于“真情实感”的探讨。这是与“真实与虚构”问题相联系，但在内涵上又有所不同的一个散文概念。由于它们都涉及散文的根本问题，所以长期以来被视为散文的核心范畴而备受关注。较早提出“真情实感”论，并且在这方面强调最有力度，同时也最权威的当数著名散文家和新时期散文研究的“开国功臣”林非先生。早在20世纪80年代初，他的一些研究文章便涉及散文的真情实感问题。在那篇著名的论文《散文创作的昨日和明日》中，他认为：“散文创作是一种侧重于表达内心体验和抒发内心情感的文学样式，它对于客观的社会生活或自然图景的再现，也往往反射或融合于对主观感情的表现中间，它主要是以从内心深处迸发出来的真情实感打动读者。”[3] 随后，在《关于当前散文研究的理论建设问题》一文

①　陈剑晖. 中国现当代散文的诗学建构［M］. 南昌：江西高校出版社，2004：32－33.

②　王充闾. 想象：散文的一个诗性特征［J］. 文艺争鸣，2006（6）：152－154.

③　林非. 散文创作的昨日和明日［J］. 文学评论，1987（3）：37－44.

中，他又加以补充：“狭义散文以抒情性为侧重，融合形象的叙事与精辟的议论。”① 林非不但反复强调散文真情实感的重要性，而且将其定位为散文创作的基础，将其提升到散文本体的地位。加之他还将“真情实感”与散文的美学品格，与整个民族的文化建设联系起来。如此一来，“真情实感”自然便拥有相当的权威性，并且获得散文界的广泛认同。但自 90 年代中期以后，林非先生的“真情实感”论便遭到了挑战。先是楼肇明在其主编的《繁华遮蔽下的贫困：九十年代散文之路》一书中指出：“真情实感”是一切文学艺术创作的基础，不独散文所专有。再则，“真情实感”论过于普泛，不可避免地会将非文学、非艺术的因素包含进来。② 陈剑晖在其专著中也认为：“感情有文学的因素，也有非文学的因素；有具备很高审美价值的真，也有毫无艺术意义的真。”③ 此外，感情还包含着若干个层次，感情的含量也有高低、大小之别，这些都需要我们细加辨析，不能眉毛胡子一把抓。王聚敏则对“文化大散文”中的“大感情”保持着警惕。他指出：在强调散文要写“大题材”、抒“大感情”时，也要警惕盲目“恋大”的倾向。“大”必须建立于“明净的感情”和“清澈的理智”④ 之上才有价值。梁向阳在赞同上述见解的同时又指出：“真情实感”是“文学进入审美需求的最基本的层次，它的‘内核’应是‘个性精神’”，但“这种充分与自由的个性精神的释放，必须有足够的社会条件来保障”⑤。如果说，上面几位学者对“真情实感”论的质疑辨析还较为温和的话，则孙绍振的批判便尖锐、犀利得多。在《散文：从审美、审丑（亚审丑）到审智——兼谈当代

① 林非．关于当前散文研究的理论建设问题［J］．河北学刊，1990（4）：52－59.

② 楼肇明．繁华遮蔽下的贫困：九十年代散文之路［M］．太原：山西教育出版社，1999：5.

③ 陈剑晖．中国现当代散文的诗学建构［M］．南昌：江西高校出版社，2004：35.

④ 王聚敏．再论“散文情感”：“大散文”情感批判［J］．海南师范学院学报（人文社会科学版），2002，15（2）：64－68.

⑤ 梁向阳．当代散文流变研究［M］．北京：中国社会科学出版社，2007：202.

散文理论建构中历史的和逻辑的统一》① 这篇长文中，孙绍振指出传统的“‘真情实感’论是抽象混沌的”，“既没有逻辑的系统性，又没有历史的衍生性”，它也没有真正“接触散文本身的特殊矛盾”。孙绍振认为感情的特点是“动”，即动情、动心、感动。感情还可分为“虚感”和“实感”，“内情”和“外感”，这些都构成了感情的特殊性。研究散文的“真情实感”，就是要抓住这些矛盾中的特殊性，并将其放在不断发展变化中的特殊语境中去考察。尽管孙绍振的措辞有时过于激烈苛刻，但他对于“真情实感”问题的思考，无疑是较为独到深刻的。这样的思考的确有助于加深人们对散文的理解。

对“真情实感”论的讨论，包括上面关于“真实与虚构”问题的争论，虽说在表面上没有“大散文”与“文体净化”的争论那样激烈，也没有那么大的波及面，但由于他们探讨的是散文的根性问题，因此更能引发人们对于散文艺术的思考。

（5）关于“新散文”的论争。“新散文”是20世纪90年代末期出现的一种带有思潮性质的创作现象，也有人称之为“新散文运动”。事实上，在此之前，老愚就编过《上升——当代中国大陆新生代散文选》《群山之上——新潮散文选萃》两个散文选本，有研究者将入选的散文称为“新艺术散文”“新潮散文”或“探索性散文”，王兆胜则将这批侧重艺术探索的散文概括为“现代主义散文”②。不过，90年代末期出现的“新散文”与之前的“新艺术散文”有联系又有不同。也就是说，“新散文”的革命性、叛逆性远远超过了“新艺术散文”。它以拒绝“体制散文”的写作姿态，叙写个体的在场感受和生存体验；以支离破碎的意绪、感觉、隐喻、象征和生活细节，对抗传统的明晰性和整体性；以语言的粗陋和无限增殖来嘲弄传

① 孙绍振．散文：从审美、审丑（亚审丑）到审智：兼谈当代散文理论建构中历史的和逻辑的统一［J］．当代作家评论，2008（1）：79－94.

② 王兆胜．新时期中国散文的发展及其命运［J］．山东文学，2000（1/2）.

统语言的精致和优雅。“新散文”的这些艺术探索并非毫无意义，但它对所谓“体制散文”的粗暴无礼，对传统的蔑视和恶劣的“个性化”却引起了一些学者的反感。于是，《羊城晚报》率先发起了一场讨论。先是陈剑晖于2006年5月13日发表了长文《新散文：是散文的革命还是散文的毒药?》，对“新散文”进行批评；继而，“新散文”的代表作家祝勇、刘春予以回应，为“新散文”进行辩护。在《为“新散文”背上的三宗罪辩护》一文中，祝勇认为：“阅读的不适与观念的敌视将为散文的变革设置巨大的障碍，但这些障碍同时也是散文进步的土壤。”在刘春的《对陈剑晖先生批判我的散文（简史）的回应》一文里，她这样表白：“我始终从心底里这样感谢新散文，是它向我这样不入流但也不是那么介意入流不入流的写作者敞开大门。”[①] 除了祝勇、刘春外，张永璟、黄雪敏、林维娜、佃国春、庄航、罗俊忠、余小慧、王晓通等也介入了讨论，在《新散文 新个性 新问题》《论“新散文”文体变革的艺术得失》《为新散文澄清概念》《新散文写了什么》《新散文是自由的舞者》《新散文的前卫姿态与传统》《不要轻易对传统 Say no》《正视新散文的诸多缺陷》[②] 等文中，研究者各抒己见，从当代散文如何在21世纪发展的角度，对“新散文”的兴起、发展、内涵、艺术特征及缺陷进行了争鸣探讨。

需要指出的是，这场争鸣显然还没有结束。因为“新散文”还在发展变化，而“新散文”的代表作家之一张锐锋在近期一次题为《新散文的几个问题》的演讲中，指出新散文“推翻了人们对散文的某些看法……丰富了散文的内涵，增强了散文的表达功能，提升了散文的地位……极大地推动了散文的繁荣”。与此同时，在四川眉山，以周伦佑、周闻道、沈荣均为代表的一批学者和诗人，在声称要“推倒和重建”散文和散文观念的同时，

① 见《羊城晚报》2006年5月27日。

② 上述文章分别见《文艺争鸣》2006年第5期，《文艺评论》2007年第2期，《羊城晚报》2006年5月20日。

也对“新散文”展开了批判。

90 年代以后关于散文的争论当然不止这些，但通过对这几次争论的描述和分析，我们也可看到散文观念正在悄悄地发生变化，同时散文正在不断地调整自身，为自己的生存发展寻找新的出路。尽管这种寻找是艰难曲折的，但它开阔了散文的艺术视野，使人们明辨了某些理论是非，从而推动了散文创作的发展和散文理论的完善，并使当代的散文研究逐渐进入到一种新的语境中。

四、散文理论话语的建构与批判意识的增强

新时期中国散文研究的“新语境”，在笔者看来是从 20 世纪 90 年代末到 21 世纪才逐渐形成的。如果说 20 世纪 90 年代中期以前的散文研究，虽然也注意到了散文理论的问题，但囿于环境和观念的限制，散文理论话语的建构一直未尽如人意。只有进入 21 世纪之后，这种重作家作品评论而轻理论建构的局面才有了很大的改观。随着散文创作的繁华和散文研究的日渐深入，原来受到忽略的散文理论话语的建构渐渐受到了重视。与此同时，文体的研究也日益热闹起来，特别是随着现代观念的渐进，散文研究者的质疑精神、批判意识也开始觉醒。这是散文研究者的主体意识得以强化的体现，而这对于散文研究的提升是至关紧要的。以下拟从散文理论话语的建构、散文研究中的质疑精神和批判意识的强化两个方面，对 21 世纪以来的散文研究分而述之。

在散文理论研究方面，新时期以来主要经历了三个阶段：第一阶段为 80 年代初期，这时期主要是整理和发掘现代散文理论。出版的著作有《小品文和漫画》、《中国现代散文理论》、《中国现代散文总书目》（俞元桂主编）、《现代作家谈散文》（佘树森编）等。这些资料的整理发掘，为后来的散文研究打下了较为扎实的基础。第二阶段大约以 80 年代中期开始，这时期出版了一批散文专著，不过这些专著主要侧重于现代散文技巧方面的研

究。代表作有：佘树森的《散文创作艺术》、傅德岷的《散文艺术论》、曾绍义的《散文论谭》、范培松的《散文天地》、刘锡庆的《散文新思维》、王景科的《中国散文创作艺术论》、于君的《散文讲稿》、李光连的《散文技巧》、吴周文的《散文艺术美》、周冠群的《散文探美》、祝德纯的《散文创作与鉴赏》、沈世豪的《散文创作艺术》等，这些著作，或从选材、立意构思、剪裁艺术、结构经营、景物描写、语言修辞等方面探讨散文的艺术技巧；或在技巧分析中涉及散文的派流、概念、分类问题；或阐释散文的一些特征如题材广泛、形式自由、形神两旺、描写真实；等等。尽管这些论著的作者均有较好的艺术鉴赏力，也企图寻找出属于散文的特征和规律，并对散文的范畴进行界说，但正如上文所说，由于观念相对较为保守，缺乏现代的研究视野和学理修养的不足，这类著作对散文艺术技巧的分析虽然较细致具体，且一般是有的放矢，可操作性较强，但在散文理论的建构方面，客观地说，他们是心有余而力不足。因此，散文理论话语的建构，就这样“历史地”落到了新一代散文研究者的身上。

在新一代的散文研究者中，王兆胜、陈剑晖、喻大翔、黄科安、王尧、谢有顺、李晓虹、王晖、梁向阳、丁晓原、蔡江珍、周海波、李林荣、袁勇麟、曾焕鹏等学院派出身的学者都对散文理论话语的建构表现出了极大的兴趣。在这方面，首先要提及的是王兆胜。早在21世纪之初，在《论20世纪中国散文研究》一文中，他就前瞻性地提出散文研究要告别“感悟式”“微观式”的批评，与此同时要建立一整套散文研究的理论话语，以保证散文研究的科学性和独特性。他指出：“大量事实证明，任何一个学科要获得真正的发展和成熟，没有一套完备而又独特的理论话语那是不可能的。”①王兆胜的这一富于建设性的见解，在年轻一代的散文研究者那里引起了共鸣。他们不但纷纷撰文予以呼应，并且以其卓有成效的理论实践参与了21

① 王兆胜. 论20世纪中国散文研究［J］. 徐州师范大学学报（哲学社会科学版），2001，27（4）：29－36.

世纪的这场“散文理论话语”的建构。其中，喻大翔的《用生命拥抱文化——中华20世纪学者散文的文化精神》是一部值得关注的专著。作者在反思传统散文理论“观念模糊”“标准错乱”“学理依据不符”“没有统一的分类标准”的基础上，建构了一套学者散文的结构分析方法，即文本语言、人境事列、情场意阵和文化心理，这四组关系分别代表了表层、中层、深层、隐层四个层次，它们的对应功能是“词指”“象指”“义指”“心指”。不但如此，喻大翔还创设了一套新的散文理论术语，如“自然重合圈”“文化生命圈”“文本生命圈”“文化潮锋”“文化潮锋意识”以及“人境”“事列”“意阵”“词指”“象指”“心指”等等。可以看出，喻大翔不但有批判的勇气，也有原创的魄力和良好的学理修养，而他的执着认真的精神也令人敬佩。但他的概念术语的创设虽有新意却过于繁复，给人以眼花缭乱之感。此外，缺乏一个既有较大的包容性又有分衍性的核心范畴，也使得这些概念术语流于散乱。黄科安的《现代散文的建构与阐释》《知识者的探求与言说》也是偏重于理论建构的专著。前者从理论话语建构、文化类型剖析、散文诗学研究、文类考察四个方面对现代散文理论进行梳理整合。后者集中笔力研究散文中极具人文气息的随笔这一品种。黄科安对中国现代随笔的内涵、特征、源流及发展演变进行了综合性的考察，并从“非系统”“闲笔”“机智”“反讽”“诙谐”等方面来分析随笔的思维方式，而后再以周氏兄弟的随笔加以印证。这样的研究思路应当说具有方法论的意义，即是说，它是借助对随笔这一品种的理论建构和艺术审美创造来分析探讨作家作品。不过，此书也有明显的疏漏：作为一部力图全面系统地研究中国现代随笔的专著，竟然没有论述到林语堂、梁实秋、梁遇春、钱锺书等人的随笔，这无论如何都说不过去。再说，作为一部只有300来页的理论专著，周氏兄弟的作品分析占了100页，在结构上也明显失衡。在散文理论建构方面，陈剑晖的《中国现当代散文的诗学建构》也有自己的特点。该书试图以“诗性”为核心范畴建构一套散文理论话语。这套话语包括属于散文本体的“精神诗性”“生命诗性”“想象诗性”“诗性智慧”“文化本体性”；属于风格层面的“文调”“氛围”“心体互补”“智情合体”；属于艺术技巧范围的“意象组构”“复调叙述”“多维结构”“诗性语言”等。陈剑晖不拘泥于传统的“文章作法”“谋篇布局”之类的细枝末节，而是从文化人类学和生命哲学、叙述学和结构主义的视域来建构散文理论体系，体现了一定的突破性和超越性。陈剑晖的欠缺在于对西方的理论和方法较为重视，相较而言对传统的理论资源和散文固有的特性重视不够。

2000 年后值得重视的论著还有梁向阳的《当代散文流变研究》，蔡江珍的《中国散文理论的现代性想象》，李林荣的《嬗变的文体——社会历史景深中的中国现当代散文》，王兆胜的《真诚与自由——20 世纪中国散文精神》《文学的命脉》等。梁向阳以“现代性”“真实性”“自由性”三个概念来建构新的散文体系，后两个概念可谓抓住了散文的本体，不过“现代性”离散文就太远了（与小说、诗歌相比），将它拿来作为散文的核心范畴，在笔者看来过于勉强。正是出于这样的认知，笔者认为蔡江珍的专著尽管有求新、求变、求异的想象性诉求，但认定早在“五四”草创期中国就已确立了“散文理论的现代性范式”，这样的论断则多少有些牵强附会，且有预先设定和过度阐释的嫌疑。在笔者看来，当今“现代性”业已成为一种公共理论资源，一个大众情人般的符号，而散文有其自身的品性和尊严，它不一定非要往“现代性”上面靠。李林荣的专著，注重从散文文体自身的开放性，以及社会、历史、文化等因素的融合中来开拓散文研究的思路，在具体分析中也有一些很好的见解，可惜全书较为庞杂，体例欠统一。而王兆胜的两本著作，虽说重在对散文现象、散文类型和散文作家的研究，但很显然已经摆脱了对单一的作家或散文现象做简单、机械的分析，而是以“20 世纪中国散文精神”做主线，力图从诗学的高度对中国现代散文进行谱系的梳理和理论体系的整合构建。王尧的《乡关何处——20 世纪中国散文的文化精神》，在建构 20 世纪中国散文的文化精神方面别出机杼，而他良好的艺术感受力和出色的表述，则使他的理论建构在理性中透出感性，在合规中又有“另类”的笔致。至于张国俊的《中国艺术散文论稿》，曾焕鹏的《中国当代散文论》，方遒的《散文学综论》，段建军、李伟的《散文新思维》，张智辉的《散文美学论稿》等著作，也各有特色和不足。很显然，这些著者也有意于散文理论建构，可惜因散文观念、学术视野和理论修养等原因，这些著作并未达到作者设定的学术预期。

在散文理论话语的建构过程中，还不能忽略两位老一辈的散文研究者楼肇明和孙绍振。楼肇明的研究视野开阔，思维十分活跃，状态相当新潮前卫，特别可贵的是，他一直热衷于散文理论话语的建构。如在他主编的《繁华遮蔽下的贫困：九十年代散文之路》一书中，他不仅质疑了林非的“真情实感”论，还提出了“诗、思、史”三位一体的建构散文理论的新思路，以及“复调散文”等概念。遗憾的是，楼肇明在研究中时能迸发出闪光的思想，但往往未能进一步加以严密的学理性论证。比如“复调散文”这一概念相当有意思。但究竟什么是“复调散文”呢？读完楼氏的著作后却不甚了了。再以他为梁向阳的专著《当代散文流变研究》作的序为例，“序”的名称很别致——“沙盘·平面图和当代散文研究之整体性思维”。然而一篇一万多字的文章，除了对“整体性思维”从理论上略有论述外，至于什么是“沙盘”，什么是“平面图”，读者均无法获知，因为作者根本就没有谈到。他的笔墨更多的是谈“暴力话语的回归”“网络散文的能指过剩”“时尚散文的大泛滥”。不可否认，这些都是有意思的话题，但这一切与文章的主旨又有什么联系呢？窃以为，倘若不是过于执着于“信马由缰”“天女散花”式的思维习惯，此外在表达上不要过于求异，过于艰涩，则楼肇明完全有可能在散文理论话语的建构上创出一片天地。与楼肇明一样，孙绍振也是才气不凡，思想十分年轻。他在治小说、诗歌理论以及幽默的同时，也时不时关注散文。他的《为当代散文一辩》《余秋雨：从审美到审智的“断桥”——论余秋雨在中国当代散文史上的地位》《当代智性散文的局限和南帆的突破》等文都以见解独到、发人之所未发而为人称道。然而他那近 3 万字的长文《散文：从审美、审丑（亚审丑）到审智——兼谈当代散文理论建构中历史的和逻辑的统一》更值得重视。笔者认为此文有三方面的亮点：①从历史和逻辑的统一中对过去的一些散文理论观念加以辨析，廓清了笼罩在这些观念上的迷雾；②从思维方式上提出以归纳法取代演绎法，此议有方法论上的价值；③在感性和智性的交融中，建构了从审美散文、审丑散文到审智散文的多层次散文理论体系。尽管孙绍振在论析中有时过于锋芒毕露，用词过于犀利，但你无法否认他对于散文理论话语建构所做出的贡献。

上面谈的是专著，就单篇论文来说，这时期偏重于散文理论建构的文章有刘俐俐的《论建立当代意识的散文批评视野》（《甘肃社会科学》2002 年第 3 期），王兆胜的《关于散文文体的辩证理解》（《文艺争鸣》2005 年第 1 期），谢有顺的《重申散文的写作伦理》（《文学评论》2007 年第 1 期），陈剑晖的《中国散文理论存在的问题及其跨越》（《中国社会科学》2005 年第 1 期）、《散文理论的春天何时到来？——对散文核心范畴的一种阐释》（《文艺争鸣》2006 年第 2 期），丁晓原的《文体哲学：散文理论研究深化的可能与期待》（《文艺争鸣》2006 年第 2 期），等等。这些文章都体现出了较强的散文理论的建构意识，其自觉性、研究的理论深度和学理性都超过了以往的同类文章。

散文理论话语的建构，从总体看应给予充分的肯定。但也应看到，由于此前散文理论建设的基础较为薄弱，加之散文不像小说、诗歌那样有大量西方理论资源可资借鉴，这就不可避免地出现了将现有的小说、诗歌的某些理论套用于散文理论阐释，或引进了西方的理论和方法却消化不良的弊端。看来，如何抓住散文的本体特征，再将西方和别的文体的理论与之和谐交融，这是 21 世纪的散文理论体系建构必须面对的难题。

与散文理论话语的建构相对接，或者说方向不同但目标一致的另一个关注点，是关于散文研究中的质疑精神和批判意识的强化。过去的散文研究之所以遭到诟病，其中一个原因就是溢美之词、盲目捧扬的评论多，而真正能一针见血，揭示出作家作品的优点和缺点的批评太少。这在一定程度上败坏了散文研究的声誉，也阻碍了散文研究的发展。但进入21世纪之后，这种状况有了很大的改观。一批中青年散文研究者在建构散文理论体系的同时，深感散文研究不能一味求“同”，应在“同”中求“异”，在“立”中有“破”，即要加强质疑的精神和批评的意识，这样21世纪散文批评的品质也就大大提高了。在这方面的代表人物是林贤治。他的近10万字的长文《五十年：散文与自由的一种观察》（《书屋》2000年第3期）对新中国成立后50年的散文进行了全面与严厉的审判。林贤治以他的冷峻思考和批判激情，横扫50年特别是“十七年”的散文。他的文章中贯串着一股反对专制主义的自由精神，在分析中不乏独到的真知灼见。但林贤治的思维方式仍摆脱不了“匕首”与“投枪”、非此即彼的对抗性局限，他对许多散文作家作品的价值评判也过于武断片面，经常以个人的好恶作为评定作家作品优劣的标准。与林贤治相类似的还有祝勇。作为优秀散文家的祝勇曾发表了《散文：无法回避的革命》等一系列文章。这些文章无一例外地都表现出强烈的反思意识和批判精神，且观点新颖犀利，表述机智活泼。但祝勇的散文批评也处处流露出粗暴武断、不讲学理的弊端。如他将新中国成立后的大部分散文统统归纳进“体制散文”这个大箩筐，而后判定凡是“体制散文”必然是僵硬的、拙劣的、无足观的。诸如此类的断语，在祝勇的文章中随处可见。这样的批评固然很特立独行，很有批判质疑精神，却无益于散文理论的建设。相较而言，我们更能接受王兆胜对于当前散文创作的质疑批评。近年来，王兆胜连续发表了《新时期中国散文的发展及其命运》《超越与局限——论80年代以来中国女性散文》《论九十年代中国学者散文》《困惑与迷失——论当前中国散文的文化选择》① 等一批带有批判性质的文章。这些文章，一方面见解独到，尖锐坦率，富于质疑精神和批判的锋芒；另一方面又反求诸己，与人为善，体现出从容、克制、宽容与温润的批判风采。如《困惑与迷失——论当前中国散文的文化选择》一文，王兆胜以“细读”为基础，站在历史哲学的高度，以开阔的现代批判视野，对20世纪80年代以来的中国散文进行全面的反思。他指出，当前的中国散文存在着“知识崇拜与思想缺失”“思想之累与心灵之蔽”“历史臧否与现代意识”欠缺的迷失。为了印证自己的判断，他细致地分析了余秋雨、王英琦、李存葆、李国文、史铁生、张承志、张炜等的散文创作，既肯定他们的艺术探索，又指出他们在“文化选择上的困惑与迷失”。这样的批评，由于有坚定的立场和责任伦理，有敏锐的艺术感受和严谨的学理分析，因而不单对作家，对整个当代散文的创作都大有益处。类似王兆胜这样富于批评品格的批评家，还可举出王聚敏、单正平、张宗刚等，特别是张宗刚，他从事散文研究的时间不长，但堪称散文批评界的一匹“黑马”。他的《在神秘中迷失：当代散文与伪科学》《无爱的显影：当代散文中的身份歧视》② 等文章，对名家名作的批评往往是一针见血，既尖锐犀利，不留情面，又遵循学理的规范，体现出充盈的、强健的人格色彩。

“破”与“立”，是既对立又统一的一对矛盾。没有“破”，当代的散文研究将永远处于自我陶醉、自我抚摸的怪圈中，一劳永逸地成为平庸化写作的帮凶；而只有“破”而没有“立”，散文的研究同样无法腾飞起来。正因为21世纪的散文研究在“破”和“立”上互相补充，互相促进，较好地达到了和谐统一，所以我们才敢于断言：21世纪的散文研究已经告别了20世纪八九十年代的混乱和粗糙，不但开始拥有了自己的理论话语，而且

---

① 上述文章，大部分被收进《文学的命脉》一书，华东师范大学出版社2005年出版。

② 分别见《文艺争鸣》，2006年第5期；《海南师范大学学报（社会科学版）》2013年第4期。

具备了独立自主的品格。

五、关于21世纪散文研究的几个问题

通过上面的描述评析，我们看到，新时期30年来的散文研究的确是有成绩的，并不像某些戴有色眼镜者所认为的那样一无是处、一潭死水、一团混沌。当然，新时期散文研究的不足和缺陷也显而易见。因此，我们现在面临的问题是：如何在以往研究的基础上，找出阻碍其发展的症结，同时寻找新的兴奋点和生长点，从而将21世纪的散文研究引向深入和阔大。

笔者认为，我们可以从以下几方面来拓展和深化21世纪的散文研究。

其一，建立现代意识的散文批评视野。长期以来，散文研究之所以落后于小说，根本的问题在于散文研究者过于因循守旧、故步自封。我们的散文研究基本上还局限在传统文论的范围内，而审美观念中又保留着太多古典的趣味，同时又满足于散文研究的“静态”平衡格局，不愿意打破散文的原有秩序。正是这种封闭性、保守性、趋古趣味和过分的平静妨碍了我国散文研究的发展。而现在，该是告别这种过于保守、过于狭窄、过于小家子气的研究格局的时候了。我们散文研究的当务之急，是要建立起拥有现代意识的宏阔散文研究视野。这种现代批评视野，在笔者看来应包括如下内涵：首先，是散文观念的现代化。这就意味着散文研究者要解放思想，改变以往那种过于保守、过于谨小慎微的研究姿态，而是要大胆破除传统的散文观念和模式。什么“形散神不散”“诗化”“文体净化”“文化散文”“学者散文”“真实与虚构”“真情实感”等，都可以在现代散文批评视野中重新审视与确认。其次，现代的批评视野，预示着散文研究者要强化怀疑精神和批评气质，要具备独立而健全的批评人格。尽管在此之前，已有王兆胜、张宗刚等人在这方面做出了表率。但这还远远不够。因为一方面，当前有质疑精神和批判意识的散文研究者还太少，只有当散文研究界拥有了一批既有完整人格又具备批判怀疑精神的研究者的时候，散文领

域才有可能出现“百家争鸣”的局面，才有可能在文化哲学和时代精神的高度上对散文进行批判与建设，而这才是散文研究真正繁荣的标志。另一方面，我们倡扬怀疑精神和批判气质，但我们坚决反对狂妄无知与无畏。比如最近有一篇叫《散文观念：推倒或重建》① 的文章，认为“先秦散文”是子虚乌有，“广义散文”是悖谬，至于当代的散文研究更是一片空白，所以必须“推倒重建”。作者还宣称：他要靠一支笔、一个人扭转一个时代的散文风气，他甚至宣称自己是“被召唤来为中国散文立论和立法的”。什么是狂妄无知和无畏？在笔者看来，这就是典型的狂妄无知和无畏。这位论者根本不了解中国现当代的散文研究现状（如“广义散文”早被研究者摒弃，但他却对其大加讨伐)，对古代散文也是一知半解，却拿着长矛像堂吉诃德那样大战风车，如此的“推倒重建”实与现代的散文研究精神相去十万八千里。最后，强调散文研究中的现代意识，还意味着要大胆引进西方现代文学理论和研究方法。比如叙述学的理论、结构主义的理论、语言分析理论、新批评的细读法以及心理分析方法等，都可以“拿来”为我所用。20 世纪的小说、诗歌研究之所以一跃成为现代文学研究的“正宗”，盖因有丰富庞大的外国文学理论资源作为支持。虽然在引进借鉴过程中也有心浮气躁、急功近利的现象，但总体来看还是利大于弊。总之，西方文学观念和研究方法的引进，不但有利于开拓深化当代散文研究，同时也是建立现代意识的批评视野的题中之义。

其二，“化西方”与“中国化”。21 世纪以来，已有不少学者在建构散文理论话语时引进西方的文艺理论观念和研究方法，虽不似一些小说、诗歌研究那样生搬硬套，或进行名词术语的“大轰炸”，但消化不良，与传统散文理论未能达到真正的圆融与自洽，也是一个不争的事实。此外，有的散文研究者注意到了西方的理论资源，但对散文文体特征的思考却不够深

① 周伦佑．散文观念：推倒或重建［J］．红岩，2008（3）：56－90.

入透彻。有鉴于此，笔者认为21世纪的散文研究应在“化西方”与“中国化”上下大力气。所谓“化西方”，是指21世纪的散文研究在总体倾向上应是现代的，它可以引进西方的现代文论作为参照，但并不以西方的价值标准为唯一标准，它有自己的立场、价值判断和表述方式，因此能将“西方化”转变为“化西方”，将西方文论的“菁华”“拿来”为我所用。所谓“中国化”，是在“化西方”的基础上，将“现代意识”与“传统意识”相互交融，从而创造一种既具现代精神，又有中国传统性品格和气韵的散文研究范型。在“化西方”与“中国化”这一点上，我们的前辈其实已有过相当成功的实践。如在散文创作方面，“五四”时期现代小品文的成功已成共识，而现代小品文之所以能够成功，固然受到个性自由和幽默谐趣的英国随笔之“絮语”体影响，但更主要的是对中国文学传统的“顺势”承接。即是说，现代小品文在骨子里秉承的是“魏晋风度”“六朝文章”与晚明小品那种洒脱的心态、雍容的气度、闲适的格调。正是这种“外援”与“内应”的合力，使“五四”小品文的成就超过了小说、诗歌和戏剧，这的确值得我们认真思考和琢磨，这恐怕是认识和解决当代散文问题的重要维度。再者，从散文研究方面看“化西方”与“中国化”，也有可资借鉴的例子。如朱光潜在《散文的声音节奏》一文中主张散文要讲究“声音节奏”，他说：“我读音调铿锵，节奏流畅的文章，周身筋肉仿佛作同样有节奏的运动；紧张或是舒缓，都产生出极愉快的感觉。如果音调节奏上有毛病，我的周身筋肉都感觉侷（局）促不安，好象听厨子刮锅烟似的。我自己在作文时，如果碰上兴会，筋肉方面也仿佛在奏乐，在跑马，在荡舟，想停也停不住。如果意兴不佳，思路枯涩，这种内在的筋肉节奏就不存在，尽管费力写，写出来的文章总是吱咯吱咯的，象没有调好的弦子。”[①] 这篇文章的理论视角、逻辑思维、语言句式显然受到西方现代文论的影响，但又处

① 朱光潜. 散文的声音节奏［M］//朱光潜. 艺文杂谈. 合肥：安徽人民出版社，1981：82.

处流露出我国古典文论的韵味。这种韵味主要体现在两方面：一是以人体喻文体。古代文论家喜欢以人体结构来类比文章的结构和辞采文调。如颜之推将“理致”比喻为“心肾”，“气调”比喻为“筋骨”，“事义”比喻为“皮肤”，“华丽”比喻为“冠冕”，而刘勰则将“事义”比喻为“骨髓”。朱光潜反复用“周身筋肉”来比喻有无“声音节奏”的语言感觉，这与颜之推和刘勰以人体喻文体有异曲同工之妙。二是朱光潜采用的“兴会”“意兴”等词语，既是我国古典文论的重要概念，又暗合“赋、比、兴”的修辞传统。可见，朱光潜的散文研究是“化西方”与“中国化”的成功范例，它有西方文论的参照，有现代文论的性质，但它又或明或暗、或显或隐地传承了中国古典文论的优良品格。这是从研究者的立场、视角、思维方式、语言运用等方面看，若从概念范畴入手，“化西方”与“中国化”同样大有文章可作。比如，“意境”在中国古代文论中只是一个一般性的范畴，但经过王国维、宗白华等学者的“化西方”与“中国化”，给它注入现代的意识与体验，从而使之成为现代文论中一个极重要的概念。再如，“性灵”一说，如果将其置于中西比较文化和诗学的视野，再以西方的自由个性、理性精神做参照，并借助“灵感”概念加以氤氲催化，相信“性灵”的内蕴会更丰富阔大，更具现代意义，甚至有可能成为21世纪散文的核心范畴。

其三，思维方式与研究方法的改变。散文研究的滞后，除了主流意识形态的强势干预、现代性语境造成的困惑、文体本身的研究难度，以及研究者观念的保守、审美趣味的趋古、研究视野的狭窄和研究手段的落后等局限外，思维方式的简单化、机械化和浅表化，也是导致散文研究裹足不前的原因。因此，要使21世纪的散文研究更上一层楼，就必须改变以往的思维方式。思维方式的改变是多方面的，比如创新性思维、逆向性思维、发散性思维、相似性思维等，都可以丰富散文研究的思维方式。不过在此处，笔者想着重谈谈两种思维方式——整体性分析思维和动态平衡思维。整体性分析思维，就是从整体出发，在认识的过程中对概念进行由此及彼、由彼及此，由外到内、由内到外，由个别到一般、一般到个别，由局部到整体、整体到局部的多层次、多侧面的全方位分析。最典型的如黑格尔，他对整体的把握，便是从概念的分析开始。比如从“有”到“无”，经过一系列概念的分析后，再上升到包容一切的“绝对理念”。其认识的过程表现为理性思维的运动过程。即是说，是从具体到抽象，或从抽象上升到具体的过程。借鉴西方学者的思维方法，再根据整体性分析思维的原则，笔者认为21世纪的散文研究在思维方式方面要注意三点：第一，对研究对象进行分析性确证。就是说，要确定被研究的对象是什么，它有何种内在的规定性，此规定性的纵深理论根据何在。按亚里士多德的说法，就是寻找问题的“所是”。各门学科的研究正是对于不同类型和方向的“所是”的探讨，“所是”不能确证，研究也就无法进行。第二，在理论建构中，还要考虑到历史和逻辑的统一。理论不能光凭经验，不能“跟着感觉走”。因而，我们在建构散文理论提出新的散文概念时，不能停留于喊口号或提宣言的层面，也不能将概念孤立化和零散化，而是要考虑到历史的衍生性，在历史的发展语境中抽象提纯出概念；同时，还要考虑到概念的内在逻辑性和系统性。第三，从研究方法来看，在研究中，要尽量少用从概念到概念的演绎法，多用从个别到一般的归纳法。尽管归纳法有时会受到经验的局限，还存在着狭隘性的缺点，但它比演绎法更具原创性。这一点，孙绍振先生在《散文：从审美、审丑（亚审丑）到审智——兼谈当代散文理论建构中历史的和逻辑的统一》一文中已说得很清楚，在这里提出这个问题其实也是受到他的启发。笔者认为，如果我们希望自己的理论话语更加生动有力，更加富于生命的原创性，就应当更多地采用归纳的方法，即通过具体作家作品的个案分析提炼出思想，提炼出新的散文理论话语。举例来说，韩少功的《山南水北》中有一节叫“红头文件”。作者只是客观地罗列了一些劳动的成果，但这些客观事实的背后，却隐藏着相当丰富的思想内涵：①以农产品价格的低廉反衬高科技产品价格的昂贵，以此思考劳动价值的问题；

②通过这些无法进入流通市场的产品，表明我国的 GDP（国内生产总值）统计事实上还存在着诸多漏洞；③表明了劳动是生存之本和生存之源。且看，一则普普通通的“红头文件”，竟然可以归纳出如此多的思想内涵。倘若我们的散文研究者改变了思维方式和研究方法，勤于从个案中披沙淘金，则一定可以从一粒沙子中看到整个世界，从一滴水中看到大海。

此外，在注重整体性分析思维时，还要强调动态平衡思维方式。我们知道，西方的理性思维重语言、概念与逻辑分析，而建立于“天人合一”“象”思维之上的中国传统思维重直观、直觉、内省与体悟，两种思维方式各有所长也各有所短。因此，我们要善于取长补短。比如中国的传统思维，固然具有模糊性、不确定性和神秘性的非理性特征，但它所共同遵循的“天人合一”的整体观，从来都是把整体看成对立统一，各种活动都是有机地相互联系、相互协调，而且总是在发展变化着的整体，这就是“会而通”的动态平衡观。掌握这种动态平衡观，对于我们的散文研究是大有助益的。比如在“创新”问题上，如果一味强调“变”，则有时会“变”过了头，失去了本体，“变”成四不像的东西。因此，理想的状态应是寓“变”于“不变”之中，在“不变”中求“变”，即只有保持动态平衡中的发展变化，才合乎事物的发展规律，才有生命活力。关于“变”与“不变”的问题，王兆胜曾专门撰文论及①，此处不赘。再如“静”，过于静止，甚至裹足不前固然不好，但如果为了追求“动”，追求快速发展，不惜打破原来从容淡定的平衡格局，使散文变得心浮气躁、局促不安，这样的“动”又何益之有？还有“规范”与“反规范”，由于散文在本质上是一种反规范的文体，倘若我们在研究散文时硬性确立设定一些条条框框，这样不但会显得力不从心，有时甚至会适得其反。而如果遵循“会而通”的动态平衡观，在“反规范”的对立统一中求“规范”，这样反而有可能抵达我们设定的学

① 见《羊城晚报》2008 年 6 月 21 日。

术目标。

21 世纪的散文研究，需要思考的问题还有很多。举例来说，在建构散文的理论话语时，还要与整个学科的建设相结合，只有学科“挺立”起来，散文才有可能与小说、诗歌平起平坐。再如散文的文体问题，也还有巨大的研究空间。此外，还需要不断开拓散文的研究领域，如现代传媒对散文创作的影响问题、生态散文的创作问题等，都需要我们的散文研究者做出解释。在这里，笔者还想谈谈关于建立良性健康的散文评价标准和价值观念的问题。如众所知，我们过去评价散文的标准是“匕首”加“投枪”，是战斗性和抒时代之情、人民之情。而现在，当这种二元对立、非此即彼的价值标准被摒弃之后，散文的价值评判却陷入了新的无序和混乱之中。这种无序和混乱，表现在创作方面，是各种“散文选本”，各种“当代散文史”所选作家或作品不仅离谱杂乱、相互打架，也看不出有任何标准，看不出是什么价值理念在支持这些选家和史家的判断。就散文研究来说，则是自说自话，互不认账，既在基本理念上缺乏共识，也缺少同人之间的互相欣赏与尊重，尤其是对于同人学术成果的漠视。比如，某著名高校主编的一本学科“概要”，其中有一章为“散文研究状况”，肯为散文研究立专章足见其对散文的重视，但令人失望的是，该章根本就未能全面、系统、客观地反映出新时期散文研究的信息。一些影响较大，大家公认的对新时期散文做出贡献的散文研究者在“状况”中只字未提，不少在新时期散文发展史上产生过重要作用的论著也被莫名其妙地遗漏，而一些学术质量平平，也没有产生过任何影响的论著却位列其中。由此可见，“状况”的编撰者不单对新时期的散文研究缺乏必要的学术积累，而且缺乏统一的价值标准，甚至还流露出十分明显的圈子意识。否则，就不会存在着如此严重的以偏概全与资料遗漏，不会对新时期散文的研究现状如此地陌生和漠视！正因为存在着致命的缺陷，在笔者看来，这种“概要”的客观性、科学性、公正性是大为可疑的。而就散文这个学科来说，它的学术价值和建设意义更是可以忽略不计。

散文是一种简单的文体，然而正因这简单，使散文成了困难的文体。散文又是文类之母，是人的心灵的自由表达和人类精神的实现方式，它也是我们中华民族文学传统中最为重要的文体之一，它的精神孕育着一个民族的心智发展和文化创造的活力。从这一意义上，我们说散文是不朽的。作为中华民族的子民，我们以拥有世界上最纯正、最博大、最源远流长的伟大散文传统而自豪。然而，我们对我国散文的这一伟大传统的认识还远远不够，我们对当代散文的创作的把握和散文理论的探索同样不够有力。早在 90 年前，在《生命的路》一文中，鲁迅就说过：什么是路？就是从没有路的地方践踏出来的，从只有荆棘的地方开辟出来的。笔者想套用鲁迅的话说：散文研究的路其实早就有了，只是路上还有太多的荆棘，路的界面还不够宽广。因此，在 21 世纪，作为一个散文研究者，我们要勇于创新，勇于探索，勇于背叛，勇于开拓新路。我们期待着有更多高质量的论著出版，有更多热爱散文的读者参与，有更多高水平的学者加入到散文的研究队伍中来……如果这样，那么散文研究就不用在小说、诗歌研究面前自惭形秽了，散文研究一定能够在贫瘠的荒原上开垦出一片沃野。总而言之，在 21 世纪，散文研究在不断前进着，它的前景是广阔的、值得期待的，正所谓：

星垂平野阔，月涌大江流。

文体传承与创新超越

——晚明小品与中国现代散文随笔之同异[①]

晚明小品与中国现代小品都是在各自时代里取得了辉煌成就，并成为一种代表时代特色的自觉文体。晚明小品一反传统散文的“高文大册”，不拘格套，流连于性灵、闲适和趣谐，不仅颇受时人欢迎，形成了一股以“小品文热”为标志的散文思潮，而且对后世的散文创作产生了深远的影响。中国现代小品既承接了晚明小品的文脉又有所发展，因此近百年来的散文小品创作虽出现过断裂，甚至散文文体还一度遭受到了生存危机，但整体上百年来散文小品创作的成绩是不容低估的。特别是新文学的第一个十年，“散文小品的成功，几乎在小说戏曲和诗歌之上”[②]。20 世纪 90 年代以来，散文小品更是一路走红，成为最受读者欢迎的文体。究其原因，其中很重要的一点，便是现代散文小品这一文体在继承传统时又有所发展，有所创新流变。但过去的散文研究对继承传统研究得较多，而对创新和流变则较少涉及。有鉴于此，本文拟在传承的基础上，重点探讨中国现代小品文文体的创新流变及对晚明小品的跨越。

一、晚明小品与中国现代小品文的共同点

中国古代小品文的历史悠久，早在先秦时期就已经存在，而魏晋时期《世说新语》等小品的出现，则表明小品在当时的文坛已占有一席之地。但只有到了晚明，即万历至明末这段时间，中国古代小品文创作才真正达到全盛或曰成熟时期。这一时期，“小品”这一来自佛教、原意指佛经略本的

---

① 本文发表于《学术研究》2014 年第 6 期，题目有修改。

② 鲁迅．小品文的危机［M］//鲁迅．鲁迅全集：第 4 卷．北京：人民文学出版社，2005：592．

词语，才完全融入文学领域，为大家所共同认同和接受。从创作实践来看，这一时期，小品文正式从古文剥离出来成为作家笔下的一种自觉文体，其时不但出现了陈继儒的《晚香堂小品》、王思任的《文饭小品》、陆云龙编选的《皇明十六家小品》等一批以小品命名的文集，更重要的是，这些小品文集及其序、跋中体现出来的对于小品的认识，改变了时人的文体等级观念，即不再崇尚"文以载道"，追求代圣贤立言的"高庙大章"和"朝廷述作"，而宁愿创作并欣赏率性任心的性灵小品。这种对传统文学的反叛，既打破了原来壁垒森严的文类划分，同时也体现了将诸如游记、尺牍等边缘性文类推向文学中心的努力。唯其如此，晚明小品才有可能走向繁荣，代表一个时代文体的自觉，并成为堪与汉赋、唐诗、宋词、元曲并驾齐驱的时代文学的标志。

中国现代小品继承了晚明小品的文体自觉意识与散文精神，因而在新文学的草创时期，散文的成就最大，甚至超过了当时的小说、诗歌和戏剧。而且不应忽视的是，"五四"时期的散文小品，一开始就显得稳健成熟，具备了自己的神韵和美学风致，不像其他文体那样，需要经过一个"尝试""实验"乃至"断裂"的过程。其原因就在于小说、诗歌和戏剧主要接受了外来文化的冲击，而散文虽也受到英国"絮语散文"的影响，但其根须却深植于中国古典散文，尤其是晚明小品的沃土中。这是我们比较晚明小品与中国现代小品首先要看到的一个事实，也是我们进行比较的前提。

说到现代小品对晚明小品的继承，首先要提及的当推周作人。周作人不仅最早投入到现代小品的"源流"研究中，而且十分投入和执着，论述也最为全面透彻。从周作人文艺思想发展来看，他对"源"和"流"的认识有一个形成的过程。在 1921 年 5 月发表的《美文》一文中，他认为现代小品的"源"有两个：一个是外国文学里"记叙的""艺术性"的"美文"；另一个是中国古文里的序、记与说等。前一个"源"说得十分明确肯定，后一个"源"却说得较含糊笼统。1926 年，在为重刊《陶庵梦忆》写的序中，周作人对“源”的认识就十分清晰明确了。他指出：“现代的散文在新文学中受外国的影响最少，这与其说是文学革命的还不如说是文艺复兴的产物……我们读明清有些名士派的文章，觉得与现代文的情趣几乎一致，思想上固然难免有若干距离，但如明人所表示的对于礼法的反动则又很有现代的气息了。”① 1928 年，在《〈杂拌儿〉跋》中，他又这样称许公安派：“明代的文艺美术比较地稍有活气，文学上颇有革新的气象，公安派的人能够无视古文的正统，以抒情的态度作一切的文章，虽然后代批评家贬斥它为浅率空疏，实际却是真实的个性的表现。”② 在周作人看来，现代小品并不是“五四”之后新出的产品，而是“古已有之”，不过如今重新发掘出来罢了。这就把晚明小品与现代小品对接了起来。至此，周作人关于“源流”的认识基本定型，此后在论述中虽有一些变化，但基本的立场和判断再没有大的改变。而同时代的其他学者诸如钟敬文、朱自清、郁达夫、阿英等对现代小品与晚明小品关系的认识，也基本上沿袭了周作人的观点。

周作人不仅欣赏晚明小品的“活气”，肯定其“真实的个性表现”，发掘其现代的价值，他还从文艺思潮的角度，高度肯定小品文的文学史意义。在《〈近代散文抄〉新序》中他又说：“正宗派论文高则秦汉，低则唐宋，滔滔者天下皆是。以我旁门外道的目光看来，倒还是上有六朝下有明朝吧！我很奇怪学校里为什么有唐宋文而没有明清文——或称近代文，因为公安派、竟陵派一路的文是新文学的文章。现今的新散文实在还是沿着这个统系。”而在《中国新文学的源流》第二讲“中国文学的变迁”中，周作人还把晚明文学运动与“五四”时期的新文学革命进行比较，认为两者有其相似之处：“两次的主张和趋势，几乎都很相同，更奇怪的是有许多作品也都很相似。胡适之、冰心和徐志摩的作品，很像公安派的清新透明而味道不

① 周作人．《陶庵梦忆》序［M］//周作人．知堂序跋．长沙：岳麓书社，1987：327.

② 周作人．《杂拌儿》跋［M］//钟叔河．周作人文选：1898—1929．广州：广州出版社，1995：542.

甚深厚。好像一个水晶球一样，虽是晶莹好看，但仔细地看多时就觉得没有多少意思了。和竟陵派相似的俞平伯和废名两人，他们的作品有时很难懂，而这难懂却正是他们的好处。”在这里，周作人不仅强调公安派、竟陵派是当时的“一种新文学运动”，他们的文章是“近代文”；而且晚明文学运动与“五四”新文学运动“两次的主张和趋势，几乎都很相同”。不仅如此，他还通过对胡适之、冰心、徐志摩和俞平伯、废名的比较，区分了“清新透明”与“难懂”两种不同的小品创作风格，以及他们与公安派、竟陵派的师承关系。由小品文是“个人的文学之尖端”的认识出发，周作人还进而提出“言志的散文”主张，以此来对抗“载道”的散文。所谓“言志的散文”即是“即兴的文学”，它“集合叙事说理抒情的分子，都浸在自己的抒情里”。[①] 所以，它与“赋得的文学”是不同的。前者是“言他人之志”，后者是“载自己之道”[②]。在新文学的草创时期，周作人对晚明小品与现代小品的关系就有如此清晰明确的认识，且能由此提出新的散文主张和散文观念，这一方面显示出他有高人一等的学养和“手眼”，另一方面也说明他善于在师承前人优良遗产的基础上有所发展和创新。

周作人对前人理论和创作的发展和创新，还体现在他由“近代文”的特性、气质和影响，最早提出“小品文是文学发达的极致”的“极致说”[③]。并由“极致说”生发出“味”和“风致”两个散文概念，所谓“味”，即是“涩味与简单味”，散文有“味”，才能令人玩味无穷。所谓“风致”，即是散文的气质、情调和气象。当然，无论是“味”还是“风致”，都是“真实的个性”“真的心搏”，尤其是“士”“名士”的“志”氤氲的结果。周作人对“味”和“风致”两个概念的阐释，尽管较为模糊，

① 周作人.《中国新文学大系·散文一集》导言［M］//俞元桂，等.中国现代散文理论.南宁：广西人民出版社，1984：431.

② 周作人.《中国新文学大系·散文一集》导言［M］//俞元桂，等.中国现代散文理论.南宁：广西人民出版社，1984：435.

③ 周作人.《近代散文抄》序［M］//周作人.知堂序跋.长沙：岳麓书社，1987：329.

也很玄乎，但由此也可见出周作人的高瞻远瞩和创新意识。他知道文体需要不断拓宽领域，需要不断变化发展才有“活气”，而故步自封、抱残守缺则意味着死亡。

在20世纪二三十年代的晚明小品热中，林语堂也是积极的鼓动者和实践者。据他自己介绍，他是通过沈启无编选的《近代散文抄》才得以结识晚明小品的。在《四十自叙》一诗中，他这样表达对袁中郎的景仰：“近来识得袁宏道，喜从中来乱狂呼。……从此境界又一新，行文把笔更自如。”林语堂不仅喜爱晚明散文，还通过办《论语》《人世间》等刊物，提口号，亮旗帜，大力倡扬“性灵”的散文和“闲适笔调”，在当时的确产生了很大影响。除了周作人、林语堂外，二三十年代受晚明小品影响的作家还有梁遇春、俞平伯、钟敬文、许地山、郁达夫、施蛰存、废名、丰子恺、阿英、味橄、沈启无等等。他们或发表理论文章，或编撰各种晚明选本，或身体力行进行创作，以此来筑构他们心目中的理想现代小品文。正是在这批有心人的不懈努力下，中国现代小品才取得了如此高的成就，甚至在30年代掀起了一股“晚明小品热”。

比较两个不同时代的小品文体，可看出它们有许多共同的特征。

其一是“小”。晚明和现代的小品文，都具有陈继儒所说的“短而隽异”的特点。“小”首先体现在题材上，即小品文的取材一般都是“从小处着眼”。所谓“宇宙之大，苍蝇之微”皆可纳入尺幅；一种心境，一点佳意，一把悲情皆可敷衍成篇。这与“高庙大章”的所谓“大品”确是大有区别的。其次是外形即体制的“小”。晚明的袁宏道、张岱的作品自不用说，现代的周作人、林语堂、梁实秋写的文章亦然。他们的文章多则一二千字，少则几百字，极少有一篇文章超过三千字的。但小品文的可贵和独特处正在于它的“微中见著”，即“短而隽异”。所谓“隽”，即短小中有味，而且有品。好像周作人的小品文，写的都是身边的一些小题材，如北京的饮食、喝茶，故乡的野菜、乌篷船等，看似琐碎平淡，但琐碎平淡中有叙事、说理和抒情，有自由自在的表达，有陶然自适的性情在其中。俞平伯、郁达夫的游记小品清新秀美、真切灵动，颇具晚明小品的情趣神韵。此外像阿英的读书札记，用笔洗练，博观约取，既有识见，又写得文采斐然。这些小品文的确是“幅短而神遥，墨希而旨永”（唐显悦《文娱序》）。这是小品文独特的一种思维品质，也是小品文区别于“大品”的显著特征。

其二是“真”。晚明小品尚真，这主要表现在作家敢于在作品中说真话，表真心，抒真情。他们彻底放下“高文大册”那种道貌岸然的架势，充分肯定人的个性、自我和感性的生命追求，甚至将狂放耿直的性格、风流放荡的欲望赤裸裸地展现在作品中。如张岱在《自为墓志铭》中就自称：“少为纨绔子弟，极爱繁华，好精舍，好美婢，好娈童，好鲜衣，好美食，好骏马……”王季重则无所顾忌地写道：“尝欲俟目，每岁见一绝代佳人，每月见一种异书，每日见几处山水……”这些都是放达任心的真性情在散文中的体现。也正因如此，袁宏道才认为：“物真则贵，真则我面不能同君面”（《与丘长儒》）；“夫有真文章，自有真人品，真事功”（《成元岳文序》）。可见，散文小品只有抒发了自己的真性情，才不会“万口一响”“共有一诗”。现代小品文承接了晚明小品崇“真”的传统。周作人不止一次表示，小品文需要“真实的个性”与“真的心搏”。郁达夫认为，小品文字的可爱，就在于它的细、清、真。梁实秋说得更直接：“一个人的人格思想，在散文里绝无隐饰的可能，提起笔来便把作者整个的性格纤毫毕现地表示出来。”所以，在梁实秋看来，“文调就是那个人”①。至于倡导“性灵”散文的林语堂，更是对“真”字情有独钟：“发抒性灵，斯得其真，得其真，斯如源泉滚滚，不舍昼夜，莫能遏之。”② 真，是小品的内质与灵魂。真就是不虚伪、不做作、无道学气、无空洞语，率直表达对社会人生的看法。

① 梁实秋．论散文［M］//俞元桂，等．中国现代散文理论．南宁：广西人民出版社，1984：36.

② 林语堂．论文［M］//俞元桂，等．中国现代散文理论．南宁：广西人民出版社，1984：60，63.

由于晚明和现代的小品文作家将“真”作为创作的第一要务，而且力求“句句真切，句句可诵”。这样，他们的创作，自然也就“俯仰之际，皆好文章，信心而出，皆东篱语也”①。

其三是“趣”。“趣”由“真”来，“真”由我生。“趣”，可以说是晚明小品和现代的小品文作家追求的另一个艺术目标和散文的境界。诚如袁宏道所说：“世人所难得者唯趣。趣如山上之色，水中之味，花中之光，女中之态，虽善说者不能下一语，唯会心者知之。”② 所谓“趣”，即尚自然本色，追求天然；“趣”也是幽默谐谑、嬉笑怒骂。“趣”还常常与“闲”联系在一起，唯有闲适之人才能摆脱陈规俗套，洗去刻板呆滞，如中郎之文，常将笑话植入传记，且不乏俚语与游戏之语，可谓既谐且趣。而王季重更是“聪明绝世，出言灵巧，与人谐谑，矢口放言，略无忌惮”③。

现代小品文作家同样心仪“趣”这一优良传统。首先是周作人极为重视“趣味”这一美学范畴。早在1928年，在《〈燕知草〉跋》中，他就正式提出“趣味”这一小品观念，认为“以口语为基础，再加上欧化语，古文，方言等分子，杂糅调和，适宜地或吝啬地安排起来。有知识与趣味的两重的统制，才可以造出有雅致的俗语文来”。而在1935年发表的《笠翁与随园》一文中，他进一步阐述了“趣味”的美学内涵：“我很看重趣味，以为这是美也是善，而没趣味乃是一件大坏事。这所谓趣味里包含着好些东西，如雅、拙、朴、涩、重厚、清朗、通达、中庸，有别择等，反是者都是没趣味。”可以看出，周作人关于趣味的范围定义得很广泛，而他尤重趣味中的拙、朴、涩，则显然有夫子之道的意味。现代小品文创作中的另一位主将林语堂，则不仅力倡性灵闲适中的幽默趣味，而且创作了《论西

① 林语堂．论文［M］//俞元桂，等．中国现代散文理论．南宁：广西人民出版社，1984：60，63．

② 袁宏道．叙陈正甫会心集［M］//朱剑心，选注．晚明小品选注．杭州：浙江人民美术出版社，2015：31．

③ 张岱．王谑庵先生传［M］//张岱．琅嬛文集．长沙：岳麓书社，2016：154．

装》《忍耐》《我的戒烟》《会心的微笑》《脸与法制》《蚤虱辩》等大量既有丰富广泛的知识、独到的人生见解，又性灵不绝如缕，文笔欢畅流动，嬉笑怒骂皆成趣味的文章。其他如梁实秋、钱锺书、王了一等，其作品也大抵是“以雅化俗”，貌似平常，实则充满了人生的趣味。值得一提的是，即使强调小品文的“匕首”“投枪”功能的鲁迅先生，其实也是欣赏趣味的。在《忽然想到》中，他曾这样谈到趣味：“外国的平易地讲述学术文艺的书，往往夹杂些闲话或笑谈，使文章增添活气，读者感到格外的兴趣，不易于疲倦。”① 可见，趣味是小品文不可或缺的一种元素。晚明与中国20世纪二三十年代小品文的繁荣，既受益于“真”和“性灵”，亦得益于会心之趣。可惜在后来的散文小品创作中，这种可贵的元素越来越稀薄了，这就不可避免地使得中国现代小品文日渐走向衰落。

除了“小”“真”“趣”之外，晚明与现代小品文还讲究文笔的“活”，即灵活生动，如行云流水，舒卷自然。讲究“畅”，即明白晓畅，话语家常，通俗易懂，雅俗共赏。特别是为了反叛正统的古文，晚明与现代小品文作家为文时大抵都能做到自由自在地表达，不为格套所拘，不为章法所役。这种“自由性”的追求，最合散文的本性，也最能体现出小品文的优势。正因晚明和现代小品有上述的文体观念、审美追求和艺术特征，因而它们不仅是纯正的散文，有美的情趣和韵味，而且拥有自由自在的本性。所以在特定的时代里，它们所取得的成就便超过了别的文体，受到了读者的广泛欢迎。

中国现代小品文以晚明小品为圭臬，是两个不同时代小品文内在精神的暗合。更重要的是，它们都是处于“王纲解纽”的时代，较为宽松的时代环境，以及对自由和感性生命的追求，为小品文的生长提供了肥沃的土壤。还应看到，较为一致的生活态度和审美情趣，以及对自由自在的性灵

① 鲁迅. 鲁迅杂文全集：上［M］. 北京：群言出版社，2016：97.

文学的追求，这些都是“顺势”传承得以成功的前提和基础。明白了这一点，也就可以理解为什么20世纪二三十年代的现代小品文能够取得如此巨大的成就，甚至在30年代小品文达到了高峰，而此后便日渐式微，直到80年代末90年代初，这时期出现了张中行、季羡林、金克木、汪曾祺、林斤澜、黄永玉、黄裳等散文作家，小品文才又恢复了活力。他们以自由的心态、淡泊的性情、静虚的心境，写下了一大批静心闲谈、冲淡蕴藉的小品文，从而对接上了晚明和“五四”至30年代小品文的优良传统。可见，对于小品文来说，“小”“真”“趣”“活”“畅”，特别是自由自在的表达、独立不依的精神，是小品文的生命力之所在，也是小品文得以繁荣的内在因素和外在基础。

二、晚明小品与中国现代小品文的不同点

从文体的生成和发展的角度来看，中国现代小品文是在纵向继承和横向借鉴中发展起来的，即所谓“内应”和“外援”。但过去的散文研究者一般只看到晚明和现代小品的相同之处，却很少研究它们之间的不同点，至于现代小品文在传承晚明小品过程中的文体流变，以及现代小品文对晚明小品的创新和超越，过去也极少涉及。因此，接下来拟对两个时代小品文的不同点做进一步的探讨。

晚明小品与现代小品文的不同点主要体现在如下三个方面。

第一，在表现人文精神方面有所不同。晚明和现代小品与古代散文的一个重要区别，就在于它们表现出了鲜明的人文主义特征。但细加品察，两个时代小品所表现出来的人文主义精神内涵又有所不同。晚明小品人文精神的来源，基本上都是中国的文化传统。其间既有儒家文化中某些包含着人本要求的养料，更多的是道家、禅宗文化中具有个性解放倾向的思想，此外还有明中叶以降市民文化对作家的影响。这种人文精神的价值取向，主要是对个人生活方式的重视和个人性审美方式的强调，尚未能将个人对

人性自由的渴求与人对社会的权利和政治自由的思考相结合，在审美上也未能完全摆脱中国古典文学的价值取向。这一点在袁宏道、张岱等描写自然山水的作品中表现得尤其突出。而中国现代的小品文，是在“五四”新文学的背景下产生的。它一方面深受近代西方的人本主义思潮的影响，另一方面又从英国随笔那里获得新滋养和“新气息”。如众所知，在20世纪二三十年代，我国形成了一股译介英国随笔的热潮，不仅翻译了大量英国的随笔作品，还有对英国随笔的历史与现状的分析，以及随笔理论的介绍、随笔名家的评传和随笔小品一类的文章问世。中国二三十年代的散文作家之所以对英国随笔情有独钟，盖因英国随笔与中国现代小品存在着内在的必然联系。换言之，英国随笔中的某些可贵素质，正是我国传统散文所缺少，或长期被忽视的。二三十年代的小品文作家敏感且富于前瞻性地认识到，中国的现代小品文要有长足的发展，就必须借助“外援”的某些元素来丰富和壮大自己。英国随笔对中国现代小品文的影响主要表现在深层结构即思想和精神层面上。英国随笔吸引中国散文家，引起他们强烈兴趣的，是其浓厚的个人色彩，比其他散文形式可以更自由、更直接地表现自我。因为英国随笔是在西方人本主义浓厚的氛围中诞生发展起来的，它特别注重个性的表现，同时充满自由创造的精神。而这种坦白率直、自由洒脱地表达个人的生活经验、思想与情趣的写作态度，与周作人、郁达夫、林语堂等人原先就具有的“人本主义”思想一经对接，自然也就神交气合了。所以，郁达夫在总结现代散文第一个十年的创作成就时才这样说：“现代的散文之最大特征，是每一个作家的每篇散文里所表现的个性，比从前的任何散文都来得强。”① 可见，英国随笔对于现代小品文作家突破传统散文正统观念的樊篱，充分表现自我个性的解放需求，以及培养健全的主体人格，并在此基础上创造具有现代意义和独特品格的新体散文，无疑有着直接和

① 郁达夫.《中国新文学大系·散文二集》导言［M］//俞元桂，等.中国现代散文理论.南宁：广西人民出版社，1984：446.

积极的借鉴价值。

第二，现代小品具有鲜明的批判性。正因从“外援”获得与正统古文异质的元素，这样中国现代小品文在表现人文精神，在处理个体与时代、与社会人生的关系等方面，也就有别于晚明散文。其中最明显的一点，便是批判性。晚明小品虽也有反叛传统，不满社会现实的一面，但它们更多的是寄情山水，以酒当歌，幻想自由，而极少反映出个体在现实社会中争取自由的抗争和努力。中国二三十年代的小品文则不同。它们高扬批判的大旗，发出种种不吉利的“枭鸣”，批判专制社会的黑暗与国民的愚昧。总之，“不愿意在有权者的刀下，颂扬他的威权，并奚落其敌人来取媚”①，这正是现代散文尤其是30年代小品文的一大思想特色。在这方面，鲁迅的杂文自不必说，即便“语丝派”的杂文，他们提倡“自由思想”“独立判断”“美的生活”，不论是在“社会批评”还是在“文明批评”方面，都体现出鲜明的批判性、揭露性和讽刺性。再如周作人的小品文，尽管曾被不少人诟病为是产生于“苦雨斋”中的“小摆设”，其实，这在很大程度上是一种从政治出发，只对人不对文的“误读”。周作人的小品文，也是有批判精神的，只不过他的批判较为隐晦，较为含蓄罢了。比如周作人这样夫子自道他的《谈虎集》：“我这些小文，大抵有点得罪人得罪社会，觉得好像是踏了老虎尾巴，私心不免惴惴，大有色变之虑，这是我所以集名谈虎之由来。”② 这说明周作人的小品文也不全是“闲适”“冲淡”“苦味”，其间也是有火气和批判锋芒的。其他如梁实秋、林语堂、钱锺书、王了一的小品文也莫不如是。

第三，是理性精神。晚明小品主要以“情”胜，以“品”显；而现代小品文除了重视“情”外，还注重议论和逻辑推理，这样现代小品文便具

① 鲁迅．我和《语丝》的始终［M］//鲁迅．鲁迅全集：第4卷．北京：人民文学出版社，2005：173.

② 周作人．序［M］//周作人．谈虎集．止庵，校订．石家庄：河北教育出版社，2002：2.

有理性思辨的色彩。如梁遇春的《谈“流浪汉”》，从辨析词义开始，旁征博引，借题发挥，由“流浪汉”写到马夫、作家、画家、思想家、历史人物，甚至连《红楼梦》中的林黛玉也被作为论证“流浪汉精神”的材料。作品从表层进入深层，从感性上升到理性思辨，文章的结构自由开放，虽有拉杂、重复、结构分散的不足，但没有任何古代文章学的八股气，可说是典型的“兰姆式”随笔。同梁遇春一样，钱锺书的随笔小品也侧重对人生的思考和真理的探求，不过他作品中的理性思辨色彩更为突出。如在《窗》中，作者先写窗的通风和透光的作用，再写窗与门在功能上的同异，这些本来没有太多深意，但经过钱锺书一番波谲云诡的辨析论证，我们看到窗子里不仅镶嵌着春天，可以尽情享受，而且窗子还是情人的通道，甚至表示着“人对于自然的胜利”。不仅如此，在钱锺书笔下，窗子还是房屋的眼睛，它既可以帮助人们进行心灵沟通，还可以遮挡隐私，让人安心地做梦。因此，如果你厌倦了外界的喧闹，你就可以“关了窗好让灵魂自由地去探胜，安静地默想”。小小一扇窗户，却暗藏玄机，别有洞天，使人眼界大开，让人从中感悟到不少人生道理。像这样的理性思辨精神，我们在晚明小品里是见不到的。因为现代小品文固然继承了晚明小品文体简约、用笔随意洒脱与推崇“性灵”等优点，但现代小品文由于吸收了西方近代人文的资源，加之英国随笔的滋养，因此其内容更多地体现出新的时代精神和现代启蒙意识，同时在思维上也更侧向理性的议论和叙事。这不仅表现在梁遇春、钱锺书等随笔小品中，在周作人、梁实秋、林语堂、王了一等的作品中也经常可以见到。

现代小品文与晚明小品在文体的表达和结构上也有所继承和流变。晚明小品一般以文笔的简约和结构的精致取胜。它的优点是“短而隽异”，缺点是过于精雕细刻，有时反而限制了结构的开放和表达的随意。另外，过于小巧凝练的结构也在一定程度上限制了内容的丰富开阔。再者，晚明小品尽管也提倡“信腕信口”“宁今宁俗”，但由于受文言文语体的束缚，所以无法像现代小品文那样真正达到自然平易、通俗畅达。当然，更不容忽视的是，由于受到英国随笔的文体笔调和浓厚的幽默谐趣的影响，现代小品文在二三十年代形成了一股“谈话风”的创作潮流，作家们以闲适从容的心态、家常絮语般的口吻、轻松活泼的笔调谈生活，论古今，谈人生，论梦想和社会问题。这样随随便便，随心闲话，如披浴衣，啜香茗，如在“江村小屋”里同友人围炉谈笑的散文境界，的确渗透着英国随笔的格调，也是我们在晚明小品中极少见到的。

三、对中国现代小品文发展的几点思考

运用比较法可以使我们更清楚地看到两个不同时代散文的共同特征和不同点，以及文体的传承与流变。但比较不是我们的目的，笔者的目的是通过晚明与现代两个不同时代小品文的比较，吸收古代散文的优长，去除其消极的因素，力求突破传统散文的某些限制，为 21 世纪中国小品文的发展注进一些新质。

若论及晚明小品的消极因素，笔者以为不能回避创作上的“自娱性”问题。我们知道，晚明小品的崛起与繁荣始终贯穿着“文以自娱”的文学精神。他们反对“文以载道”，不再把文章当作“经国之大业”，“不朽之盛事”，而是“每著文章自娱”，并在“自娱”的同时“娱人”，总之，将“自娱娱人”视为文学写作的终极目的。如郑元勋在《媚幽阁文娱自序》中说：“吾以为：文不足供人爱玩，则《六经》之外俱可烧。《六经》者，桑麻菽粟之可衣可食也；文者，奇葩文翼之怡人耳目，悦人性情也。若使不期美好，则天地产衣食生民之物足矣，彼怡悦人者，则何益而并育之?”这种看法颇有点将《六经》视为大餐，将小品视为点心的意思。其实，在晚明，“以文自娱”，视文为“怡人耳目，悦人性情”之物，乃是当时文界的共识。应当看到，“以文自娱”“自娱娱人”一方面离不开特定的时代风尚和社会环境的影响，另一方面在反对“文以载道”上有其积极意义。但在

这种“自娱性”创作观念的影响下，晚明小品也的确出现了一些弊端。比如，晚明小品特别喜欢为市井隐逸、风尘侠女、黄冠缁衣立传，且极力渲染其“迂”、其“愚”、其“痴”、其“癖”，这其中虽有某种不同于“世路中人”的生活理想的寄托，但其自娱自乐、逃避现实生活的写作动机也显而易见，这在一定程度上削弱了文学作品匡正世道人心的现实功效。

正因逃避现实，过于追求“自娱性”，晚明小品在清代便遭到了普遍的诟病。先是顾炎武批评公安派、竟陵派的文人标榜门户、自视清高，认为晚明文人的创作是“空疏不学”“徒事空文”，甚至是一种“亡国之音”。继而王夫之认为晚明文风信笔由缰，肆无忌惮，其文风是自古以来从未见过的“俗陋”。而《四库全书》的馆臣更是以“山人习气”“小品习气”来讥讽晚明小品。这其中固然不免有正统文人的偏见，但晚明小品忽视文学的社会功能，过于流连于山水和局限于抒发“小我”之情，而缺乏深厚的社会内容，却是一个不争的事实。

相较而言，20 世纪 20 年代末期至 30 年代中期之所以被称为小品文的黄金时代，正是由于作为一种新兴的文体，小品文敢于抨击时弊，扬露痼疾，鼓吹新潮，启蒙心智。即是说，这一时期的小品文在思想内容上与社会时代十分契合，在艺术形式上又相当精湛完美，因而这时期的小品文代表了散文创作的最高水准。但进入 20 世纪 90 年代后，随着小品文的复兴，“自娱性”的小品文又开始出现并迅速泛滥。这类小品文的共同点是逃避现实，无视各种各样的社会问题和民众的生存困境，而沉溺于“闲”和“俗”，迷恋于无关痛痒的个体世界的浅层表现。比如写饮食、衣着、养生、养鸟、美容，以及猫狗的故事、蟋蟀斗、逛街市、购买时装等等；或者谈禅论道，寄情于山水明月，以此来显示自己的淡泊和清高。不是说小品文不能写日常生活、凡人俗事中的“苍蝇之微”。问题是，这些“苍蝇之微”要“微中见著”，要有“品”有“味”，有大爱和大情怀。如果小品文仅仅满足于顾影自怜自恋式的“自娱自乐”，而且这种“自娱自乐”仅仅显示了生活中肤浅、庸俗、虚假和丑陋的一面；或只是某些作者用来作秀和煽情的道具，那么，这样的“自娱性”不仅远未达到晚明小品的散文境界，相反有可能大幅降低现代小品文的思想文化品位。因此，21 世纪的小品文若要重现新文学之初那种“极一时之盛”的绚丽景象，必须一方面重视小品文的“以文自娱”功能，使小品文真正做到能“怡人耳目”“悦人性情”；另一方面，又要强调小品文必须正视现实，介入当下，不回避重大的时代命题和社会问题。这样，现代小品文才有可能在我国建设现代化国家的进程中获得一定的话语权，而不至于被边缘化。这是笔者比较晚明与现代的小品文之后的第一点思考。

第二点思考，是关于现代意识的问题。现代意识是渗透进小品文的一种内在精神。“五四”时期到 30 年代中期的小品文因注进了这种内在精神，故而充满了生命和活力。在这一时期，小品文由于“经过西洋现代思想的陶熔浸润，自有一种新的色味，与以前的显有不同，即使在文章的外观上有相似的地方”①。这个“显有不同”，就是在继承传统散文的基础上，在思想艺术上又有所流变，这就是“五四”时期为西方文化所冲击而觉醒的现代意识。这种以倡导、推动科学、民主、自由、个性解放的人文主义思想为内核的现代意识，一旦投射到现代小品文上，就催生出了一种新的文学观念和文体的变革。然而，30 年代中期以后，这种现代意识却猝然间断裂了。随着散文整体上的式微，我们看到，自 30 年代后期至 80 年代后期的小品文，其实又回到了当年周作人批判过的“载道的散文”或“赋得的散文”的老路上，即便在小品文复兴的 90 年代，仍然有不少“感恩”“颂圣”的小品文。这类小品文在思维模式上是反现代性的，在立意结构、语言表达、情调意蕴上则体现出封闭性的特征，而作家的人格主体也是萎缩的。正是面对着这样的尴尬局面，笔者认为当下的小品文亟须来一番精神和思

① 周作人.《中国新文学大系·散文一集》导言［M］//俞元桂，等. 中国现代散文理论. 南宁：广西人民出版社，1984：436.

维方式上的换血，这就是去除狭隘保守的传统散文观念，以及奴性的感恩和宗道意识，代之以理性的精神、独立而开放的现代意识和批判质疑态度。倘若 21 世纪的小品文能朝着这样的方向发展，则不仅意味着 21 世纪的小品文在真正意义上向着“五四”时期的小品文回归，同时预示着 21 世纪的小品文具有超越晚明小品的可能性。

第三点思考，是自由性的问题。晚明小品留给现代小品文的一笔宝贵遗产，就是确立了“自由性”这一散文的本质特征。的确，晚明小品的一个最突出的特征，就是自由随意。作家们不屑于固守原有的文类规则，大胆追求“法外之法”“味外之味”“韵外之韵”。而落实在用笔上，则是自由挥洒、随意点染、独抒性灵。现代小品文深受晚明小品这一特质的影响，作家们以其独立的主体人格和自由精神，彻底打破“美文不能用白话的迷信”。而对散文自由精神的皈依，使现代小品文获得了文体的大解放，同时其自由随意、真诚轻松的谈话风又拉近了散文与读者的距离。事实证明：自由性是散文的本体特征，而小品文则是最适宜自由表达的文学载体。由于人类的精神在本质上是独立而自由的，而散文特别是小品文则不仅是“文学发达的极致”，而且是人类心灵的最高表现形态，是精神与生命借助语言文字的最为直接的呈现，这就决定了独立和自由是小品文旗帜上最为耀眼的标志。如果当下的小品文作者能够像晚明或 20 世纪二三十年代的散文作者那样，在“王纲解纽”的时代里敢于反传统，同时尽可能使自己成为独立而自由的人，并因此进行自由而真诚的写作，努力开拓一条小品文创作的审美新途径，那么，21 世纪小品文在精神生命的质量，在文化品格以及文体形式的创新等方面，将有一个新的样貌。

第四点思考，是“趣”的问题。晚明小品尚真重趣。陆云龙在《叙袁中郎先生小品》中说：“率真则性灵现，性灵现则趣生。……然趣近于谐，谐则韵欲其远，致欲其逸，意欲其妍，语不欲其沓拖，故予更有取于小品。”陆云龙认为小品既要有远韵、逸致、妍意、简洁，还要有谐趣。小品文这种审美与消遣的双重统制，正是晚明小品的特色，也是它大受欢迎的内在原因。应该说，20 世纪 20—40 年代的散文就继承了晚明小品重趣的传统。周作人、林语堂、梁实秋以及后来的钱锺书、王了一等，他们不仅主张小品文要有趣，而且身体力行，写作了大量富有情趣的小品文。但在后来的很长一段时间里，小品文的这一优良传统中断了。直到出现了贾平凹、王小波、韩少功、流沙河、孙绍振、南帆、韩石山等人之后，“趣”这一小品文的优良传统才有所恢复。但应看到，这种恢复还远远不够，而且只是局部性的。因为重“趣”还未成为当下散文创作者和研究者的共识，同时时下还有大量“无趣”的小品文存在着。所以，在谋求小品文发展的同时，我们要重视晚明和现代小品这一重要资源，在“真”“情”“理”之后再加上“趣”字。因为“趣”是小品文的一个重要元素，有趣则小品文生机盎然，娱人心情，悦人耳目；反之则面目可憎，刻板乏味。当然，“趣”若能与散文的智性，与丰厚的精神、高贵的心灵达到深度的交融，则这种“趣”就更有味和有品了。

考察、比较晚明小品与现代小品的传承与流变，我们可以获得这样的认知：其一，现代小品文是现代知识者对自己、对社会、对世界进行思考和自由表现的重要载体，并由此确立其思想和艺术价值。因此，小品文应高扬现代理性批判精神，以独立的人格、自由的精神介入现实人生，以真诚、情趣和性灵征服读者。在笔者看来，现代小品文既可以开展“社会批评”和“文明批评”，也可以亲情、爱情、友情，以及饮茶喝酒养花养草、谈禅说道修身养性为其内容，但不论写什么题材，都应以独立自由、真诚情趣和坚守小品文的纯洁性为旨归。中国近百年小品文的发展证明了这样一个真理：无论任何时期，只要拥有了上述元素，小品文就必然兴旺繁荣，反之便是一片冷寂凋零。其二，小品文是散文的正宗，是散文这一文体艺术纯度最高的品种。因为现代意义上的散文，虽然与小说、诗歌、戏剧并列为一种文体，它也有属于自己的辉煌。但由于其门槛较低，加之体质不纯，这样就难免经常被人讥为“准文学”。而作为散文精华部分的小品文，它因“短而隽异”，既可张扬自我个性，又可自由随意挥洒；既可讲“情”讲“韵”，还可讲“趣”讲“智”；既可激发“灵感”，又可诉诸想象，还可追求语言的精妙、形式的完美。因此，衡量一个时代散文的繁荣与否、艺术成就的高低，最为主要的标尺，就是看小品文达到了何种高度。正因小品文在散文中居于如此重要的地位，所以将两个不同时代的小品文放在一起比较，回顾现代小品文走过的路程，探讨文体传承与流变的内因与外因，总结其盛衰的历史经验，重新确认小品文的审美特质及其创作规律，对于振兴和推动当代散文创作的发展，在笔者看来既有其理论的价值，也有不容忽视的现实意义。